S

MEMORIA DEL FUEGO I: LOS NACIMIENTOS

火的记忆 I：
创世纪

[乌拉圭] 爱德华多·加莱亚诺　著

路燕萍　译

作家出版社

（京权）图字：01-2021-4038

图书在版编目（CIP）数据

火的记忆 I：创世纪／（乌拉圭）爱德华多·加莱亚诺著；路燕萍译 . -- 北京：作家出版社，2021.9

ISBN 978-7-5212-1458-1

Ⅰ.①火… Ⅱ.①爱… ②路… Ⅲ.①美洲-历史 Ⅳ.①K700

中国版本图书馆 CIP 数据核字（2021）第 116681 号

MEMORIA DEL FUEGO I: LOS NACIMIENTOS（English name: MEMORY OF FIRE V1: GENISIS）by EDUARDO GALEANO, TRANSLATED BY CEDRIC BELFRAGE

Copyright: ©1985 BY CEDRIC BELFRAGE

This edition arranged with SUSAN BERGHOLZ LITERARY SERVICES through BIG APPLE AGENCY,INC.,LABUAN,MALAYSIA.

Simplified Chinese edition copyright:

2021 THE WRITERS PUBLISHING HOUSE

All rights reserved.

火的记忆 I：创世纪

作　　者：（乌拉圭）爱德华多·加莱亚诺
译　　者：路燕萍
责任编辑：赵　超　赵文文
装帧设计：吴元瑛
出版发行：作家出版社有限公司
社　　址：北京农展馆南里 10 号　　邮　　编：100125
电话传真：86-10-65067186（发行中心及邮购部）
　　　　　86-10-65004079（总编室）
E-mail: zuojia@zuojia.net.cn
http://www.zuojiachubanshe.com
印　　刷：唐山嘉德印刷有限公司
成品尺寸：142×210
字　　数：327 千
印　　张：11.75
版　　次：2021 年 9 月第 1 版
印　　次：2021 年 9 月第 1 次印刷
ISBN 978-7-5212-1458-1
定　　价：55.00 元

奇幻的历史旅程

张翠容

我在1997年第一次前往南美洲，当年便有一位友人向我介绍加莱亚诺的作品。我一翻阅，作者便好像跳了出来，他背后还有一群又一群穿上彩色织布披肩的拉美原住民，他们一脸扭曲，张大了嘴巴，似乎有很多话要说。

阅读过后，不能自已，我便与书中人物立了一个约，我必重返这片大陆，并把他们书写出来，同时也重新认识这个世界。

无可否认，加莱亚诺是我的启蒙导师，他揭开了一页人类孤独千年的历史真相。他首先向世人揭示拉丁美洲被切开的血管，其实也是我们的血管。该地区是欧洲资本打响全球化的第一炮，最早被掠夺的地区之一，其后欧美在非洲、中东和亚洲重复其在拉美的殖民手段。我们的血管里是否流着拉美的血液？是否感到共同历史的痛楚？

我想是没有的，不然，加莱亚诺的作品便不会在我们的地区，特别是在香港，一直受到冷待。曾受过英国殖民统治如我的一位香港记者，感受更为深刻。正如台湾交通大学教授陈光兴在他的著作《去帝国》里一早指出，我们已把殖民的逻辑内化，并惯用殖民者的眼光看世界，而所阅读的历史也是胜利者的历史，我们的主体意识非常薄弱。

相比之下，拉丁美洲的知识分子则十分不一样，他们一直抵抗在自己土地上成为"他者"。这是否与他们祖先不屈的性格有关？从墨西哥的阿兹特克族到中美洲的玛雅族，再到南美洲的印加族，都出现过不少拒绝西班牙征服的顽强抗争者。他们如幽灵般从远古活到今天，从未在这片大陆上消失，并且化作标杆，后人得以一步一步向前走。

经典之所以为之经典，就是加莱亚诺的著作虽然述说拉丁美洲被掠夺的故事，但这同时也是自古以来强者掠夺弱者的普遍故事。由古至今，日光之下无新意，加莱亚诺剥去层层历史的伪装后，他所揭示的是骇人听闻的"文明"本质，其实是如此的野蛮。

终于在2009年4月18日的美洲高峰会上，时任委内瑞拉总统的查韦斯突然趋前，将加莱亚诺的第一本史书《拉丁美洲：被切开的血管》(Las venas abiertas de America Latina）的西班牙文原装版本，塞进奥巴马手里去的时候，我内心竟也随之而翻腾、激动。这真是特殊的历史时刻，一位拉丁美洲领导人要一位美国总统直视他们被切开的血管，是谁制造了血淋淋的历史伤口？欧美殖民者啊！你们无法回避、漠视加莱亚诺的质问。加莱亚诺等待这个时刻已经四十年了，而拉美人更一等便是五百年。

查韦斯此一举动，竟然令这一部沉寂的历史书，因此得以复活，从亚马逊书榜的六万多位一跃成为畅销书榜上的第二位。

这部以爱情、海盗小说的形式，写尽哥伦布发现新大陆后，拉丁美洲在新旧殖民主义下，如何被西方掠夺。此书被视为《百年孤独》的纪实版，手法一样魔幻却仍逃不过军人独裁政府的查禁，正因为书中所述充满"不太方便的真相"。

再接再厉。加莱亚诺在上世纪80年代，继续写了另一本更魔幻、更宏大的历史书《火的记忆》，他用神话和诗篇回溯美洲千年的历史，一出即与《拉丁美洲：被切开的血管》并列美洲历史的另类经典记述。

这部巨著所记载的何止百年，更是美洲的"千年孤寂"。由于它面对的时间维度和空间层面十分广阔，加莱亚诺便以三部曲来完成。这次作家出版社要翻译《火的记忆》第一部曲，工程依然浩大，可想而知。

首先简略说一说《火的记忆》创作过程。

加莱亚诺逃不过上世纪70年代拉美知识分子的命运，他被迫噤声流亡，辗转来到西班牙，生活困顿，不过壮志依然。《拉丁美洲：被切开的血管》出版后，他开始潜心构思一部有关美洲千年历史的巨著，就在拉美殖民地宗主国的国家图书馆里，每天都有他的影子，穿梭于文献资料之中。

他不仅只看拉美，更开阔至整个美洲（America）；他不仅只呈现哥伦布发现"新大陆"后的几百年历史，更要梳理整个美洲近千年土著居民历史的研究。换言之，他要把北美和加勒比海也纳入其宏大的美洲论述里去。

作者的第一大任务，就是首先摆脱由欧洲殖民者主导的"美洲概念"，他们总自以为是，认为美洲在他们到来之前，乃是黑暗与蒙昧，得助于欧洲人的教化。

这个观点明显是错误的。美洲大陆被殖民之前，绝不是个蛮荒世界，反之，它曾一度富庶繁盛，而且为后世留下了多个高度发达的文明。在这片辽阔的土地上，也曾出现有关创世纪的神话传说，有系统的哲学思想，以及科学发明和文化艺术等。

加莱亚诺要做的，就是重塑历史、重塑身份，以抗衡官方要令土著居民屈服的历史谎言。正如他在序言所说："几百年来，拉丁美洲不仅被掠夺了金、银、硝石、橡胶、铜和石油，而且遭受了记忆的侵占……作为作家，我想为拯救整个美洲被绑架的记忆贡献绵薄之力，特别是拉丁美洲这片被人轻视的深情的土地的记忆：我想同她说话，分享她的秘密，询问她诞生于何种多样的土壤，询问她源自于什么样的性行为和强暴。"

因此，《火的记忆》企图把气息、自由和词语还给历史。作者要还原历史一个真正的面貌，但却表明他只能以他的个人风格和方式去书写，反讽、戏谑，而且也不会给体裁一个框框，它可以是杂文、史诗、记录文献、编年史册。无论怎样，一切都会按史实基础而成。

既然体裁不拘一格，作者在书中便跳出了不同的舞姿，令书更见生动活泼。单看目录，从神话传说到注有年份地点和出处的历史事件，当中有被遗忘的角落，又或被扭曲的人物，透过深长意义的小故事，让读者看到当地原住民被抹杀了的身份印记。

《火的记忆Ⅰ：创世纪》这部史诗巨著，第一章名为"最初的声音"，一开始即以生气勃勃、色彩斑斓的创世传说，吸引着读者的眼球。感谢作者告诉我们如此精彩的神话。

无可否认，要了解某个地方和民族的精神文明，便得先了解他们在神话故事中所塑造的宇宙观，而美洲的神话，无疑充满丰富的想象：天、地、人之间的关系，从太阳、月亮到银河的诞生，还有温哥华岛土著有关潮汐涨退的传说，安第斯山脉祖先对大洪水的神话记载，瓦哈卡谷地的乌龟故事以及玉米造人等，世界的"最初的声音"，就好像源起于在这片美洲大地上。

当读者听过娓娓动听的神话后，又要开展另一段不一样的历史旅程。殖民时代正式开始，有血有肉的小故事一个接一个，是有关于征服与压迫、反抗及斗争，从加勒比海的古巴、位于北美洲边沿的墨西哥，到中美洲的危地马拉，以及南美洲的厄瓜多尔、秘鲁、哥伦比亚、智利等，历史的滔滔流水，翻出多少征服者的狰狞面目，被迫成为农奴的劳苦大众，还有拒绝服侍异邦人、压迫者的妇女……

原本被遗忘的人与事，纷纷在加莱亚诺笔下还魂，作者在字里行间贯注了他的情感，正如他所说，他没有意图去写一部客观中立的历史作品，因为对自己土地有着深沉的爱，便无法保持距离，只好坦陈一切，绝不后悔。

本书为第一部曲，记事至17世纪。希望很快可以看到第二部曲、第三部曲的中文译本，好让读者走完这么奇特的历史旅程，同时亦令我们知道，我们可以有另一种书写和阅读历史的方式，以破解被绑架的记忆。

读过经典，读者可能会更明白发生于21世纪的一场拉美社会主义新革命，它不是突如其来，而是对《火的记忆》的延续，并可能成为加莱亚诺第四部曲的最好素材。魔幻旅程仍未完结，我有幸见证新革命现场，亦有幸为《火的记忆》写序。

从另一部历史是可能的，到另一个世界是可能的，拉美人的逆流奋斗，我焉能不百感交集?!

（张翠容：香港作家、独立记者）

谨以此书

献给外祖母埃斯特尔。在逝世前她已经知道这本书是献给她的。

目录

年少时我是一个糟糕的历史学生。历史课就像是参观蜡像馆或陵园。过往静止、空洞、沉默不语。他们给我们讲授过往岁月是为了清空我们的良知，让我们顺从于当今的时代：不是为了创造历史，而是为了接受历史，因为历史已经创造。可怜的历史早已停止呼吸：在学术文章中遭背叛、在课堂上被谎言遮蔽，沉睡在重大事件的纪念辞中。他们把历史囚禁在博物馆里，把它掩埋在雕像的青铜下和纪念碑的大理石下，并献上花圈。

或许《火的记忆》能够帮助恢复历史的气息、自由和说话的能力。几个世纪以来，拉丁美洲不仅遭受了黄金与白银、硝石与橡胶、铜与石油的掠夺，而且遭受了记忆的侵占。从一开始她就被那些阻止其存在的人判处失忆。拉丁美洲的官方历史缩减为大人物们身着刚从洗衣店取出的戎装进行军事队列阅兵。我不是历史学家。我是一名作家，谨愿为拯救整个美洲被绑架的记忆贡献绵薄之力，特别是拉丁美洲——这片被人轻视的、深情的土地——的记忆，我想同她说话，分享她的秘密，询问她诞生于何种多样的土壤，询问她源自于什么样的性行为和强暴。

我不知道这种多声部的声音属于何种文学体裁。《火的记忆》不是一部文集，肯定不是；但我不知道它是不是一部小说，或者杂文、史诗、记录文献、编年史册抑或其他。分析体裁这事儿我毫不关心。我不相信文学领域的"海关人员"划分的体裁边界。

我不想写一部客观性的作品。我不想也不能。该书中历史的叙述没有丝毫的中立性。我无法保持距离，于是我决定：我坦陈一切，我不后悔。然而，这个庞大的马赛克式的书中的每一个片段都基于坚实的文献资料。书中讲述的一切都是已经发生过的事情，只是我以我的风格和方式来讲述。

爱德华多·加莱亚诺

关于本书

本书是三部曲的第一部。全书分为两大部分：第一部分，通过土著居民的创世纪神话来铺陈哥伦布史前美洲的情况；第二部分讲述了 15 世纪末到 1700 年期间美洲的历史。《火的记忆》第二部将覆盖 18 和 19 世纪。第三部将一直讲述到我们所处的时代。

每篇文章的结尾处括号中的数字标明了作者查阅信息和参考资料的主要文献的编号。所有文献的目录附在书后。

在每一个历史事件的题头均注明了事件发生的年代和地点。

直接引文用斜体标注，以示区别。作者按照当代书写方式修订了所引用的古典文献中的词汇。

关于作者

作者 1940 年出生于乌拉圭的蒙得维的亚。爱德华多·休斯·加莱亚诺是其全名。他在社会党的周报《太阳报》开始记者生涯，以 Gius 为笔名发表素描和政治漫画。以 Gius 为名是因为他的父姓（Hughes）用西班牙语朗读很困难。之后他担任《前进》周报的总编以及《时代》日报和蒙得维的亚一些周刊的主编。1973 年流亡至阿根廷，在那里他创建并主编了《危机》杂志。1976 年之后他居住在西班牙，1985 年初回到他的祖国。

他出版了多本著作，其中有 1971 年 21 世纪出版社出版的《拉丁美洲被切开的血管》，荣获美洲之家奖的《我们的歌》（1975）和《爱与战争的日日夜夜》（1978）。

致谢

感谢霍尔赫·恩里克·阿多姆，安赫尔·贝仁格尔，奥尔登西亚·康帕内亚，胡安·赫尔曼，埃尔内斯托·冈萨雷斯·贝尔梅霍，卡洛斯·玛利亚·古铁雷斯，梅尔塞德斯·洛佩兹－巴拉特，古伊·普利姆，费尔南多·罗德里格斯，尼可·儒安，塞萨尔·萨尔萨门迪，埃克托尔·提松，何塞·玛利亚·巴尔贝尔德和费德里格·博赫流斯，他们阅读了这本书的草稿，并提出了许多宝贵的意见和建议。

感谢费德里格·阿尔瓦雷兹，里卡多·巴达，何塞·费尔南多·巴尔比，阿尔瓦罗·巴罗斯－乐梅兹，博尔哈和何塞·玛利亚·卡尔萨多，埃内斯托·卡德纳尔，罗莎·德尔·奥尔默，霍尔赫·费雷尔，爱德华多·赫拉斯·莱昂，胡安娜·马尔丁内斯，奥古斯托·蒙特罗索，达马索·姆茹阿，马努埃尔·佩雷伊拉，佩德罗·萨阿德，尼可·瓦伊斯，罗西塔和阿尔贝多·比亚格拉，里卡多·维尔森和希拉·维尔森－塞法提，他们为作者查找所需的文献资料提供了便利。

感谢何塞·胡安·阿罗姆，拉蒙·卡兰德，阿尔瓦罗·哈拉，马格努斯·莫内尔，奥古斯托·罗亚·巴斯托斯，劳乌热特·塞茹尔内和埃里克·R.沃尔夫，他们回复了作者的咨询。

感谢联邦德国的 AGKED 基金会，他们帮助实现了该计划。

特别感谢埃伦娜·比利亚格拉，在这些文章一页一页地诞生过程中，她给出了尖锐而又真挚的评论。

干枯的草将会点燃潮湿的草

——奴隶们带到美洲的非洲谚语

最初的声音

创 造

女人和男人梦见造物主正在梦着他们。

造物主一边梦着他们，一边唱着歌，摇着骰子，烟草的烟雾笼罩着他。他感到幸福，但也因为疑虑和神秘而恐慌。

马基里塔勒[1]印第安人知道如果造物主梦见食物，就意味着带来收成，有饭可食。如果造物主梦见生命，就意味着诞生，产生新生命。

女人和男人梦见在造物主的梦中出现了一个闪闪发光的巨蛋。在蛋的中间，他们唱歌跳舞，吵吵嚷嚷，因为他们为诞生的欲望而疯狂。他们梦见在造物主的梦里，欢乐胜过疑虑和神秘；而造物主在梦中创造了他们，并吟唱道：

"我打破这个蛋，女人诞生了，男人诞生了。他们将同生共死，但他们重又诞生。出生，复又死亡，继而再生。他们将永不停止地诞生，因为死亡是谎言。"

(48)[2]

时 间

玛雅人的时间诞生了，当仍不存在天空、仍没唤醒大地时，时间就有了名字。

日子们从东方出发，开始行程。

第一个日子从他的内脏里取出天空和大地。

第二个日子做了让雨水顺其而下的梯子。

第三个日子的任务是创建海洋与陆地，创建世间万物。

---

[1] 马基里塔勒（Makiritare）是指居住在委内瑞拉和巴西亚马孙雨林地区的原住民，也被称为叶库阿纳人（Ye'kuana）。——译注（后文中如无特殊标注均为译注）

[2] 这个数字标明作者查阅的文献编号，即书后321—333页文献书目中的编号。（原注）

第四个日子凭着他的意志，让大地和天空相互倾斜，能够相接。

第五个日子决定让所有的事物都工作。

从第六个日子身上射出第一道光。

在仍然荒芜的地方，第七个日子铺上了土，第八个日子在地上插下他的手和脚。

第九个日子创建了地狱世界。第十个日子把地狱指派给内心恶毒的人。

在阳光之下，第十一个日子塑造了石头和树木。

是第十二个日子创造了风。他吹出风，称之为精灵，因为在风里没有死亡。

第十三个日子浸湿了土地，用泥土捏塑了一具像我们一样的躯体。

在尤卡坦地区是这么记忆的。

（208）

太阳和月亮

第一个太阳，水太阳，被洪水卷走了。所有居住在世界上的人都变成了鱼。

第二个太阳被老虎吞噬了。

第三个太阳被一片火海摧毁了，也烧死了所有的人。

第四个太阳，风太阳，被暴风雨冲走了。人们变成了猴子，散布漫山遍野。

诸神聚集在特奥蒂瓦坎[1]，思虑着："谁将负责带来晨曦呢？"

蜗牛神，因力量和美貌著称，向前迈出一步。他说："我将成为

---

[1] 特奥蒂瓦坎（Teotihuacán）在纳华特语中意为"人化身为神的地方""诸神之都""太阳之城"，位于墨西哥城东北约78公里处，是古代中部美洲文明的重要中心。

太阳。"

"还有谁？"

一片寂静。

所有神都看着脓包小神，诸神中最丑陋、最不幸的一个，并决定："你吧。"

蜗牛神和脓包小神退到山丘后面，山丘就是现在的太阳金字塔和月亮金字塔。他们俩在那儿斋戒、冥想。

之后，诸神堆起柴火，燃起了一个巨大的篝火，把他们俩叫过去。

脓包小神一阵助跑，跳入火焰之中，很快他出现在天上，炽热发光。

蜗牛神皱着眉头看着火堆。他往前探，又往回缩，犹豫不前。他兜了好几圈。由于他没下定决心，诸神不得不推他。拖延了很久他才升到天上。诸神非常愤怒，扇他耳光。他们用一只兔子打他的脸颊，一下又一下，直到除去了他的闪耀光芒。于是，高傲的蜗牛神变成了月亮。月亮上的斑点就是那次惩罚留下的疤痕。

但是，金光四射的太阳没有移动。黑曜岩雀鹰飞向脓包小神，问："你怎么不动呢？"

这位被人轻视的、恶臭的驼背瘸子回答道："因为我想要鲜血和权力。"

这第五个太阳，能移动的太阳，曾经照耀过托尔特克人，现在照耀着阿兹特克人。他有利爪，以人类的心脏为食。

（208）

云

云让一滴雨珠落在一位妇女的身体上。九个月之后，她生下了一对双胞胎。

当他们长大后，想知道谁是他们的父亲。

"明天上午，"她说，"你们遥望东方，你们会看到他在那儿，像高塔一样耸立在天上。"

双胞胎穿过大地、跃过天空，去寻找他们的父亲。

云不相信他们，要求道："你们得证明是我的儿子。"

双胞胎中的一个向地面发出一道闪电，另一个则发出一声响雷。由于云仍然迟疑不定，他们就穿过洪流，并安然无恙地出来了。

于是，云在自己身边给他们安排了一个位置，与他的众多兄弟和侄儿们在一起。

（174）

风

当造物主造出第一个威乌诺克印第安人[1]时，遗留了一些泥土渣子在地上。用这些富余的泥土，格鲁斯卡普[2]塑造了他自己。

"你，是从哪里冒出来的?"造物主在高空中惊讶地问道。

"我是神奇之作。"格鲁斯卡普说，"没有人造我。"

造物主停在他身边，伸手指向宇宙。

"你看看我的作品，"他不相信，"既然你是神奇之作，那给我展示一下你已经创造的事物吧。"

"我能造出风，如果我愿意的话。"

格鲁斯卡普大大地吹了一口气。

风诞生了，但随即就死亡了。

"我能造出风，"格鲁斯卡普羞愧地承认道，"但我不能够让风持久。"

---

[1] 居住在北美洲南缅因地区的海岸线上。

[2] 北美洲阿贝内基族的英雄人物，意思是"来自虚无的人""仅靠语言创造的人"。

于是造物主吹了口气，风势强大，格鲁斯卡普被吹倒了，被捋去所有的毛发。

（174）

雨

在北部的大湖区，一个小女孩突然发现她还活着。世界的奇观打开了她的双眸，她漫无目的地行走。

她追寻着梅诺米尼族[1]的猎人和樵夫的足迹，来到一座由树干搭建的大木屋前。那儿住着十个雷鸣鸟兄弟，他们送给她衣服和食物。

一个糟糕的上午，小女孩正在泉水边汲水，一条长满毛发的蛇缠住了她，把她带到一座岩石山的深处。当一群蛇正准备要吞吃她时，小女孩唱起歌来。

从很远处，雷鸣鸟听到了呼唤声。他们用闪电击中岩石山，解救了被俘虏的女孩，杀死了蛇。

雷鸣鸟把小女孩安置在一棵树的枝桠上。

"你就住在这儿吧。"他们对她说，"每次只要你唱歌我们就会来。"

每当绿色的雨蛙从树上呼唤的时候，就雷声隆隆，下起雨来。

（113）

彩 虹

雨林里的小矮人们在一次埋伏中抓住了约布埃纳瓦博什卡，并砍

---

[1] 梅诺米尼人（Menomini）是北美印第安人，居住在今威斯康星州。

去了他的头。

一路翻滚，头颅回到了卡西纳瓦人[1]的土地上。

尽管他已经学会跳跃和优雅地保持平衡，但谁也不喜欢一个没有身躯的头颅。

"妈妈，我的兄弟姐妹们，乡亲们，"头颅痛心地说，"你们为什么拒绝我？为什么为我感到羞耻？"

为了解决那些麻烦，摆脱这个头颅，母亲建议他变成某样物体，但是头颅拒绝变成任何已经存在的事物。头颅想啊想，做梦也想，创造臆想着。月亮不存在。彩虹不存在。

他要了七个线团，各种颜色的。

他瞄准方向，把线团一个接着一个地抛向空中。线团挂缀在远处的云端，彩线舒展开来，缓缓地垂到地面。

在上去之前，头颅警告道：

"凡是不认识我的人将会受到惩罚。当你们看到我在那高处时，请说：'高大、美貌的约布埃纳瓦博什卡在那儿呢。'"

之后他把悬挂的七根线拧成辫子，搜着辫绳爬上了天。

那天夜里，在群星之间首次出现了一道白色的裂缝。一位姑娘抬眼看到了，惊讶地问道："那是什么？"

立刻，一只红色的金刚鹦鹉向她扑过去，猛地转了个圈，用它尖锐的尾巴戳向姑娘的双腿之间。姑娘流血了。从那时候起，每当月亮希望的时候，女人就流血。

第二天，那条七彩的绳子在空中熠熠发光。

一个男人用手指指着它说：

"看！看！真奇怪啊！"

说话间他就倒下了。

那是第一次有人死亡。

(59)

---

[1] 卡西纳瓦人（Cashinahua）是分布在秘鲁和巴西的亚马孙河流域的土著部族。

白　日

现在，统率着海达部族[1]的图腾最高层的乌鸦，是创造世界的伟大神主的孙子。

乌鸦哭着要挂在树干墙上的月亮，祖父就送给了他。乌鸦从烟囱的小洞里把月亮扔到天上；然后他又哭起来，要星星。当他得到星星后，把它们散落地点缀在月亮的周围。

之后，他哭叫着、踢闹着，直到祖父把贮藏着日光的精制木匣子给他。伟大的神主禁止他把那个匣子拿出家门。神早已决定让世界生活在漆黑之中。

乌鸦心不在焉地玩着匣子，眼角窥视着看守他的守卫们。

利用看守的的疏忽，他嘴叼着匣子就逃走了。在经过烟囱时，他的嘴尖裂开了，羽毛烧着了，因此永远地变成了黑色。

乌鸦来到加拿大海边的岛屿上。他听到了人类的声音，于是乞求食物。人们拒绝了他。他威胁着要打破木匣子：

"如果我这儿保存的白天逃走了，天空就永不再熄灭。"他警告道，"没有人能睡觉，也不能保守秘密，也会知道哪个是人，哪个是鸟，哪个是森林的野兽。"

人们笑起来。乌鸦打碎了匣子，光芒在宇宙中爆炸开来。

（87）

---

[1] 海达族（Haida）是生活在北美洲西北海岸的原住民，主要居住在加拿大不列颠哥伦比亚省夏洛特皇后群岛和美国阿拉斯加的威尔士亲王岛上。

黑 夜

太阳从不休止地照耀着,卡西纳瓦印第安人没尝过休息的甜蜜。

人们十分渴望平静,因长久的日光照射而疲惫不堪,于是他们向老鼠借黑夜。

天黑了,但是老鼠的黑夜仅仅够人们吃饭、在火堆前抽一会儿烟。印第安人还没有在吊床上安顿好黎明就已来临。

之后,他们尝试了貘的黑夜。在貘的黑夜里,人们能够美美地睡大觉,享受期盼许久的长长的美梦。但是当他们醒来时,已经过去了很长时间,山上的荆棘和杂草丛生,侵占了庄稼,压垮了房屋。

在经过多次的寻找之后,他们选择了犰狳的黑夜。他们向它借了黑夜,就再也没有归还。

犰狳,被抢走了黑夜,就在白天睡觉。

(59)

星 辰

吹奏笛子是爱情的宣告或是猎人归来的讯号。伴着笛声,瓦伊瓦伊[1]印第安人召唤客人。对于图卡诺人[2]来说,笛声幽咽似哭泣;卡利纳人[3]认为笛声倾诉故事,因为高声叫嚷的是喇叭。

在内格罗河畔,笛子是男性权威的保障。神圣的笛子被藏匿起来,女人若是接近它就会被处死。

在远古时期,妇女们掌控着神圣的笛子,而男人们搬柴运水,做木薯饼。

---

[1] 瓦伊瓦伊人(Waiwai)是圭亚那和巴西北部的土著部族。

[2] 图卡诺人(Tukano)是居住在哥伦比亚与巴西交界的亚马孙雨林地区的土著部族。

[3] 卡利纳人(Kalina)是南美洲北部的原住民,现分布在圭亚那、委内瑞拉和巴西境内。

男人们说太阳看到女人统治世界后很愤慨。太阳降落到雨林中，在一位姑娘的大腿之间涂上树叶的浆汁，使其受孕。于是朱鲁帕里[1]诞生了。

朱鲁帕里偷走了神圣的笛子，把它们交给了男人。并教会他们如何藏匿笛子，如何保护笛子，如何举行礼仪庆典，不让女人看见。此外，他还告诉他们必须对男嗣口耳相传的秘密。

当朱鲁帕里的母亲发现了那些圣笛的藏匿之处时，他将她处死了，并把她身体的碎片变成天上的星辰。

(91，112)

银 河

一条不比小指大的蛇虫以鸟的心脏为食。它的父亲是莫塞顿族[2]群里最好的猎手。

小蛇虫逐渐长大。很快就有一只臂膀那么大。需要越来越多的心脏。为了儿子，猎手整日在雨林里打猎。

当茅屋里再也容纳不下那条蛇时，雨林里的鸟类早已绝迹。百发百中的父亲给它吃美洲豹的心脏。

蛇大口吞噬，越长越大。雨林里已经没有美洲豹了。

"我想吃人的心脏。"蛇说。

猎手杀尽了他自己村落和临近乡村的人，直到有一天，在一个遥远的村镇，人们在一棵树枝上逮住了他，并杀死了他。

饥肠辘辘、思念难耐的蛇上路去寻找他。

它用身体缠住了那个肇事的村庄，不让任何人逃走。人们把所

---

[1] 朱鲁帕里（Jurupari，Yuruparí）是巴西和哥伦比亚印第安部落中广为人知的神话英雄。

[2] 莫塞顿人（Mosetenes）是玻利维亚境内亚马孙雨林的原住民，善用弓箭。

有的飞箭都投向那个把他们围住的巨大环圈。与此同时，蛇仍没停止增长。

无一人幸免。蛇救回了父亲的身体，向上生长。

在那儿可以看见它，蜿蜒着穿过黑夜，满身的箭镞熠熠生光。

（174）

金 星

月亮——驼背的母亲——请求她的儿子：

"我不知道你的父亲在哪儿。你把我的消息带给他吧。"

儿子出发去寻找最熊烈的火焰。

在正午那里没有找到他，太阳常常在那里喝酒，与他的女人们一起伴着小鼓的节奏跳舞。他又去地平线和亡灵区寻找。塔拉斯科人[1]的太阳不在他四个家的任何一个里。

金星继续在天空追寻他的父亲。他总是到得太早或者太晚。

（52）

语 言

瓜拉尼人[2]的第一位祖先立在黑暗之中，被他自身心脏的反光照

---

[1] 塔拉斯科人（Tarascos）是墨西哥米却肯地区的原住民，也叫普雷佩恰人（Purépecha），他们在14世纪初叶创立了普雷佩恰国（或名塔拉斯卡国），是中部美洲地区仅次于阿兹特克国的第二大帝国，1530年被西班牙人征服。

[2] 瓜拉尼人（Guaraníes），南美洲原住民，居住在巴拉圭、阿根廷北部、巴西西南部和玻利维亚的东南部地区。

亮，他创造了火焰和稀薄的雾霭。他创造了爱，却无人赠予。他创造了语言，却无人听他说话。

于是他建议诸神创建世界，各司风雨火雾。他交给他们音乐，圣曲的歌词，让他们能够赋予男人和女人们以生命。

因此，爱变成了交流，语言获得了生命，第一位祖先解除了他的寂寞。他陪着男男女女们一起散步一起唱歌：

我们正踏在这片土地上，

我们正踏在这片闪亮的土地上。

(40, 192)

火

夜里冰冷严寒，诸神带走了火。寒冷割裂了人们的肉体和话语。他们扯破了喉咙，声嘶力竭地哀求，诸神却装聋作哑。

一次，诸神把火还给了他们。人们喜悦地欢舞，高唱致谢的颂歌，但是突然，诸神派出了雨水和冰雹，浇灭了火焰。

诸神开口说话，提出要求：为了配得上使用火，人们必须用黑曜岩的匕首剖开胸膛，献出心脏。

基切[1]印第安人献上了囚犯们的鲜血，从而免受寒冷的侵袭。

卡奇克尔[2]印第安人不接受这个价码。卡奇克尔人是基切人的同族，也是玛雅人的后裔，他们脚上绑着羽毛，滑过烟雾，偷走了火，并把它藏在山里的岩洞里。

(188)

---

[1] 基切人（Quichés）是玛雅部族中的分支，主要居住在危地马拉境内，在哥伦布抵达新大陆之前，基切人建立了强大的城邦。记录玛雅文明的圣书《波波尔·乌》就是用基切语写的关于基切部落兴衰的故事和传说。

[2] 卡奇克尔人（Cakchiquel）是玛雅部族的分支，居住在危地马拉西部高地。

热带雨林

梦中，乌伊托托族[1]印第安人的祖先隐约看见一片闪光的烟雾。在那片蒸汽中，地衣和苔藓微微颤动，四周回响着风声、鸟鸣声、蛇发出的咝咝声。

祖先抓住了烟雾，用他气息之线绑住它，拽出梦境，用土把它裹起来。

他对着裹着烟雾的土吐了几次口水，在泡沫的漩涡中热带雨林腾空而起，树木伸展出巨大的树冠，鲜花绽放，硕果累累。在浸湿的土地上，蟋蟀、猴子、貘、野猪、犰狳、鹿、美洲豹、食蚁兽都获得肉身和声音。天空中出现了金雕、金刚鹦鹉、秃鹫、蜂鸟、白鹭、鸭子、蝙蝠……

黄蜂猛冲过来，剪去了蟾蜍和人的尾巴，然后精疲力竭。

(174)

雪 松

第一位祖先从他的权杖的尖端造出了土地，并用绒毛罩住。

在绒毛之上长出了雪松——流淌出话语的神树。于是第一位祖先让姆比亚-瓜拉尼族人掘开那棵树的树干，去听听里面有什么。他说，谁要是能听懂雪松这个话语匣子，就会知道把他们未来的炉灶安放在何处，谁要是听不懂的话，就会变回一无是处的土。

(192)

---

[1] 乌伊托托族（Uitotos）是哥伦比亚和秘鲁交界处亚马孙河雨林地区的土著部落。

愈疮木

尼瓦科勒族[1]村里的一位姑娘四处找水，遇到了一棵枝繁叶茂的大树——那苏克愈疮木，她感到了召唤。她用整个身体紧紧抱住它结实的树干，把指甲插入树皮。树流血了。临走前，她说：

"那苏克，我多希望你是男人啊。"

愈疮木变成了男人去寻找她。当他找到她时，他露出了有抓痕的背部，躺在她的身边。

（192）

颜 色

鸟的羽毛是白色的，动物的皮是白色的。

现在，在没有任何河水注入也不产生任何河流的湖泊中洗澡后就变成蓝色；从卡迪乌埃乌[2]部落的一个小男孩鲜血注入的湖泊里钻出后变成红色；在泥土里打滚就有了土壤的颜色，在熄灭的炉灶里寻找温暖的就获得灰烬的颜色；在树叶上摩擦身体的就变成绿色；保持平静则仍是白色。

（174）

---

[1] 尼瓦科勒族（Nivakle）居住在巴拉圭查科地区南部和阿根廷东北部，也叫楚鲁皮人（Chulupíes）。

[2] 卡迪乌埃乌（Kadiueu）是巴西西部的土著部落。

爱

在亚马孙热带雨林里,第一个女人和第一个男人好奇地相互凝望着。他们双腿间的东西真奇怪。

"你的被割掉了吗?"男人问。

"没有。我一直是这样的。"她说。

他上前检查。他挠了挠头。在那儿有一处开口的溃疡。他说:

"别吃木薯,也别吃香蕉,别吃任何一个成熟后会裂开的水果。我会治好你的。你躺在吊床上休息。"

她听从了。她缓缓地吞咽着草药汤,任由他给她涂抹各种药膏。当他说"你别担心"时,她不得不咬紧牙关,不发出笑声。

她很喜欢这个游戏,尽管她已经开始厌倦这种忌食和卧床的生活。一想到水果她就口水直流。

一天下午,男人从树林中奔跑过来,兴奋地跳跃着叫道:

"我找到了!我找到方法了!"

他刚刚看见树梢上一只公猴在给一只母猴治病。

"是这样的。"男人说着,贴到女人身边。

在长长的拥抱之后,一股浓郁的花香、水果香气溢满空气。两个人躺在一起,身体焕发着从未见过的气息和光彩,面对如此美景,太阳和诸神都羞愧不已。

(59)

河流与大海

乔科人[1]的森林里没有水。造物主知道蚂蚁有水，就向她借。她不想听他的。造物主掐住了她的腰，蚂蚁吐出了储存在肚子里的水，从那以后她的腰际一直很纤细。

"现在，你得告诉我你从哪喝到的水。"

蚂蚁把造物主带到一棵毫无异样的树跟前。

青蛙们和人们不停地砍斫这棵树，四天四夜没有停歇，但是大树仍没有彻底倒下。一棵藤本植物缠住它，让它不能着地。

造物主命令巨嘴鸟："咬断它。"

巨嘴鸟没能咬断它，因此被惩罚吃完整的果实。

金刚鹦鹉用它坚硬、锋利的嘴咬断了藤条。

当贮水之树倒塌时，从树干里诞生了大海，而枝条则变成了河流。

所有的水都是淡水。是魔鬼四处撒下了盐。

（174）

潮　汐

许久以前，大风不停地吹向温哥华岛，没有好天气也没有低潮期。

人们决定杀死风。

他们派出了间谍。冬日黑鹈鸟失败了，沙丁鱼也失败了。是海鸥成功避开守护在风之家门口的飓风，尽管它长相丑陋、臂膀折断。

于是，人们派出了鱼组成的部队，在海鸥的带领下，鱼群冲向门口。风出来时，踩到鱼，滑倒在鳐鱼身上，一个接着一个，鳐鱼用尾

---

[1] 乔科人（Chocó）是居住在哥伦比亚、巴拿马和厄瓜多尔西北部临近太平洋地区的印第安人，也叫恩贝拉人（Emberá）。

巴刺穿并吞下它们。

西风被活捉了，成为人们的俘虏，他承诺不会持续不断地刮风，承诺会有轻柔的空气和微风，承诺每天会让潮水远离海岸几次，好让人们能够去浅海区采捕贝类。他们释放了他。

西风践行了诺言。

（114）

雪

"我要你飞起来。"房子的主人命令道，于是房子飞起来了。它在黑暗的空中飞行，一路吹着口哨，直到主人命令：

"我要你停在这儿。"

房子停下来，悬在夜空中，悬在飘落的雪花中。

没有点灯的鲸脑油，于是房子的主人抓了一把新鲜的雪，雪给了他光亮。

房子在伊格卢里克人的一个村庄着陆。有人前来问候，当他看到用雪点亮的灯时，叫道："雪烧起来了！灯灭了。"

（174）

洪 水

在安第斯山系的山麓，聚集着各个公社的首领。

他们一边抽烟一边商议。

丰裕之树茂盛至极，参天蔽日。从下面望去，枝头的累累硕果把高大的枝干压弯了，菠萝、可可、木瓜、番荔枝、玉米、木薯、菜豆等都饱满多汁。

老鼠和鸟儿都享受这些食粮。人们却不能。狐狸爬上爬下地享用佳肴，却不邀请人。人们尝试着爬树，却摔碎在地。

"我们怎么办呢？"

一位首领在梦中梦到一把斧头，醒来时手上抓着一只蟾蜍。他用蟾蜍敲打丰裕之树粗壮的树干，但是这只小动物却吐出了肝脏。

"那个梦是假的。"

另一位首领做梦了。他向万物之主借一把斧头。万物之主警告说树会报复的，但他派出了一只红鹦鹉。

攥着鹦鹉，那位首领击打丰裕之树。食物像雨一下落到地上，大地被这巨响震得耳聋。于是在河流的深处爆发了最巨大的暴风雨。河水涨起来，淹没了整个世界。

人类中，只有一个幸存下来。他游啊游，整日整夜地游，最后抓住了在洪水中幸存下来的一棵棕榈树的树冠。

（174）

乌 龟

当洪水退去时，瓦哈卡山谷是一片泥潭。

一撮泥土获得生命，并走起路来。乌龟走得很慢。它伸直了脖子，睁圆了双眼，去发现这个太阳令其重生的世界。

在一个散发着恶臭的地方，乌龟看见一只黑美洲鹫正在啄食尸体。

"请把我带到天上去吧，我想认识造物主。"它恳求道。

黑美洲鹫让它不停地请求。尸体太美味了。乌龟伸出头来请求后又缩回到龟壳里，因为它不能忍受恶臭。

"你有翅膀，就带我去吧。"它乞求着。

厌烦了这些乞求，黑美洲鹫张开它黑色的巨大羽翼，驮着乌龟，就飞翔上天。

他们穿越云层，乌龟缩着脑袋，抱怨道：

"你真臭啊。"

黑美洲鹫装聋作哑。

"难闻的腐臭味。"乌龟重复道。

他一直这样啰唆着，直到怪鸟失去了最后的耐心，猛地倾斜过来，把乌龟甩到了地上。

造物主从天上下来，把乌龟的碎片粘连起来。

从龟壳上仍能看到修补的痕迹。

（92）

鹦 鹉

洪水之后，雨林仍然葱郁却一片空寂。那位幸存者从树上射出一支支的箭，飞箭穿过阴影和树叶，就落入死寂。

一日入夜时分，在四处奔波寻找之后，幸存者回到了他的藏身之处，发现了烤肉和木薯饼。第二天又发生同样的事情，第三天亦如是。这位因饥饿和孤独而已经绝望的人想知道该向谁表达感谢。次日清晨，他藏起来，等待着。

两只鹦鹉从天而降。一着地，它们就变成了女人。她们生火做饭。

唯一幸存的男子选择那个头发更长一些、拥有更高更艳丽羽毛的女人。另一个女人则蔑视地飞远了。

马伊纳印第安人是那对夫妻的后人。每当他们的女人游手好闲、饶嘴多舌时，他们总是咒骂他们的先人。他们认为是他的过错，因为是他选了一无用处的那个女人。而另外那个女人是至今仍生活在雨林中的所有鹦鹉的母亲和父亲。

（191）

蜂 鸟

清晨，它问候太阳。夜幕降临时，它仍在工作。它在树枝间、花丛间嗡嗡地飞来飞去，像光一样敏捷而又必需。有时候它犹疑，悬停在空中一动不动，有时候它向后飞，这无人能及。有时候它如醉酒般踉跄飞行，是因为它喝了太多的花蜜。飞行时，它射出五彩斑斓的闪电。

它带来诸神的讯息，它发出光线来实施报复，它把预言吹入预言者的耳中。当瓜拉尼的小男孩死去时，它拯救他的灵魂，灵魂存于花萼中，它用细针一样的长长的喙叼着灵魂，把它带到无恶之地。从时间之初它就知道这条路。在世界诞生之前，它就已经存在：它用露珠来滋润第一位祖先的嘴唇，用花蜜来缓解他的饥饿。

在把太阳的温暖带给阿兹特克人之前，它指引托尔特克人长途跋涉前往图拉圣城。

身为琼塔尔部落的首领，它飞翔在敌营的上空，权衡敌军的势力，俯冲下去，啄死睡梦中的敌军首领。作为克科奇人的太阳，它飞向月亮，出其不意地进入月亮的房间，与她做爱。

它的身躯如杏大小，在只能容纳一颗坚果的窝巢里，它从一个不比菜豆大的蛋里破壳而出。它睡在一片小树叶的怀抱中。

(40，206，210)

林 鸮 鸟

"我是不幸的女儿。"部落首领的女儿涅阿姆比乌这么说，她的父亲禁止她与敌对部落的一个男子谈恋爱。

她说完这句话就逃走了。

很快他们就在伊瓜苏山区找到了她。他们找到了一座雕像。涅阿姆比鸟双目视而不见、双唇紧闭，心脏已熟睡。

首领命令传召会破解灵异、治疗疾患的人。整个部落的人都前去观看这一复活仪式。

巫医向马黛叶和木薯酒寻求意见。他走向涅阿姆比鸟，并对着她的耳际撒谎：

"你爱的那个男人刚刚死了。"

涅阿姆比鸟的尖叫声把所有的印第安人变成了垂柳，她则变成了鸟飞走了。

深夜中林鸥鸟的哀鸣震撼山林，方圆几里地内都能听见。很难看到林鸥鸟，想逮住她更是不可能。没有人能赶上这只幽灵之鸟。

（86）

灶 鸟

当那个年轻人年及弱冠，参加三场成年考验时，他跑步和游泳的水平无人能及，他九天没有进食，被皮革抻拉着，不动弹也不抱怨。在经受考验的时候，他听到一位女人在遥远的地方为他唱歌，帮助他承受考验。

部落的首领决定让他的女儿嫁给年轻人，但是他却飞起来，消失在巴拉圭河的树林里，去寻找那位唱歌的女人。

在那一片地区现在仍能看到灶鸟。当它认为它寻找的声音向它飞来时，它就猛烈地扇动翅膀，发出喜悦的叫声。它在一个能避开闪电的地方筑了一个泥土房子，门朝向北风，等候着还没到来的女人。

所有的人都尊重它。谁要是杀死了灶鸟或是毁坏了它的家，就会带来暴风雨。

（144）

乌 鸦

湖泊干涸，河床裸露。塔科尔马[1]的印第安人口干舌燥，他们派乌鸦和耳鸮去找水。

很快乌鸦就累了。它在一个碗里尿了一泡尿，然后说那是它从很远的村镇带来的水。

相反，耳鸮却继续飞行。过了很久之后，它带着新鲜的水回来了，把塔科尔马人从干渴中拯救出来。

作为惩罚，乌鸦受到夏日遭受干渴的处罚。在炎热持续时，由于不能湿润嗓子，乌鸦说话声音沙哑。

（114）

南美神鹰

卡乌伊雅卡正在一棵树冠下编织毛毯，科尼拉亚变成一只鸟在她头顶上飞翔。姑娘完全没有注意到鸟儿的啼啭和盘旋。

科尼拉亚知道其他更古老、更重要的神都渴望得到卡乌伊雅卡。可是他从高处把他的种子以成熟果实的形式送给她。当她看见脚边的鲜美果实时，拿起它并吃了。她感到一种莫名的快感，然后她怀

---

[1] 塔科尔马（Takelma）是北美的原住民，曾居住在美国境内的罗克山谷。

孕了。

之后，他变成了人形，一个衣衫褴褛、破落不堪的男人，在整个秘鲁四处追寻她。卡乌伊雅卡背着她的儿子，逃向海边，科尼拉亚追随其后，绝望地寻找她。

他向一只臭鼬打听她。臭鼬看着他流着血的双脚，孤零零一个人，就回答道："傻子。你不觉得继续找下去是没有意义的吗？"因此，科尼拉亚诅咒它：

"你将会在夜间游荡。凡是你到过的地方都会留下难闻的气味。你死的时候，谁也不会把你从地上搬走。"

相反，南美神鹰却鼓励那位追随者："跑吧！"它对他叫道："跑吧，你会追上她的！"于是，科尼拉亚为它祈福：

"你将会飞到你想去的任何地方。天空和陆地上没有你不能进入的地方。谁也无法到达你的窝巢。你永远不缺食粮，谁要是杀了你，就会死。"

在翻越崇山峻岭之后，科尼拉亚终于到达海边。他迟了。那位女人和她的儿子已经是大海当中一座岩石小岛。

(100)

美 洲 豹

美洲豹带着弓箭四处捕猎，他遇到了一个影子。他想逮住它却不能够。他抬起头。影子的主人是卡亚波[1]部落的年轻人波多科，他在岩石的高处饿得半死。

波多科浑身无力、动弹不得，只能结结巴巴地说几个词。美洲豹放下弓箭，邀请他去家里吃烤肉。尽管年轻人不知道"烤"这个词是

---

[1] 卡亚波（Kayapó）是居住在巴西平原地区的土著部落。

什么意思，但是他接受了邀请，任由自己滑落到猎手的脊背上。

"你把别人的儿子带回家了。"他的女人责怪道。

"现在他是我的儿子了。"美洲豹说。

波多科第一次看见火。他认识了石灶，尝到了烤貘肉和烤鹿肉的滋味。他得知火能照明和加热。美洲豹送给他一只弓和许多箭，教他如何防御。

一天，波多科逃走了。他杀死了美洲豹的女人。

他跑了很久，非常绝望，但是他一直跑到自己的村落才停下来。在那儿，他讲述了自己的经历，展示了这些秘密：新武器和烤肉。卡亚波人决定占有火和这些武器，于是他带领他们去那遥远的房子。

从那时候起，美洲豹就憎恨人类。关于火，他只剩下瞳孔中闪闪发光的火的影子，狩猎时，他只能依靠尖牙和利爪，生吃捕获的猎物。

（111）

熊

白天的动物和黑夜的动物聚集在一起决定如何解决太阳的问题，因为那时候太阳总是随心所欲地来去。动物们决定通过碰运气来解决这个问题。在猜谜游戏中获胜的一方将决定今后太阳光必须在世界上照耀多久。

当他们正在进行时，太阳因为好奇而靠过来。太阳离得太近了，夜晚的动物们只能快速地纷纷逃窜。熊是这一紧急事态中的牺牲者。他把右脚塞进左边那只莫卡辛鞋，左脚塞进右边的莫卡辛鞋，他就这么跑着逃走了，他尽可能地跑着。

据科曼奇族[1]的印第安人说，从那之后熊走路就摇摇晃晃的了。

（132）

---

[1] 科曼奇人（comanche）是北美大草原原住民，尚武好战，历史上居住在得克萨斯州西北部、新墨西哥州的东部等地区。

宽吻鳄

马库斯人[1]的太阳非常担心，因为池塘里的鱼越来越少。

他让宽吻鳄负责监视。所有的池塘都空无一鱼。监守自盗的宽吻鳄编了一个无形攻击者的美丽故事，但是太阳不相信这个故事。他握紧砍刀，把鳄鱼的身体砍得刀痕累累。

为了平息太阳的怒火，宽吻鳄献出他的正值婚期的美貌女儿。

"我等她。"太阳说。

由于宽吻鳄没有女儿，他在野生李子树的树干上刻了一个女人。

"她在这儿。"说着，他就钻进水里，斜着眼睛偷看。至今他仍然侧目斜视。

是啄木鸟救了他的命。在太阳到来之前，啄木鸟啄击木头女人的腹部下方，因此，她虽然不完整，却已被打开，让太阳进入。

(112)

犰狳

通知在的的喀喀湖有一场盛会。犰狳是非常重要的动物，想惊艳四座。

很早，他就开始编织一件针脚精密、非常优雅的、将会令人吃惊的披风。

狐狸看见他工作，非常好奇：

---

[1] 马库斯人（Macusi）居住在圭亚那南部、巴西北部和委内瑞拉东部地区。

"你心情不好吗?"

"你别打扰我,我忙着呢。"

"这是做什么用的?"

犰狳解释了一番。

"啊!"狐狸玩味着说了一句话,"是为了今晚的晚会吗?"

"什么? 今天晚上?"

犰狳的心一下子凉到了脚跟,他计算时间从来就不十分精准。

"可我的披风才织了一半!"

狐狸咧嘴笑着走远了,而犰狳则匆忙地完成了他的披风。由于时间飞逝,他不能继续那么精细地编织了。他必须使用最粗的线,织完后,披风非常宽松。

因此,犰狳的铠甲在脖颈处非常紧密,而到了背部则非常开敞。

（174）

兔 子

兔子想长大一些。

造物主许诺他,可以把他的体积变大,只要他拿来一张老虎的皮,一张猴子的皮,一张蜥蜴的皮和一张蛇的皮。

兔子去拜访老虎。

"造物主告诉了我一个秘密。"他神秘地说道。

老虎想知道秘密,兔子告诉他飓风快要来了。

"我能救我自己,因为我个小。我会躲在某个洞里,但是你呢? 你怎么办? 飓风不会饶过你的。"

一颗泪珠在老虎的胡须间打转。

"我只想到一个办法来救你。"兔子主动提出,"我们去找一棵粗壮的大树,我把你的脖子和双手捆在树干上,这样飓风就不能把你带走了。"

老虎满怀感激地让兔子绑住他。于是兔子一棍棒打死了他，然后剥去他的皮。

他继续上路，向森林深处走去，走到了萨波特克人[1]的村落。

他停在一棵树前，树上有只猴子正在吃东西。兔子拿着刀子，用没有锋刃的一面敲打脖子。每敲一下就放声大笑。在敲了许多次也笑了很久之后，他把刀子扔到地上，就蹦跳着离开了。

他躲在树枝后面，窥视着。猴子很快就下来了。他看着这个让人发笑的东西，挠了挠头，然后抓起刀子，砍了一下，就头落倒地了。

还差两张皮。兔子邀请蜥蜴踢球。球是石头做的，球砸在了蜥蜴尾巴再生的地方，让他晕倒在地上。

在蛇附近，兔子假寐。当蛇跳跃之前准备助跑时，兔子快速地把指甲钉入了蛇的双眼。

兔子带着四张皮到了天上。

"现在请让我长大吧。"他请求道。

造物主思忖："兔子个子这么小，能做到他想做的一切。如若我把他的个子增大，他还有什么不能做的呢？假若兔子强大了，说不定我就当不了造物主了。"

兔子等待着。造物主温柔地靠近他，抚摸着他的脊背，突然拽起他的耳朵，打了几个旋，再把他甩到地上。

从那一次之后，兔子的耳朵就变长了，前腿为了阻止降落而伸展，最后变短了，眼睛因为恐惧而涨得通红。

(92)

---

[1] 萨波特克人（Zapotecas）是墨西哥的原住民，居住在瓦哈卡州的南部和临近地区。哥伦布史前时期，萨波特克文化是中部美洲的主要文化。

蛇

造物主对蛇说："将会有三只独木舟过河。其中两只船上会有死亡同行。如果你不搞错的话，我将让你长生不老。"

蛇让第一只船过河了，因为船上装着满是腐肉的篮子。他也没有理睬第二只船，船上装满了人。当第三只船过来时，他表示欢迎，船上空荡荡的。

因此，在石帕伊阿人居住的地区，蛇是永生不死的。

每当他年老时，造物主就送给他一张新皮。

（111）

青　蛙

从海地的一个岩洞里出现了最早的泰诺人。

太阳不让他们休息。隔三差五地就劫持他们，并把他们变形了。把负责守夜的人变成了石头；把渔夫变成了树林；出门寻找草的人在半路上被抓住，被变成了上午唱歌的鸟。

有一个人从太阳手上逃走了。他出逃的时候，带走了所有的女人。

加勒比岛屿上的青蛙唱歌不是出于欢乐，他们是那个时候的泰诺人的孩子。他们叫着"toa，toa"，那是他们呼唤母亲的方式。

（126，168）

蝙　蝠

鸿蒙初辟时，世界上没有比蝙蝠更丑的动物了。

蝙蝠上到天庭找造物主，他没有这么说：

"我讨厌长得难看，给我彩色的羽毛吧。"

不，他这么说的：

"请你给我羽毛吧，我要冻死了。"

造物主没有任何富余的羽毛。

"每只飞鸟将会给你一根羽毛。"造物主做出决定。

因此，蝙蝠得到了鸽子的白羽毛，鹦鹉的绿羽毛，蜂鸟闪闪发光的羽毛，火烈鸟的玫瑰红羽毛，红衣凤头鸟的红色羽冠，翠鸟背上的蓝羽毛，鹰翅膀上土褐色的羽毛，巨嘴鸟胸前燃烧的像太阳一样的金黄羽毛。

蝙蝠周身羽毛五颜六色，光滑柔软，他在地面和云层间悠闲地飞来飞去。凡是他到过的地方，空气也变得欢悦，飞鸟们羡慕得目瞪口呆。萨波特克人说彩虹是由他飞行的回波产生的。

虚荣让他膨胀起来，他目空一切，出口伤人。

所有的飞鸟聚集在一起，他们一起去找造物主。

"蝙蝠嘲笑我们。"他们抱怨，"另外，我们因为失去羽毛而感到寒冷。"

第二天，当蝙蝠在高空振翅飞翔时，突然被扒得精光。羽毛似雨点般洒落到地面。

现如今他仍四处寻找那些羽毛。他是瞎子，样貌丑陋，他是光线的敌人，他躲在岩洞里。当夜幕降临时他出去追寻失去的羽毛，他飞得很快，从不停留，因为他羞于被大家看到。

（92）

蚊 子

诺科塔人的村镇里死人很多。在每位死者身上都有一个小洞，从小洞里他们的血液被偷走了。

凶手是一位小孩，他从学走路之前就开始杀人。接受判决时他哈哈大笑。他们用矛刺穿他的身体，他笑着摘去，就像挑去毛刺一样。

"我来教你们如何杀死我。"小孩说。

他让刽子手们点燃一座很大的火堆，并把他投入火中。

他的灰烬飘散到空气中，急于伤人，于是，从那里飞出了最早的蚊子。

（174）

蜂　蜜

蜂蜜总是避开他的两个嫂子。好几次，他把她们赶下吊床。

她们总是跟在他后面，日日夜夜。她们看着他，他让她们垂涎欲滴。只有在梦里，她们才能抚摸他，舔舔他，吞食他。

怨恨与日俱增。一天上午，当两位嫂子正在洗澡时，发现蜂蜜也在河边。她们跑过去，往他身上泼水。蜂蜜淋湿了，融化了。

现在在帕里亚海湾[1]，要找到遗失的蜂蜜实非易事。必须手拿斧头，爬到树上，凿开树干，翻寻半天才行。这少之又少的蜂蜜吃起来是喜惧参半，因为有时候它能杀死人。

（112）

---

[1] 帕里亚湾（Golfo de Paria）位于南美洲东北部，在奥里诺科河流入大西洋的入海口北边。

种　子

帕恰卡马克[1]是太阳之子，他在鲁林的沙地上造了一个男人和一个女人。

无物可食，那个男人饿死了。

那个女人弯着腰，刨土找根须吃，这时，太阳进入她身体，让她生了一个儿子。

帕恰卡马克非常嫉妒，他抓住刚出生的婴儿，把他撕成碎片。但是很快他就后悔了，抑或他害怕他父亲——太阳发怒，于是他把弟弟尸身的碎片播撒在地上。

从尸体的牙齿那长出了玉米，从肋骨和骨头那长出了木薯。鲜血让土地肥沃，从四处播撒的肉身上长出了果树和遮天蔽日的树。

因此，在那片从不下雨的海岸，出生在那的男男女女们能够找到食物。

（53）

玉　米

诸神用泥土做了最初的玛雅–基切人。他们没存在多久。他们是软的，没有力量，还没走路就软塌了。

之后诸神试着用木头做人。木头娃娃能说话能走路，但是非常干瘪，他们没有血肉，没有记忆没有方向。他们不能与诸神对话，或者说他们无话对诸神诉说。

于是，诸神用玉米做了父亲和母亲。用黄色和白色的玉米，揉制了他们的肉。

---

[1]　帕恰卡马克（Pachacamac）在克丘亚语中意为"大地的创造者"，是秘鲁地区古文化中的天神，太阳之子。鲁林（Lurín）位于秘鲁利马地区的太平洋沿岸，是古文化的发源地。

玉米做的女人和男人看得和诸神一样远，他们的目光延伸到整个世界。

诸神朝他们呵了一口气，让他们的眼睛永远雾蒙蒙的，因为他们不希望人类能够看到比地平线更远的地方。

（188）

烟　草

卡里利印第安人恳求始祖让他们尝尝野猪的肉，而那时候还不存在野猪。始祖——宇宙建筑师——抓住卡里利村里的小小孩们，把他们变成了野猪。他造了一棵大树，让野猪逃到天上去。

印第安人追赶野猪，沿着树干向上爬，从这根树枝到那根树枝，最终成功杀死了几只。始祖命令蚂蚁摧毁这棵树。印第安人落地时，摔断了骨头。从那一天起，我们所有人的骨头是断开的，因此我们能够弯曲指头，伸缩双腿或者弯腰欠身。

用那几只死去的野猪，村里举行了一个盛大的宴会。

印第安人乞求始祖从天上下来，但他宁愿待在天上，他在天上照顾那些从捕猎中幸存下来的孩子。

始祖派出烟草，让他代替自己去人间。印第安人抽着烟，与上帝谈心。

（111）

马　黛　茶

月亮非常想去地上。她想尝尝各种水果，想在河里游泳。

在云的帮助下，她得以下到地面。从日落到日出，云层遮蔽天空，这样就没人发现月亮消失了。

在地上的那一夜是极为奇妙的。月亮在上巴拉纳地区的雨林散步，见识了许多神秘的芬芳和气味，在河里长久地游泳。一位年老的农夫救了她两次。当美洲豹正要把他的利齿钉入月亮的脖颈时，老农用小刀砍去猛兽的头。当月亮饥饿时，他把她带到自己家里。"我们把我们少的可怜的东西都给了你。"农夫的女人说着，给了她几张玉米饼。

第二夜，月亮从天上探头看望她朋友的家。老农在雨林的空地里建了一座茅屋，远离所有的村庄。他和他的老婆、女儿住在那里，就像被放逐了一样。

月亮发现在那座房子里已经没有什么可吃的了。给她吃的玉米饼是最后几块。于是她用她最好的光线照亮那个地方，她请求云在茅屋四周下一种特殊的毛毛雨。

清晨，在这片土地上已经长出了几棵不知名的树。在深绿色的树叶之间，冒出许多白花。

农夫的女儿一直没死。她是马黛茶的主人，她游走在世间向别人奉献马黛茶。马黛茶唤醒沉睡的人，让懒惰的人勤快起来，让互不相识的人成为兄弟姐妹。

(86, 144)

木 薯

没有一个男人碰过她，但是一个婴儿在首领女儿的肚子里成长。

他们称他为"马尼"。出生后没几天，他就能跑步能说话。从雨林遥远的各个角落，人们赶来见识这位神奇的马尼。

他没生过病，但是在满周岁时，他说："我要死了。"于是他死了。

不久以后，一种从未见过的植物从马尼的坟头长出来，他的妈妈每天给植物浇水。植物逐渐长大、开花、结果。鸟儿啄食过这个植物后，在空中翻筋斗，疯癫地呈螺旋形扇动翅膀，发出从没有过的鸣叫声。

一天，马尼所在的那块土地裂开了。

首领把手伸进去，拔出一个大大的、肉肉的根茎。他用一块石头把它压碎，做成了面团，挤压，最后用炉火的爱烤出了面包，分给所有人吃。

他们把这种根叫作"manioca"，意思为"马尼的家"，而"mandioca"是木薯在亚马孙河谷和其他地区的名字。

（174）

马 铃 薯

海鸥遍布的奇洛埃岛[1]上的一位酋长想像诸神一样做爱。

当诸神夫妻相拥时，地面震动，海啸爆发。这是人所共知的，但是没有人见过诸神。

酋长打算给他们一个出其不意，他泅渡到禁岛。

他只看到了一只巨大的蜥蜴，蜥蜴张着大嘴，吐着泡沫，大大的舌头，舌尖不停地喷火。

诸神把这位冒犯者埋入地下，判处他被他人所食。作为对他好奇心的惩罚，他们在他周身布满盲眼。

（178）

---

[1] 奇洛埃岛（Isla de Chiloé）是智利中南部奇洛埃群岛中最大的岛屿，是马铃薯的原产地之一，据悉在岛上有286种不同的本地马铃薯。

厨 房

蒂拉穆克人[1]村镇的一位妇女在树林深处发现一所冒烟的茅屋。她奇怪地靠近并走进去。

在茅屋中央，在石头之间，火在燃烧。

屋顶上吊着许多鲑鱼。一条鲑鱼掉到她的头上，女人拾起来，把它挂回原处。鱼又掉了下来，砸在她的头上，她又把它挂好，鲑鱼又掉下来。

女人把她先前捡的准备要吃的根须扔进火里。很快火就把根烧着了。女人非常生气，她用棍子打火，一下又一下，力气很大，火几乎要灭，这时房子的主人进来了，他拦住了女人的胳膊。

神秘的男人重新让火燃烧起来，他坐在女人的旁边，对她解释：

"你刚才没明白。"

在女人打火、驱散炭火时，她几乎让火失明，那是不应该的惩罚。火吃掉了那些根须是因为火认为那是女人献给它的。而之前，是火一次又一次地把鲑鱼解下来，落在女人的头上，但那不是为了伤害她，而是以那种方式告诉她可以烹饪鲑鱼。

"烹饪鲑鱼？什么意思？"

于是，房子的主人教女人如何与火对话，如何在炭火上把鱼烤至金黄，如何享受美食。

（114）

---

[1] 蒂拉穆克人（Tillamook）是北美原住民，19世纪早期之前一直居住在美国俄勒冈州的蒂拉穆克湾地区。

音　乐

当精灵波佩霍库吹口哨吹出美妙的旋律时，玉米从地里长出来，不可阻挡，灿烂发光，献上长满玉米粒的硕大穗子。

一位妇女用一种错误方式收割玉米，当她粗暴地掰下穗子时，就弄伤了它。玉米穗子报复，伤害了女人的手。女人辱骂波佩霍库，诅咒他的口哨。

当波佩霍库闭上嘴巴时，玉米就枯萎干瘪了。

之后再也没有听到过能够让玉米发芽、茁壮成长、生机勃勃的愉快口哨声。从那时候起，波罗罗印第安人[1]艰辛、勤劳地种植玉米，却收获贫瘠。

精灵们吹口哨来表达自己。当夜空中出现星辰时，精灵们吹口哨向星星问候。每一颗星星对应一种声音，这也就是它的名字。

（112）

死　亡

莫多克印第安族[2]的第一个人库摩库姆斯在河边建了一个村庄。尽管熊有很好的地方来蜷缩着睡觉，但是鹿抱怨太冷了，没有足够的草吃。

库摩库姆斯在远离河边的地方建了另一个村庄，并决定在这两个地方分别住半年。因此，他把一年分为两半，六个月的夏天，六个月的冬天，两季交会的那个月用于搬迁。

---

[1] 波罗罗人（Bororos）是亚马孙雨林的原住民，主要居住在巴西境内，擅长制作手工艺品，身体的彩绘丰富多样。

[2] 莫多克（Modoc）是北美印第安部族，原住在加利福尼亚和俄勒冈之间的洛斯特河（Lost River）流域。

在两个村庄轮替地生活非常幸福，人口急剧增长，但是那些死去的人拒绝离去，人口庞大到已无法养活。

因此，库摩库姆斯决定驱赶死人。他知道死人国的首领是一个好人，从不虐待任何人。

不久之后，库摩库姆斯的小女儿死了。她死了，按照她父亲的规定她离开了莫多克人的国家。

库摩库姆斯非常绝望，他向箭猪咨询。

"你自己决定的。"箭猪说道，"现在你必须像其他任何一个人一样忍受痛苦。"

但是，库摩库姆斯去到遥远的死人国度，想要回自己的女儿。

掌管死人国的大骷髅说："现在你的女儿已经是我的女儿了。她已经没有血肉，怎么在你的国度生活？"

"不管她怎么样我都要她。"库摩库姆斯说。

死人国的首领陷入良久的沉思。

"你带走她吧。"他同意了，但是他警告道：

"她走在你的后面。在接近活人世界的时候，血肉会重新附上她的身骨。但是直到你到达之前你都不能转身。明白了吗？我给你这一次机会。"

库摩库姆斯上路了。女儿走在他的身后。

他好几次触摸女儿的手，每摸一次手上的肉就多一点，温暖一些，他没有朝后看。但是，当地平线上出现了绿色森林时，他再也抑制不住渴望，转回了头。一把骨头在他眼前坍塌下来。

(132)

复　活

按照习俗，在逝世五天之后，死人们会回到秘鲁。他们喝下一杯奇恰酒[1]，然后说：

"现在，我是永生的。"

世界上人满为患。人们一直种植到深谷沟壑的底部和悬崖峭壁的边缘，但粮食还是不够吃。

那时候，在瓦罗奇里死了一个人。

第五天，整个部落的人聚集起来欢迎他。他们从早上一直等到深夜。热气腾腾的饭菜逐渐冰凉，睡梦慢慢闭上了眼皮。死者没有到来。

第二天，他出现了。所有人都怒气冲天。被怒火灼烧得最厉害的是他老婆，她冲他嚷道：

"吊儿郎当的！你总是这么不着调。所有死人都很准时，就你迟到！"

复活的人结结巴巴地辩解一番，但是女人朝他头上扔出一根玉米棒子，把他打倒在地。

灵魂脱壳而出，像苍蝇一样飞快地嗡嗡嗡地飞走了，再也不会回来。

从这一次之后，没有任何一个死人回来与活人一同居住，与活人争食物了。

（14）

魔 法

土库纳人村里的一位年迈老妇人惩罚那些不给她食物的姑娘。夜晚，她抽去她们腿上的骨头，吸干骨髓。那些姑娘再也不能走路了。

老妇人在幼年时期，刚出生不久，就从一只青蛙那里学会了减轻

---

[1] 一种用玉米和水果发酵制成的酒。

痛苦和报复的能力。青蛙教她治病和杀人，教她听那些听不到的声音，看那些看不见的颜色。在会说话前她就学会了自我防御，当她还不会走路时，就已经知道去她还没去过的地方，因为爱恨的电光石火能瞬间穿透最茂密的雨林、最深邃的河流。

当土库纳人砍去她的头颅时，老妇人用手捧住自己的血，把它吹向太阳。

"我的灵魂也已进入你的身体！"她尖叫道。

从那以后，杀手的身体都会接受受害者的灵魂，不管他愿不愿意，也不管他知不知道。

（112）

笑

蝙蝠双脚挂在树枝上，看见卡亚波的一位战士正弯腰在泉水边。

蝙蝠想成为他的朋友。

它垂落到战士身上，抱住他。由于它不会卡亚波人的语言，它就双手比画着与战士聊天。蝙蝠的抚摸让男人第一次哈哈大笑起来。他笑的越多就感觉越虚弱。他笑得过多，最后失去了所有的力量，晕厥倒地。

当村里的人知道此事后，都非常愤怒。战士们在蝙蝠洞里烧起了一堆干树叶，然后封住了洞口。

后来，他们争论起来。战士们得出结论：笑是妇女和儿童独享的。

（111）

恐 惧

那些他们从未见过的身体在召唤他们，但是尼瓦科勒族的男人们却不敢进去。他们曾见过那些女人吃东西：她们用上面的嘴大口地吞食鱼肉，但是之前她们用下面的嘴咀嚼。在她们的两腿之间，有很多牙齿。

于是男人们燃起篝火，叫来音乐，为女人们唱歌跳舞。

她们盘腿坐在四周。

男人们跳了一整夜的舞，他们像烟雾和鸟儿一样摇曳、旋转、飞翔。

天亮时，他们昏倒在地。女人们轻柔地扶起他们，给他们喂水。

在她们坐过的地方，满地都是牙齿。

(192)

权 威

在远古时代，女人们坐在独木舟的船头，男人们坐在船尾。是女人们打猎捕鱼。她们出门在外，当能够或者愿意时，她们就回来。男人们建茅屋、做饭、烧火御寒、照顾孩子、鞣制皮衣。

这就是火地岛的印第安奥纳人和雅甘人的生活。直到有一天，男人们杀死了所有的女人，戴上了女人们以前用来吓唬他们的面具。

只有那些刚刚出生的女婴才幸免于难。当她们长大后，凶手们对她们说，反复地说，服侍男人是女人的命运。她们相信了。她们的女儿们，女儿的女儿们也都相信了。

(91, 178)

权　力

在茹鲁阿河的发源地，吝啬鬼是玉米的主人。他给人们烤过的玉米粒，这样就没人能播种玉米。

是小蜥蜴偷出了一颗生玉米粒。吝啬鬼抓住了它，撕裂了它的嘴，它的手指和脚趾，但是它早已预料，把玉米粒藏在最后一颗白齿的后面。之后，蜥蜴把生玉米粒吐在所有人的土地上，那次撕扯让它的嘴巴变得很大，手指脚趾变得很长。

吝啬鬼也是火的主人。鹦鹉靠近他，大声地哭起来。吝啬鬼向它扔掷手边能找到的任何东西，鹦鹉都避开了，直到它看见一块未烬的小木炭，于是它用嘴紧紧叼住木炭，因为那时候它的嘴和巨嘴鸟的一样大，然后就逃走了。它身后画出一条火星闪闪的轨迹。炭火被风重新点燃，慢慢烧着了它的嘴。但当吝啬鬼敲响大鼓，释放洪水时，它已经到达树林。

鹦鹉成功地将烧红的木炭放在一棵树的树洞里，让其他鸟儿照顾，它又出去在暴雨中淋湿自己，雨水缓解了灼热，但它的嘴巴变得短小、弯曲，仍能看到烧灼的白斑。

所有鸟儿用身体保护偷来的火种。

（59）

战　争

清晨时分，从山上传来的号角声宣布已经是弓箭、吹矢筒的时间了。

夜幕降临时，村庄里只剩下一片灰烟。

一个男子一动不动躺在死人堆里。他把身上涂满了血，等待着。他是帕拉威扬村里唯一的幸存者。

当敌人撤退后，这个男人爬起来。四周一片疮痍，他在曾与他同甘共苦的人们之中走过，他在寻找没有被消灭的人或者物，但却徒劳。那种可怕的死寂让他窒息，火与血的气味让他头晕。

他为活着感到恶心，于是他重又躺在他的人当中。

第一缕晨曦照亮大地，秃鹫来了。那个男人身无他物，只有一团雾气，他只想睡觉，于是他打算任其啄食。

但是神鹰的女儿冲开在空中盘旋的秃鹫群，快速地振动翅膀，俯冲下去。

他抓住了她的双脚，神鹰的女儿把他带到远方。

（51）

派 对

一个因纽特人拿着弓箭追赶驯鹿，一只老鹰从背后突袭了他。

"我已杀了你的两个兄弟。"老鹰说，"如果你想救你自己，你得在你的村子里举办一个派对，让所有的人唱歌跳舞。"

"一个派对？唱歌是什么意思？跳舞，又是什么？"

"你跟我来。"

老鹰带他去看了一场派对，派对上有许多美味琼浆。鼓声隆隆作响，就像老鹰的老母亲的心脏跳动一样有力，老母亲远在家里，隔着千山万水，隔着广袤的冰川，鼓动心脏，指引她的儿女们。狼、狐狸和其他受邀的宾客唱歌跳舞，直到太阳出来。

猎人回到他的村庄。

很久之后，他得知老鹰的老母亲以及鹰世界的所有长辈都刚健、美丽、敏捷。最终学会了唱歌跳舞的人类从遥远的地方，通过他们的派对向老鹰送去让热血沸腾的欢乐。

（174）

良 知

当奥里诺科河水流到下游时，独木舟给加勒比人带来了战斧。

美洲豹的子孙们无人能敌，他们夷平村庄，用受害者的骨头做笛子。

他们谁也不怕，只对从自身内心萌出的幽灵感到恐惧。

幽灵藏在树后面等待他们。他破坏了他们的桥梁，在路上摆了许多盘根错节的藤条，把他们绊倒。他夜间出来活动，为了迷惑他们，他倒着走。他在岩石不断脱落的山头，他在双足深陷的泥潭，他在剧毒植物的树叶上，他在蜘蛛触及之处。他通过吹气打败他们，他从耳朵向他们注入热病，他偷走他们的影子。

他不是疼痛，却令人痛苦；不是死亡，却杀人。他叫卡奈玛[1]，他生于胜利者之中，却为战败者复仇。

(51)

圣 城

维拉科查[2]已经赶走了昏暗，他命令太阳派一子一女到地面上来，为盲人们照亮道路。

太阳的子女到达的的喀喀湖畔，他们沿着安第斯山脉的沟壑峡谷开始旅程。他们拿着一根手杖，在手杖一敲击就能插入地面的地方，他们将建立新的王国。在王位上，他们将履行他们的父亲一样的职

---

[1] 印第安语，指专事报复的恶鬼。

[2] 维拉科查（Wiracocha）印加的创世神。

责：给予光、光明与温暖，洒下雨水和露珠，促进丰收，繁衍牲畜，没有哪一天不造访这个世界。

他们四处尝试插下这根金手杖。土地都把手杖挡回去了，于是他们继续寻找。

他们翻越了崇山峻岭，通过了湍流和高地。他们的双脚踩踏过的地方都逐渐发生了转变：贫瘠的土地变得肥沃，沼泽干涸，河水重新流入河床。清晨，大雁陪同着他们，黄昏，安第斯神鹰护卫着他们。

最后，在瓦纳卡里山一带，太阳的子女插下了手杖。大地吞下了金杖，一道彩虹升上了天空。

于是，印加人的第一位祖先对他的姐姐同时也是他的女人说：

我们把人们召集起来吧。

在安第斯山脉和高寒荒原之间，是覆盖着灌木丛的谷地。没有人有家。人们住在洞里，以岩石为庇护，吃根嚼草，不知道纺棉织布，也不知道编织羊毛来御寒。

所有人都追随他俩。所有人都相信他俩。从他俩说话和眉眼间的熠熠光辉，所有人知道太阳的子女不是在撒谎，他们陪着他俩朝那个一直在等待他们的，仍未建立的地方走去，那个地方就是伟大的库斯科城。

（76）

朝 圣 者

玛雅-基切人来自东方。

当他们背负着他们的神灵，刚刚到达新的土地时，他们担心迎不来天明。他们已经把欢乐留在了遥远的图兰城，在艰难的长途迁徙之后他们已经精疲力竭。他们在伊兹马奇森林的边缘等待，静静地，所有人聚集在一起，没有人坐下，也没有人去休息。但是时间过去了，黑暗仍没有结束。

最后，启明星出现在天空。

基切人相互拥抱，跳舞，之后，圣书记载说：太阳像男人一样升起。

从这之后，每个夜晚结束的时候，基切人就赶去迎接启明星，去观看太阳的诞生。当太阳正要冒出来时，他们说：

"我们是从那儿来的。"

（188）

应许之地

他们衣不蔽体、伤痕累累、夜不能寐，他们夜以继日地走了两个多世纪。他们一直在寻找一片绵延在芦苇和莎草之间的土地。

好几次他们迷路了，走散了，但重又聚在一起。他们被风卷走，他们相互捆绑在一起，相互冲撞着、推搡着、拖拉着前进。他们饿晕倒地又爬起来，又倒地，又爬起来。在寸草不生的火山地区，他们吃爬虫的肉。

他们拿着旗帜和神的披肩，神曾与睡梦中的祭司们说话，允诺他们一个遍布黄金和格查尔鸟羽毛的国度。你们将统治两片大海之间的所有村落和城镇，神这么宣称，不是通过巫术，而是通过勇敢的心和强健的手臂。

当他们到达正午阳光下熠熠生辉的大湖时，阿兹特克人第一次哭泣起来。在那儿有一个小小的土岛，在远远高过灯芯草和肥羊草的仙人掌上，一只老鹰伸展着羽翅。

看到阿兹特克人到来，老鹰低下了头。这些低贱的人，满身污秽、颤颤巍巍地拥挤在湖边，他们是神的选民，他们是远古时期在诸神的嘴里诞生的选民。

威齐洛波奇特利[1]向他们表示欢迎：

这儿就是我们休息、我们辉煌的地方。他的声音在回响，我将这座城市命名为特诺奇蒂特兰，她将是所有其他城市的女王和尊主。这儿就是墨西哥！

（60，210）

危　险

创造了太阳和月亮的人通知泰诺人，要他们小心死人。

白天，死人们躲藏起来，吃番石榴，但是夜晚他们就出来散步，向活人挑衅。男死人与活人决斗，女死人则献上爱。在打斗中，他们随性消失，而在爱恋的高潮，恋人的双臂间空空如也。在接受男人的决斗或者是躺下与女人睡觉之前，最好是用手摸摸对方的腹部，因为死人是没有肚脐眼的。

天空之主还通知泰诺人，要他们更加当心那些穿衣服的人。

首领卡伊西胡斋戒了一周，他的话值得一听：生命的享受将是短暂的。那位看不见的、有母亲却没有起源的人宣称：穿衣服的人将会到来，将会统治这里，将会杀人。

（168）

---

[1] 威齐洛波奇特利（Huitzilopochtli）是阿兹特克人信仰的战神，特诺奇蒂特兰城的守护神。据神话传说，威齐洛波奇特利的母亲怀着他时，他的姐姐和四百个哥哥反对他的降生，图谋杀死母亲，于是威齐洛波奇特利披挂持剑蹦出母亲的身体，杀死姐姐，追赶哥哥。最后他成为太阳，四百个哥哥们分散化为星星，姐姐变成月亮。

蜘 蛛 网

苏人[1]的祭司贝贝阿瓜梦见从未见过的人正在他的村庄周围编结一个大大的蜘蛛网。醒来时，他知道事情将会发生，于是他告诉他的人：当那个奇怪的族类完成了他的蜘蛛网时，他们将把我们封在灰色、四方的房子里，那儿土地贫瘠，我们将饿死在那些房子里。

（152）

先 知

尤卡坦半岛的美洲豹祭司躺在垫子上，倾听诸神的讯息。他们骑在他家的屋顶上，通过屋顶与他说话，用一种其他人谁也不懂的语言。

奇兰·巴兰[2]是诸神的喉舌，他提醒大家还没发生的事情：

所有人将会被驱散到世界各地：唱歌的女人、唱歌的男人以及所有唱歌的人……没有人能免受这一灾难，没有人能自救……贪婪帝国统治的岁月里将会非常贫穷。人们必将成为奴隶。太阳的脸庞将是悲伤的……世界将荒无人烟，将变得非常渺小、屈辱……

（25）

---

[1] 苏人（Sioux）是北美大平原印第安民族和民族联盟。

[2] 奇兰·巴兰（Chilam Balam），也译作契伦·巴伦，在玛雅语中意为"美洲豹""祭司""美洲豹祭司""美洲豹之口"，是玛雅人中通神、传达神的启示的祭司。《奇兰·巴兰之书》是记录尤卡坦半岛玛雅人历史和文化的珍贵的手抄本。

旧『新世界』

1492年：大洋上

朝着印度群岛的阳光之路

空气甜美、轻柔，就像塞维利亚的春天，大海也仿佛是瓜达基维尔河，然而一旦浪潮涌上来时，他们就眩晕、呕吐，这群人挤在三只修修补补过的小船的船头甲板，划行在未知的大海上。大海漫无边际。人们宛若风中的水珠。万一大海不眷顾他们呢？夜晚降临在三桅帆船上。风将把他们吹向何方？一只麻哈脂鲤为追逐一条飞鱼，跳上了甲板，这加剧了恐慌。水手们感受不到习习海风中的咸味儿，也听不到海鸥们以及从西方飞来的白鹈鹕们的鸣叫声。在地平线那，是一片深渊吗？在地平线那，是大海的尽头吗？

在成千上万次航海中久经磨砺的海员们睁着热切的眼睛，从安达卢西亚监狱中被生拉硬拽、强行押上船的囚犯们的眼里冒着火光：在浪涛的泡沫中，这些眼睛没有看到宣传中所说的黄金和白银的影子，没有看到在田间、船头飞个不停的小鸟，没有看到绿油油的莎草，也没有看到蜗牛们穿过马尾藻而来栖息的树枝。在深渊的底部，是燃烧的地狱吗？信风会将这些可怜的人儿送去哪个咽门呢？他们遥望星辰，寻求上帝，但是天空就像这片从未被人驶入的大海一样神秘莫测。他们听着大海的咆哮，大海，大海母亲，用永恒谴责的呼啸来应答风，神秘的鼓声轰鸣，在遥远的深处回响：他们画十字，想做祈祷，结结巴巴地说着："今晚我们要从世间坠入深渊，今晚我们要从世间坠入深渊。"

(49)

1492年：瓜纳哈尼岛

哥伦布

他双膝跪地，哭泣，亲吻土地。他摇摇晃晃地向前走，因为他已经有一个多月几乎没睡觉。他挥剑斫去一些树枝。

之后，他竖起了旗帜。他屈膝跪地，仰目朝天，大呼伊莎贝尔和费尔南多的名字三遍。在他身边，写字很慢的文书罗德里戈·德·埃斯科维多做下了这个记录。

从今日起所有一切都归属遥远的西班牙双王：珊瑚海、沙滩、青苔覆盖的岩石、森林、鹦鹉以及这些月桂肤色的人，他们仍然不知衣为何物、不知罪过、不识钱币，而是惶然地看着这一幕。

路易斯·德·托雷斯把克里斯托弗·哥伦布的问题译成希伯来语：

"你们知道可汗国吗？你们的鼻子和耳朵上挂着的黄金从哪儿弄来的？"

赤身裸体的人看着他，目瞪口呆，翻译官用他稍有了解的迦勒底语又试了一下运气："金子？寺庙？宫殿？国王之王？黄金？"

之后他用知之不多的阿拉伯语试了一次："日本？中国？黄金？"

翻译官用卡斯蒂利亚语请求哥伦布原谅，哥伦布则用热那亚语咒骂起来，他把用拉丁文写的呈给可汗的国书扔到地上。赤身裸体的人们目睹了这位外来人的愤怒，他头发红、皮肤粗糙，穿着天鹅绒的披风、锃亮耀眼的衣服。

很快各岛上就传开了：

快来看从天上来的人啊！给他们带一些吃的喝的。

(49)

1493年：巴塞罗那

光荣日

信使的号角宣告了这个消息。钟声响彻云霄，鼓声雷动，喜气洋洋。

刚刚从印度群岛归来的舰队司令登上石阶，走上胭脂红的地毯，身着丝绸、光彩照人的王室大臣们簇拥着他、为他鼓掌。这位实现了先圣和智者们的预言的人来到御座前，屈膝跪地，亲吻女王和国王的手。

自他身后，呈上了许多贡品。托盘上的黄金物品熠熠生辉，这是哥伦布在刚从海上冒出来的遥远花园里用小镜子、彩色玻璃球换来的。

在枝条和树叶上，整齐地摆放着蜥蜴皮和蛇皮，之后，进来几个从没见过的人种，他们颤颤巍巍地哭个不停。他们是幸存下来为数不多的几个，他们经受了热伤风和麻疹，忍受着恶心的食物和基督徒们身上的恶臭。他们穿着衣服，不像他们靠近三艘三桅帆船时和被抓时那样赤身裸体。他们刚刚被套上衬衫衣裤，手上、头上和肩上被安放着几只鹦鹉。鹦鹉被旅途中的恶风吹得羽毛脱落，看起来和那些人一样奄奄一息。而被抓的妇女和儿童已经一个不剩。

大厅里能听到一些不怀好意的窃窃私语声。黄金那么少，丝毫没看见黑胡椒、肉豆蔻、丁香、生姜的踪影；哥伦布没有从那里带回长胡子的美人鱼，没有带回长尾巴的人，也没有带回只长有一只眼睛一只脚的人——那种人的脚巨大无比，抬起来就能遮挡炎炎烈日。

（44）

1493年：罗马

亚当的遗嘱

在弥漫着东方香熏香气、昏暗氤氲的罗马教廷里，教宗颁布了一道新的谕旨。

不久之前，生于瓦伦西亚夏蒂瓦村的罗德里戈·博尔吉亚成为亚历山大六世。这离他用金钱贿买七张选票还不到一年的时间，因为获得了他所缺的七张选票，他得以换下红衣主教的红袍，披上教皇的白色法衣。

亚历山大六世倾注更多的时间来计算放纵的价格，而不是思考三位一体的神迹。没有人不知道他喜欢非常简短的弥撒，除非是头戴面具的小丑加布列伊诺在他的私人办公室举办的弥撒；所有人都知道，为了从一位美人的阳台下经过，新教皇胆敢改变圣体节游行的路线。

他同样胆敢切割世界，就好像世界是一只鸡：他举起手画出一道边界，纵贯地球南北，穿越一片未知的海域。上帝的代表将这条边界线西边的已经发现或尚未发现的所有领域永久地授了卡斯蒂利亚的伊莎贝尔女王和阿拉贡的费尔南多国王以及西班牙王位的继承人。他建议向那些已经发现或亟待发现的岛屿和陆地派遣正直、敬畏上帝、博学智慧、专家型的人，以便教化当地人信仰天主教，教会他们良好的习惯。而边界线东边的一切发现将属于葡萄牙王室。

船帆展开，难过而又兴奋，哥伦布已经在安达卢西亚准备好他的第二次远航，朝着葡萄藤上结满黄金、龙头盖骨内存有宝石的地方航行。

(180)

1493年：韦霍钦戈

真实的、有根的东西在哪儿？

这是一座音乐之城，而非战争之城——韦霍钦戈，位于特拉克斯卡拉谷地。阿兹特克人经常攻击它、侵犯它，掠夺俘虏以祭献他们的神灵。

这天下午，韦霍钦戈的王特卡耶华钦召集了其他地区的诗人。

在王宫的花园里，诗人们谈论鲜花和诗篇，那些诗篇从天空内心来到时光短暂的人间，仅能存留在生命"给予者"之家。诗人们谈论着，质疑着：

人难道是真实的吗？

我们的诗歌

明天仍将是真实的吗？

讨论的声音此起彼伏。当夜幕降临，韦霍钦戈的王致谢并道别：

我们知道我们的朋友的心
是真实的。

（108）

1493年：帕斯托
所有人都是纳税人

甚至是这片极北边的遥远高山地带，印加帝国的收税人也会抵达。

基利亚辛加印第安人没有什么可以缴纳的，但是在这个地域广阔的帝国里，所有部落都进贡，用实物或用劳作的工时。不管地处多么偏远、不管怎么贫穷，没人可以忘记统治者是谁。

在火山脚下，基利亚辛加人的首领走上前去，将一个竹筒放到库斯科使者的手上。竹筒里装满了活虱子。

（53，150）

1493年：圣克鲁斯岛
萨沃纳人米克莱·德·库内奥的一次经历

船帆的影子在海面上拉长了。马尾藻和水母被潮水推拥着，穿过影子，转而飘向岸边。

在一艘三桅帆船的船尾甲板上，哥伦布欣赏着洁白的沙滩，在那里他又一次竖起了十字架和绞刑架。这是他的第二次航行。航行将会持续多长时间，他不知道；但是他的心告诉他一切会很顺利，可是，舰队司令怎么就不相信他呢？难道他没有通过手抚胸口数心跳来计算船行速度的习惯吗？

在另一艘三桅帆船的甲板下面，在船长的客舱里，一位姑娘露出了牙齿。米克莱·德·库内奥伸手寻摸她的胸，她挠他、踢他、尖叫。

米克莱刚刚收下她，她是哥伦布送给他的礼物。

他用粗麻绳抽打她，狠命地打她的头、肚子和大腿。尖叫变成了呻吟，呻吟变成了哀号。最终，只听到海鸥来回飞翔的声音和木头摇晃发出的嘎吱嘎吱声。偶尔海浪渗过舷窗飘进一些细雨。

米克莱扑到她血迹斑斑的身体上，翻身、喘气、使劲。空气中弥漫着沥青味、硝石味和汗味。那时候，似乎晕过去或已死去的姑娘突然把指甲嵌入米克莱的后背，缠住了他的双腿，紧紧抱住他，翻滚起来。

许久之后，当米克莱苏醒过来时，他不知道他在哪儿也不知道发生了什么。他从她身上下来，推开了她，脸色铁青。

他跟跟跄跄地走上甲板。张大嘴巴深吸了一口海风。他大声说，仿佛证实了一个真理："这些印第安女人都是婊子养的。"

(181)

1495年：萨拉曼卡

美洲来的第一个词语

语言学家埃利奥·安东尼奥·德·内布里哈，在这里出版了他的《西班牙文—拉丁文词汇表》。这本词典收录了卡斯蒂利亚语中的第一个来自美洲的词语：

Canoa：一根木头做的船。

这个新词语来自安的列斯群岛。

那些没有帆桅，由吉贝树树干做成的小船曾欢迎克里斯托弗·哥伦布的到来。那些有着乌黑长发、身上涂着红色纹饰的人划着独木舟，从各个小岛赶来。他们靠近三桅帆船，献上淡水，用黄金换取黄铜铃铛，而那些铃铛在卡斯蒂利亚只值一个铜板[1]。

(49，154)

---

[1] 原文为"值一个马拉维迪币"，马拉维迪币是西班牙16—19世纪通行的基本货币。

1495年：伊莎贝拉城

卡奥纳波

囚犯坐在克里斯托弗·哥伦布的房子门口，眼神迷离、冷漠超然。他的脚踝上挂着铁镣，手腕上套着手铐。

卡奥纳波是把圣诞节堡垒烧成灰烬的人，堡垒是在发现海地岛之时，舰队司令下令修建的。卡奥纳波焚毁了堡垒，杀死了占据里面的人。他不仅仅杀死了他们，在接下来长达两年的时间里，他还用箭惩罚了他在西巴奥山区遇到的西班牙人，西班牙人因为四处寻找黄金和人而进入了他的领地。

阿隆索·德·奥赫达是与摩尔人作战的老兵，他以求和为借口而去会见卡奥纳波。阿隆索邀请他上马，给他戴上亮锃锃的金属手铐，从而捆住了他的双手，并告诉他手铐是卡斯蒂利亚的国王们在舞会和庆典上佩戴的首饰。

现在，卡奥纳波酋长整日坐在门边，眼睛紧盯着清晨洒向地面的光舌，黄昏时看着渐渐褪去的余光。当哥伦布经过那里时他动也不动一下睫毛。相反，当奥赫达出现在那里时，他会想方设法站起来，向这位唯一打败他的人鞠躬致敬。

(103，158)

1496年：康塞普西翁

渎圣

巴托洛梅·哥伦布是克里斯托弗的弟弟兼副手，他参与了这场烧人事件。

在海地第一次实施火刑，六个人被烧死。浓烟让人咳嗽。作为惩罚，那六个人被焚烧，以示警戒，因为他们把拉蒙·帕内神父留下来用以保护和慰藉他们的耶稣和圣母像埋到地底下了。拉蒙·帕内神父已经教会他们跪地祈祷，念诵"万福玛利亚"和主祷文，教会他们在面对诱惑、伤害和死亡时祈求耶稣的庇佑。

没有人问过他们为什么把圣像埋在地下。他们希望新来的神灵能够让种植玉米、木薯、甘薯和菜豆的田地肥沃多产。

燃烧的火焰给潮湿、黏腻的炎热空气中又添了许多热气，这种炎热预示着一场暴雨。

（103）

1498年：圣多明各岛

人间天堂

黄昏时分，在奥萨马河边，克里斯托弗·哥伦布在写信。他的身体因为风湿而抖得嘎吱嘎吱响，但是他的心却兴奋得跳个不停。发现者在向天主教双王解释这个显而易见的事情——人间天堂在女人乳房的乳头上。

他是约两个月之前知道这个的，当时他的三桅帆船已驶入帕里亚海湾。船儿缓缓地升天……哥伦布逆水而上，到达了东方的尽头，那儿的空气轻飘。在那片世界上最美丽的土地上，男人们狡黠、机智、勇敢，女人们美丽至极、没穿衣服，只有一头长发遮蔽，缀满珍珠的项链缠绕着身体。河水清澈甘甜，解人干渴。没有冬日的严寒也无夏日的灼热，微风轻拂万物。绿树荫浓，清凉宜人，新鲜欲滴的果实伸手可摘，让人垂涎。

但是在这片葱郁和美景的深处，小船不能再深入。那里就是东方的尽头。在那里河水、土地和岛屿都止步。在那遥远的上面，生命之树展开巨大的树冠，泉水喷涌而出，形成了四条圣河。其中一条是奥里诺科河，我不认为世人知道这条深邃的大河。

世界不是圆的。世界是女人的乳房，乳头长在帕里亚海湾，耸入云霄。流淌着天堂的乳汁的顶端，永远都没有人能到达那里。

（50）

天堂的语言

居住在人间天堂周边的瓜拉奥人称呼彩虹为*项链蛇*，称苍穹为*上面的海*。闪电是*雨的光芒*。朋友是*我的另一颗心*。心灵是*胸脯的太阳*。鸱鸮是*黑夜的主人*。要是表达"手杖"就说*持久的孙儿*，表示"我原谅"则说*我忘了*。

(17)

1499年：格拉纳达
谁是西班牙人？

摩尔人在西班牙的最后一个据点格拉纳达投降七年之后，城里的清真寺继续开放。刀剑胜利之后十字架的进军缓慢。西斯内罗斯大主教决定耶稣不能等待。

摩尔人是基督教西班牙人对在这里居住了八个世纪、信奉伊斯兰文化的西班牙人的称谓。成千上万的信奉犹太文化的西班牙人已经被流放。摩尔人也将面临受洗或流亡的抉择，对于虚假改信天主教的人，宗教裁判所的烈火将会焚烧他们。西班牙的统一，这个已经发现美洲的西班牙，将不是由各个部分相加而得。

奉西斯内罗斯大主教之命，格拉纳达的穆斯林的智者们走进了监狱。高高的火焰吞噬了伊斯兰教的书籍——宗教和诗歌，哲学与科学，这些书籍是保存这一文化语言的独本，这个文化曾浇灌这片土地，并在这里开花生长。

在高处，精雕细刻的阿尔罕布拉宫殿默默见证了这场奴役，与此同时，泉水仍在不停歇地向花园供水。

(64, 218, 223)

1500年：佛罗伦萨

莱昂纳多

他刚从市场回来，背上背着好几个笼子。他把笼子搁在阳台上，打开笼门，鸟儿飞走了。他看着鸟儿们高兴地振翅飞翔，逐渐消失在空中，然后他坐下来工作。

中午的阳光温暖着他的手。在一块大大的纸板上，莱昂纳多·达芬奇描画着世界。在莱昂纳多画的世界里，出现了哥伦布向西航行找到的土地。艺术家臆想出这片土地，就像之前他创造了飞机、坦克、降落伞和潜水艇一样，就像他以前用人体刻画出圣女的神秘和圣徒的激情一样，他想象了美洲的形状，当时它还不叫这个名字，他把它作为一片新土地画出来，而不是亚洲的一部分。

哥伦布一直寻找太阳升起的东方，却找到了太阳落山的西方。莱昂纳多猜测世界已经变大了。

(209)

1506年：巴亚多利德

第五次航行

昨夜，他已经口述了他最后的遗嘱。今天早晨他问国王的信使是否到达。之后，他睡着了。他说了许多胡话，发出许多呻吟。他仍在呼吸，但是呼吸急促，好像在与空气打架。

在宫廷里，没有人听见他的诉求。第三次航行归来时他成了囚徒，枷锁披身，在第四次航行中，已经没有人在乎他的头衔和尊严。

克里斯托弗·哥伦布将会慢慢知道没有哪个激情或荣誉不是走向悲哀的。然而，他却不知道，只差几年时间，他当初第一次插在加勒比海滩上的旗帜，就会飘扬在尚未被发现的阿兹特克帝国的土地上，就会飘扬在南十字星未知天空下印加王国的土地上。他不知道他远远没有实现他的谎言、他的承诺和他的谵言妄语。这位大洋总司令一直认为他从背面到达了亚洲。

那片大洋不会被命名为哥伦布海，那片新世界也不会冠上他的名字，而是他的好朋友的名字——佛罗伦萨的航海家、优秀的引航员亚美利哥·韦斯普奇。但是，是哥伦布找到了在欧洲彩虹上不存在的那种耀眼的色彩。他，失明了，至死也没看到这个色彩。

（12，166）

1506年：特诺奇蒂特兰城

宇宙之神

莫克特苏马攻下了特乌科特佩克。

神庙里，烈火燃烧，鼓声雷动，囚犯们一个接着一个拾级而上，走向献牲的圆形石头。祭师向他们的胸膛插入黑曜岩的匕首，手捧出心脏，把它展示给从蓝色火山中迸出的太阳。

鲜血献给哪位神灵？太阳需要鲜血，为的是每天诞生，从这个天边走向那个天边。但是这般奢华的死亡仪式也是向另一位神灵献礼，但是这位神灵没有出现在古圣书中，也没有出现在圣歌之中。

假如这位神不统治这个世界的话，就没有奴隶和主人，没有附庸，也没有殖民地；阿兹特克的商人们就不能用一根菜豆攫取战败部落的一块钻石，不能用一粒玉米换取一块祖母绿宝石，也不能用糖果换取黄金，用石头换走可可；运输人员也不用排着长长的队伍，肩背着几吨重的贡品，穿越广袤无垠的帝国；部落的人们就敢穿棉质的衣服、喝巧克力，也敢穿戴那些留给贵族们专享而被禁止佩戴的格查尔鸟羽毛、金手镯、兰花饰品；因此，那些遮盖士兵首领脸庞的面具、鹰嘴、虎犬齿、在空中摇摆耀眼的羽毛翎子也就掉落摘去。

大神庙的台阶上沾满鲜血，头颅集中堆放在广场中央。不仅仅是为了太阳的运转，不！也是为了那个秘密之神能够替众生裁决一切。

而在大洋的另一边，为了向同一位神献礼，宗教裁判所的审判官们将异教徒置于火上炙烤或关在刑讯室里拷打。他就是恐惧之神。恐惧之神，他拥有老鼠的啮齿、秃鹫的羽翼。

（60）

1511年：瓜乌拉沃河
阿古埃伊纳巴

三年前，庞塞·德·莱昂[1]船长乘坐一艘三桅帆船来到波多黎各岛。岛上的首领阿古埃伊纳巴打开家门欢迎他，给他提供吃的喝的，让他在他的女儿中任选一个，给他指明了采到金子的河流。他还把自己的名字送给他。胡安·庞塞·德·莱昂更名为阿古埃伊纳巴，而作为交换，阿古埃伊纳巴接受了征服者的名字。

三天前，士兵萨尔塞多独自一人来到瓜乌拉沃河畔。印第安人们把他扛到肩上，当到达河中央时，他们把他扔下水，压在河底，直到他不再蹬腿。之后，他们把他扔在草地上。

现在，萨尔塞多是一个皱巴巴的紫色肉球，被盔甲紧紧勒着，周身叮满了虫子，在阳光下他很快腐烂。印第安人捂着鼻子看着他。因为心存疑惑，他们一整日一整夜地请求他原谅，但已没有必要了。鼓声传达了福音：入侵者们不是永生不朽的。

明天将会爆发起义。阿古埃伊纳巴将会领导起义。起义者的首领将会恢复以前的名号。他将会重拾他的名字，这个名字一度被用来羞辱他的人民。

"咯——叽，咯——叽"雨蛙鸣叫着。召唤人们起来战斗的鼓声超过了雨蛙敲打玻璃似的歌声。

（1）

---

[1] 胡安·庞塞·德·莱昂（Juan Ponce de León，1460—1521），西班牙征服者，是波多黎各的第一任总督，是第一个抵达佛罗里达的探险征服者。

1511年：阿伊马科

贝塞里约

阿古埃伊纳巴酋长和马波达马卡酋长率领的起义被镇压了，所有的俘虏都得死。

迭戈·德·萨拉萨尔船长发现了一个藏在荆棘丛中的老妇人，他没有用剑刺穿她，而是说："走，把这封信带给总督大人，他在卡帕拉[1]。"

老妇人微微睁开眼睛，颤颤巍巍地伸出了手指。

她开始动身，像一个小孩一样摇摇晃晃地走着，像举着旗帜一样举着信封。

当老妇人走到一箭之地时，船长放开了贝塞里约。

庞塞·德·莱昂总督已经下令贝塞里约的酬劳是一位弓弩手士兵的双倍，因为它善于发现埋伏、追捕印第安人。波多黎各的印第安人没遇到过比它更厉害的敌人。

一阵狂风把老妇人推倒。贝塞里约耳朵高耸、怒目圆睁，一副一口要把她吞下的架势。

"狗先生，我要把这封信带给总督大人。"她哀求道。

贝塞里约听不懂当地人的话，但是老妇人把空空的信封给它。

"狗先生，别伤害我。"

贝塞里约闻了闻信封，它围着这个不停颤抖、嘟囔呜咽的一包骨头转了几圈，然后抬起腿，朝她撒了泡尿。

（166）

1511年：亚拉

哈土依

在这些岛屿，在这些村口放着十字架的圣地，许多人选择与子女

---

[1] 卡帕拉是庞塞·德·莱昂在1508年建立的第一块殖民地。

一起上吊或服毒自杀。入侵者无法避免这种报复，但却知道如何解释这一现象，奥维多将会这么说：印第安人是野蛮人，以为一切东西都是共有的，这些人天性懒惰、沾有恶习，不爱劳动……为了消遣，为了不劳作，他们中许多人饮用毒液自杀，另一些人则自缢而亡。

哈土依是瓜哈巴地区的印第安首领，他没有自杀。他带着他的手下人，乘坐独木舟逃离了海地，藏匿在古巴岛东部的山林和洞穴里。

在那儿，他拿出一篮金子，说："这就是基督徒们的神，为了它，他们追捕我们；因为它，我们父母兄弟都死了。我们为它跳舞吧，如果我们的舞蹈能够让它满意，这位神将会让那些人不再虐待我们了。"

三个月后，他们抓到了他。

他们把他绑在木桩上。

在放火把他烧成黑炭和灰烬之前，一位神父对他许诺如果他接受受洗将会升入天堂，获得荣誉和永恒的安息。

"在那个天堂里，有基督徒吗？"

"有。"

哈土依选择了地狱，木柴开始噼啪作响。

（102，103，166）

1511年：圣多明各城
第一次抗议

在用树干搭建、棕榈叶铺盖屋顶的教堂里，多明我会修士安东尼奥·德·蒙特西诺斯[1]正在进行雷霆霹雳般的痛斥。在布道坛上他揭露了灭绝行径：

---

[1] 安东尼奥·德·蒙特西诺斯（Antonio de Montesinos，1475—1540），西班牙多明我会修士，1510年参加赴新大陆的第一批多明我会传教团，抵达西班牙岛（即海地岛）的殖民据点圣多明各城。多明我会的修士们同情印第安人的遭遇，他们推举蒙特西诺斯在1511年的一次布道中公开谴责殖民者对印第安人的奴役和残害，这次抗议史称蒙特西诺斯呼声。

你们有什么权利、有什么天理来这么残忍、恐怖地奴役印第安人？他们每天采金难道不是在逐渐死亡吗？或者更好地说难道不是你们在扼杀他们吗？你们不应该像爱你们自己一样去爱他们吗？这一点你们不理解，这一点你们感受不到吗？

之后，蒙特西诺斯昂着头，迈开大步，穿过惊诧不已的人群。

愤怒的窃窃私语声四起。

埃斯特雷马杜拉的农民和安达卢西亚的牧人没想到听到的是这个，他们隐姓埋名、编造个人经历，背着挂肩火绳枪，听天由命地出发来到大洋的这一边，寻找金山和赤裸的公主。他们需要一场忏悔和安慰弥撒，他们是在塞维利亚大教堂的台阶上得到承诺的、被买来的冒险分子，他们是被跳蚤叮咬的船长，他们是没参加过任何战斗的老士兵，他们是必须在美洲和监狱或绞刑架之间做出选择的囚徒。

"我们要在费尔南多国王面前揭发你，你会被赶走的！"

有一个人沉默不语，他有些惶惑。他来到这片土地已经九年了。他是印第安人的主人，拥有金矿和农地，他已经积累了不少的财富。他叫巴托洛梅·德·拉斯卡萨斯[1]，很快他就要被任命为新世界的第一位司铎。

（103）

1513年：库阿莱卡
莱昂尼科

肌肉横冲直撞要冲破皮肤，黄色的眼睛从不停歇地泛着亮光。他们喘着气，牙齿咯咯作响，噬咬着空气。当接受了进攻的命令后，就

---

[1] 巴托洛梅·德·拉斯卡萨斯（Bartolomé de las Casas，1484—1566），1502年他抵达殖民据点西班牙岛，因获成功成为委托监护主，但蒙特西诺斯的抗议让他开始反思殖民中的残暴和奴役，三十岁时他放弃委托监护的所有财产，加入多明我会，成为西印度地区印第安人的保护者，1542年写成的《西印度毁灭述略》是揭露西班牙殖民者暴行的重要著作。

没有任何锁链能够拴住他们。

这天晚上，巴尔沃亚长官一声令下，狗群就会把他们的尖牙钉入巴拿马五十名印第安人的赤身裸体中，它们将会掏出他们的内脏，撕咬他们，这五十个人犯下了鸡奸这种十恶不赦的罪行，这些人就差没有乳房和不会生育，要不就是女人了。这个景象将发生在山林里的一片空地上，几天前狂风将几棵大树连根拔起，留下了这片空地。在火把的照耀下，士兵们在争夺最佳的位置。

巴斯科·努涅斯·德·巴尔沃亚[1]主持这个仪式。他的狗莱昂尼科站在上帝复仇者的队伍之首。莱昂尼科是贝塞里约的儿子，浑身都有伤疤。它是捕杀和分尸的好手。它拿着陆军少尉的俸禄，在每次分配黄金和奴隶等战利品时都有它的份。

离巴尔沃亚发现太平洋还有两天的时间。

（81，166）

1513年：圣米格尔海湾
巴尔沃亚

水及腰身，他高举利剑，向四面八方大声呼喊。

身后，他的手下在沙土上插下一个巨大的十字架。文书瓦尔德拉巴诺在文书上记录下这些刚刚发现新海域的人的姓名，安德列斯神父高唱着感恩赞。

巴尔沃亚褪下十五公斤重的盔甲，把剑甩得远远的，一个猛子扎进水里。

他在水里戏水徜徉，任由风浪吹打，被一种他再也不会感受到的喜悦眩晕了头脑。大海向他张开臂膀，抱住他并轻轻摇晃，巴尔沃亚

---

[1] 巴斯科·努涅斯·德·巴尔沃亚（Vasco Núñez de Balboa，1475—1519），西班牙征服者，1510年在美洲大陆地区建立第一个欧洲人永久性据点达连城（Darién），是第一个站在太平洋东海岸眺望太平洋的欧洲人。

多想喝光所有的水，让大海枯竭。

（142）

1514年：西努河
劝告

他们已经航行很长时间，经过许多水域，已经厌倦了炎热的天气、热带雨林和蚊子的叮咬。然而，他们谨遵国王的指令：在没有劝告土著人臣服之前不能攻击他们。圣奥古斯丁认可对滥用自由意志的人发动战争，因为如果他们不被驯服，在这种自由中他们就会很危险；但是圣依西多禄说得好，如果没有提前宣战，任何一场战争都不是正义的。

在扑到金子，可能有鸡蛋那么大的黄金块上之前，律师马丁·费尔南德斯·德·恩西索一个标点符号都不落地朗读最后通牒，而翻译官则磕磕巴巴地慢慢翻译，耽误了通牒的递交。

恩西索以费尔南多国王以及国王的女儿——胡安娜女王的名义说话，这两位是野蛮人的驯养人。他告知西努河流域的印第安人，上帝已经来到世间，任命圣彼得[1]作为他的代表，圣彼得的继承人是圣父，而宇宙之主圣父已经把西印度群岛诸地和这个半岛的土地都赐予卡斯蒂利亚的国王。

士兵们在盔甲里烘烤。恩西索一字一句地劝告印第安人放弃这片土地，因为这片土地不属于他们，他说，如果他们愿意留下来继续居住在这里，将要给他们最高的主人缴纳黄金作为贡赋以表示臣服。翻译官尽他所能地翻译。

两位印第安部落的首领坐在那儿，眼睛一眨不眨地听着这位奇怪的人向他们宣称，如果他们拒绝或拖延，就会向他们发动战争，让他

---

[1] 圣彼得，即《圣经》中的圣伯多禄，耶稣十二门徒之首。罗马天主教首任教宗。继任罗马教宗认为自己是"上帝和基督的代理人"，至大的司祭，诸父之圣父。

们和他们的妻儿沦为奴隶，把他们售卖、占有，而且这场正义之战造成的所有伤亡，西班牙人都将不负任何责任。

两位首领看也没看一眼恩西索，回答说：圣父对待他人之物非常慷慨，他在支配非己之物时想必是喝醉酒了，而卡斯蒂利亚的国王太傲慢无礼了，因为他向陌生人进行威胁。

于是，血流成河。

从此之后，冗长的宣读将在深夜进行，不带翻译，在离他们即将突袭的村落半里格[1]之外进行。熟睡中的印第安人听不到那些宣称他们犯下罪行的话语。

(78，81，166)

1514年：圣·玛利亚·德·达连
水果之爱

贡萨洛·费尔南德斯·德·奥维多[2]刚刚到达新大陆，他品尝新大陆的水果。

他觉得番石榴远远好于苹果。

刺果番荔枝外形漂亮，果肉洁白多汁，口感温和，多吃无害，不会消化不良。

曼密苹果口感让人舔嘴咂舌，气味很好闻。他认为：*没有比它更好的了。*

但是他咬了一口人心果，一股麝香兰都不能及的香气袭来，沁入

---

[1] 里格：西班牙文为legua，英文为league，是欧洲和拉丁美洲一个古老的长度单位，在西班牙1里格相当于5572.7米。

[2] 贡萨洛·费尔南德斯·德·奥维多（Gonzalo Fernández de Oviedo，1478—1557），1532年被查理五世任命为西印度地区的首位编年史官，西班牙岛的总督。1526年发表《西印度自然史概要》(Sumario de la natural historia de las Indias)，1535年出版《西印度及大洋岛屿自然通史》第一卷（Historia general y natural de las Indias, islas y tierra firme del mar océano），而第二卷到他去世也未完成。

心脾。人心果是最好的水果，他纠正道，没有任何东西可以与之媲美。

之后，他削开一只菠萝。金黄色的菠萝闻起来像桃子，能让毫无食欲的人胃口大开。奥维多找不到配得上菠萝的溢美之词。他的视觉、嗅觉、触觉和味觉都非常愉悦。这个远胜于其他的水果，他宣布，就像凤凰的羽毛比其他任何一只鸟都光彩夺目一样。

（166）

1515年：安特卫普
乌托邦

新大陆的冒险经历让这座佛兰德港口的许多酒馆沸腾了。夏日的一个夜晚，面对着码头，托马斯·莫尔说他认识抑或创造了拉法埃尔·伊斯罗蒂这个人，这个人是亚美利哥·韦斯普奇船队的船员，这个人说他在美洲的某个海岸发现了乌托邦岛。

这名海员说，在乌托邦没有钱币也没有私人财产。在那儿，鼓励人们不屑黄金，鼓励人们蔑视奢侈消费，没有人穿着华丽。每个人把自己劳动的成果交给公共仓库，并且可以自由地各取所需。那里实行计划经济。没有囤积——那是恐惧之子，也不知道什么是饥饿。人民选首领，人民也可以罢免他，人民还选举司祭。乌托邦的居民痛恨战争和战争荣誉，尽管他们勇猛地捍卫他们的边界。他们信奉的宗教不违背理智，拒绝无用的禁欲，反对强制皈依。法律允许离婚，但严惩婚姻背叛，要求人们每天工作六小时。一起劳动，一起休息，一起吃饭。当父母们繁忙时，公社负责照看孩子。病患享有特殊待遇。安乐死让人们在弥留之际免受漫长的痛苦。到处都是花园和菜园，随处都能听见音乐。

（146）

1519年：法兰克福
查理五世

古登堡去世已经半个世纪了，印刷术已经在整个欧洲广泛使用：出版了哥特体的《圣经》，印刷了哥特体数字的金银牌价。国王吃人，人们在博斯的人间乐园里屙金币；米开朗琪罗一边在绘画和雕刻他的运动健将型圣徒和先知时，一边写道：*耶稣的血按勺卖*。所有的一切都有价格：教皇的宝座，国王的王冠，红衣主教的法冠，大主教的礼帽。赦免、开除教籍、贵族的头衔都可买卖。教会认为利息借贷是罪恶，但是圣父却把梵蒂冈的土地抵押给银行家们；在莱茵河畔，神圣帝国的王冠献给了出价最高者。

三位候选人争夺查理大帝的遗产。选帝侯们都起誓，证明其投票纯洁，双手干净。中午的祷告时分他们宣布，他们把欧洲神圣帝国的王冠以八十五万弗罗林的价格卖给了西班牙的国王，卡洛斯一世——诱惑者和疯女的儿子，天主教双王的外孙。这些钱是由德国富格尔和韦尔泽金融家族提供的。

卡洛斯一世变为查理五世[1]，是西班牙、德国、奥地利、那不勒斯、西西里、低地国家、以及广袤的新大陆的国王，是天主教信仰的捍卫者，是上帝在人世间的战斗教皇。

与此同时，穆斯林人威胁边境，马丁·路德在威登堡教堂的门上用锤子钉上了他的挑衅的异教学说。*君主应该把战争作为唯一的目标和信念*，马基雅维利这么写道。十九岁的时候，这位新君王成为历史上最有权力的人。他跪地亲吻宝剑。

(116, 209, 218)

---

[1] 卡洛斯一世（Carlos I, 1516—1556年在位）是西班牙哈布斯堡王朝首位国王，他的父亲是神圣罗马帝国皇帝马克西米连一世的儿子菲利普一世（即文中的"诱惑者"），母亲是西班牙天主教双王的女儿胡安娜（即文中的"疯女"）。1519年，年仅十九岁的他通过向选帝侯行贿等手段当选为神圣罗马帝国皇帝，成为查理五世。

1519年：阿克拉[1]
佩德阿里亚斯

海浪声声，鼓声雷雷，夜幕降临，一轮明月洒下满地光辉。在广场的周围，茅屋顶上挂着玉米穗和鱼干。

巴尔沃亚来了，他戴着枷锁，双手被绑在背上。他们将他松绑。巴尔沃亚吸了最后一支烟。他一言不发，把脖子伸到刀口下。刽子手举起了斧头。

佩德罗·阿里亚斯·德·阿维拉[2]从他家墙壁的芦苇茎间隙中偷看。他坐在他从西班牙带来的棺材上，他把棺材当凳子或桌子使用，每年中有一次会在上面点满蜡烛，在一年一度的安魂曲中庆贺他的复活。人们叫他"被埋葬的佩德阿里亚斯"，那是因为当修女们正在唱着祭奠歌，亲人们正痛哭流涕时，他穿着裹尸布从这口棺材里钻出来了。之前，大家都叫他"英勇的佩德阿里亚斯"，因为他在决斗中、战场上和情场上都是战无不胜的，而现在，虽然已年近八十，但仍配得上暴怒之王这个名号。当佩德阿里亚斯因前一晚掷骰子输了一百个印第安人，而摇晃着白发醒来的时候，最好是避开他的眼神。

自佩德阿里亚斯踏上这片海滩时起，他就不信任巴尔沃亚。因为巴尔沃亚是他的女婿，他不会在没有预先审判前杀死他。由于此地律师不多，法官身担律师和检察官的职责。审判过程很长。

巴尔沃亚的头在沙子上翻滚。

是巴尔沃亚在被狂风吹倒的大树之间创建了阿克拉这座村镇，在阿克拉诞生的那天，一只非常难看的黑鸟从高高的云端俯冲而下，抓起巴尔沃亚头上的钢盔，然后哇哇地叫着飞远了。

---

[1] 位于巴拿马地峡北岸。

[2] 佩德罗·阿里亚斯（Pedro Arias de Ávila, 1443—1531），名字缩写为佩德阿里亚斯（Pedrarias），参加过西班牙在非洲的殖民扩张，功勋卓越。七十岁时被西班牙国王派往美洲，监控发现了南海（即太平洋）的巴尔沃亚。当后者准备远征印加帝国时，佩德阿里亚斯欲抢占功绩，设计谋召回巴尔沃亚，判处他死刑。

在这里，巴尔沃亚一点一点地建造了双桅帆船，这些帆船原本将带他去探险他发现的新海域。

杀他的刽子手将会去探险。他将创立一番远征事业，而佩德阿里亚斯将是他的同伙。这位跟随哥伦布最后一次航行而来的刽子手，将会成为拥有南方神秘王国两万多名奴仆的侯爵。他的名字叫弗朗西斯科·皮萨罗。

（81，142）

1519年：特诺奇蒂特兰城

火、水、土地和空气的预兆

很久前的一天，巫师们飞到战争之神的母亲的洞穴。这位巫婆已经有八个世纪没有洗漱，她没有微笑也没有招待他们。她毫不感恩地接受了他们的贡品：毯子、毛皮、羽毛，面无表情地听着他们的讯息。巫师们汇报道：墨西哥是主人和女王，所有的城市都唯她是从。老女巫嘟囔着说出她唯一的评论：阿兹特克人打败了其他人，另外一些人将会来到，将会打败阿兹特克人。

时光荏苒。

过去的十年里出现了许多征兆。

夜空中，一团火一直在喷发火焰，整整一个晚上。

一束急促的、甩着三条尾巴的火焰从地平线上升起，朝着太阳飞去。

战争之神的庙宇毁灭了，它自己烧起来了：人们倾倒一罐罐的水灭火，但水却让火焰燃烧得很旺。

另一座庙宇被闪电击中烧着了，在一个没有暴风雨的下午。

城市坐落的湖变成了一个沸腾的油锅。湖水涨起来，热浪滔天，卷走了房子，摧毁了地基。

渔民们的渔网网住了一只混在鱼群中的灰鸟，在鸟的头部有一面圆镜子。国王莫克特苏马从镜子里看见一支军队正在前进，士兵们在鹿腿上飞奔，他听到了士兵们发出的战争的吼叫声。之后，一些巫师受到惩罚，因为他们不知道如何解读镜子，也不能看见双头魔鬼，无论是在睡梦中还是清醒时分，魔鬼都不依不饶地纠缠着莫克特苏马。国王把这些巫师关在牢笼里，让他们活活饿死。

每个夜晚，一位无影无形的女人的哀号声让所有住在特诺奇蒂特兰城和特拉特洛尔科城的人惊恐。*她叫道：我的孩子们，我们应该离开这里，走得远远的。女人的哭泣声穿透每一面墙：我们去哪里呢，我的孩子们？*

(60, 210)

1519年：森波阿拉
科尔特斯

黄昏时分，韦拉克鲁斯海岸边火光熊熊。十一艘船只在燃烧，背叛的士兵被悬挂在指挥船的横桁上，也在燃烧。当大海张开大嘴吞噬烈火时，埃尔南·科尔特斯站在沙滩上，紧握剑柄，摘掉帽子，露出他的头。

不仅仅是那些船只和被绞死的人沉到海底了。已经没有回头路了，也再无其他活路，除了自此刻起诞生的生活，因此，要么是满载黄金与荣誉，要么是与失败的秃鹫做伴。在韦拉克鲁斯的海滩上，那些渴望重返古巴，被女人的头发缠绕，抽着雪茄，在网织的吊床上美美睡殖民地特色午觉的梦想破灭了，海洋通往过去，而陆地则面向危险。那些能够买得起马的人将骑马前行，其他人则步行：七百人朝着墨西哥内陆，朝着山区和火山，朝着莫克特苏马的神秘王国进发。

科尔特斯整理好他的羽毛帽子，转身背对火焰。一路奔驰，他来到一个名叫森波阿拉的土著人村落，当时已是入夜时分。他没有对部队说任何话语，因为他们会逐渐知晓。

他独自在帐篷里喝酒。或许他在想着从看起来极为久远的萨拉曼卡学生时代到安的列斯群岛上一边等待时机一边在官僚事务中消耗时光的日子里，那些他杀死却没承认罪行的人，抑或在思念那些他睡过但没有婚姻关系的女人。或许他在想着迭戈·贝拉斯克斯总督，很快，远在古巴圣地亚哥的总督会气得浑身发抖。如果他想到那位昏昏欲睡的贪睡鬼，他一定会笑起来的，因为再也不用听从他的吩咐了；如果他想到等待士兵们的惊喜，他也会笑起来的，而此刻他听见了营地里骰子滚动、纸牌翻动时的笑声和咒骂声。

这些东西萦绕在他脑海，又或者他在想着即将到来几天里的迷惑和恐惧。在那时候，他抬起头，看到了在门口的她，逆着光，他认出了她。当塔巴斯科的酋长把她送给了他的时候，她叫马利纳利或者马林切。一个星期前，她开始叫玛丽娜。

科尔特斯说了几句话，而她一动不动地等在那儿。后来，没有任何手势，姑娘松开了头发和衣服。一堆彩色的布褪落到她赤裸的脚边，露出了熠熠生辉的胴体，他不说话了。

几步开外，士兵贝尔纳尔·迪亚斯·德尔卡斯蒂略[1]在月光下记录了一天的事件。他以鼓为桌。

(54，62)

1519年：特诺奇蒂特兰城
莫克特苏马

巨大的山峰已经到达尤卡坦半岛的海岸，在海里摇晃着。羽蛇神奎策尔夸托已经回来了。印第安人拥上去亲吻船头。

国王莫克特苏马怀疑他的影子："我该怎么办？我该藏到哪里去？"

莫克特苏马恨不得变成石头或者木头。宫廷里的小丑们不能排解

---

[1] 贝尔纳尔·迪亚斯·德尔卡斯蒂略（Bernal Díaz del Castillo，1496—1580），西班牙殖民者埃尔南·科尔特斯的部下，参加对阿兹特克帝国和中美洲地区的征服战争。晚年撰写《征服新西班牙信史》，记录亲身经历的征战。

他的忧虑。长有胡须的奎策尔夸托神曾经把这片土地和许多美妙的歌曲借给他，现在回来索回属于他的一切。

在远古时代，奎策尔夸托焚烧了他的黄金之家和珊瑚房子之后去了东方。最美的鸟儿飞翔为他开道。天明时分，他乘坐着蝰蛇筏子出海，逐渐远去消失。现在，他从那儿回来了。长有胡须的羽蛇神，饥肠辘辘地回来了。

大地颤抖。在沸腾的锅里，鸟儿们在跳舞。诗人已经预言：没有人必须留下，没有人，没有人，没有人能真正地住在陆地上。

莫克特苏马派人给奎策尔夸托送去许多黄金贡品。头盔装满了金砂，黄金做的鸭子、黄金做的狗、黄金做的老虎，金项链、金手杖、金弓金箭，但是这位神吞下的黄金越多，想要的黄金也就越多，他贪婪地朝特诺奇蒂特兰城前进。他穿越一座座大火山，在他身后还有其他长着胡须的神。从入侵者的手里发出令人发聩的轰鸣声，喷出杀人的火焰。

"我该怎么办？我该藏到哪里去？"

莫克特苏马把头埋在双手之间。

两年前，当羽蛇神将会回来复仇的预兆频繁发生时，莫克特苏马派他的巫师去冥王乌埃马科的洞穴。巫师们在侏儒和驼子组成的随行人员的陪同下，下到查普尔特佩克山的底部，他们以国王的名义向乌埃马科献上刚刚剥下的囚犯的人皮。乌埃马科命令传话给莫克特苏马："你别做梦了，这里没有安息也没有欢愉。"

并令他进行斋戒。

莫克特苏马遵循了，他进行了长长的忏悔。宦官紧紧封闭他的妻妾们的房门，厨师们已经忘记了他喜爱的饭菜。

但是情况更糟糕。悲伤的乌鸦成群结队地扑下来。莫克特苏马失去了爱神特拉佐尔特奥特尔的庇护，而爱神同时也是污秽之神，因为他吞食我们的污秽之物以让爱成为可能，因此，国王的孤独心灵陷入垃圾和黑暗之中。他又派新的信使去见乌埃马科，一批又一批人去了，每次都带着恳求和礼物，直到最后冥王同意接见他。

在指定的夜晚，莫克特苏马去赴约。船驶向查普尔特佩克山。国王站在船头，他头顶的火烈鸟羽毛做的羽冠闪闪发光，湖里的雾霭为它让路。

在快到达山脚时，莫克特苏马听到了船桨摇橹的声音。一只独木舟快速驶来，突然有个人在黑色的浓雾中闪亮出现：他浑身赤裸，独自一人在独木舟上，高举着像长矛一样的船桨。

"是你吗，乌埃马科?"

独木舟上的人靠近过来，几乎能触摸到他，他盯着国王的双眼，从没有人敢这么做。他说了句："胆小鬼。"然后就消失了。

（60，200，210）

1519年：特诺奇蒂特兰城

阿兹特克人的首都

征服者们骑马走在长堤上，被美景震撼得目瞪口呆。特诺奇蒂特兰城像是从阿马迪斯[1]的书页中拽出来的，从未听过、从未见过、从未想过的东西……太阳从火山后升起，进入湖泊，把飘浮其上的雾气撕成碎片。城市里的街道、河道、高高的塔庙映入眼帘，闪闪发光。一群人出来迎接入侵者，沉默不语、不紧不慢，同时无数的独木舟在碧波上划出一道道水痕。

莫克特苏马乘着车舆来了，他坐在美洲虎柔软的毛皮上，头上是黄金、珍珠和绿色羽毛镶饰的华盖。帝国的贵族大臣们走在前面，清扫他即将行走的地方。

他欢迎奎策尔夸托神的到来，说道：

你已经来到这儿坐上你的宝座了。你乘云踏雾而来。在梦里我没看见你，我不是在做梦。你已经来到你的土地了……

陪着奎策尔夸托一起而来的人都收到了玉兰、玫瑰和向日葵编织

---

[1] 阿马迪斯是西班牙著名骑士小说《阿马迪斯·德·高拉》中的主要人物，书中描述了骑士阿马迪斯一生经历的离奇冒险遭遇。

的花冠，脖子、手臂和胸前都挂着花环：盾牌之花，心灵之花，香气之花，非常黄艳的花。

奎策尔夸托出生在埃斯特雷马杜拉省，肩背着一包衣服，怀揣着几枚硬币，乘船到了美洲大陆。当他踏上圣多明各码头上的石板时他才十九岁，他问道：*哪里有黄金？*现在他已经三十四岁了，是这次大冒险的指挥官。他穿着黑铁甲胄，率领着一批由骑兵、长矛手、弓箭手、猎枪手和凶猛的猎狗组成的军队。他向他的士兵承诺：*很快我会把你们变成从未来过西印度群岛的人中最为富有的人。*

莫克特苏马国王打开了特诺奇蒂特兰城的城门，他很快就要完了。那之后不久他被称之为*西班牙人的女人*，将很快被他的民众乱石砸死。年轻的夸特莫克将会接替他的位置。夸特莫克将会反抗。

（60，62）

阿兹特克的盾牌之歌

在盾牌上，圣女诞下了
伟大的勇士
在盾牌上，圣女诞下了
伟大的勇士

在蛇山上，胜利者
在群山间
带着战争的油彩
带着雄鹰的盾牌

确实无人与之匹敌
当他涂上战争的油彩
举起盾牌时

大地开始旋转

（77）

1520年：特奥卡尔维亚坎

"悲惨之夜"

埃尔南·科尔特斯再次清点他部队里所剩无几的幸存者，而马林切正在缝补破碎的旗帜。

特诺奇蒂特兰城已在身后。身后，波波卡特佩特火山口喷发的烟柱像是在说再见，没有风能够扭曲它。

阿兹特克人收复了他们的城市。屋顶上插满了弓箭和长矛，湖里到处都是战斗的小船。箭镞和石头如暴风雨般逼近，征服者们仓皇逃窜。战鼓声、喊叫声、咒骂声划破黑夜，令人战栗。

现在科尔特斯正在清点人员，受伤的人、肢体残缺的人和垂死之人都是踩着尸体搭建的桥捡回了一条命：他们踩着滑倒而又掉进水里的马匹，踩着被箭镞和石头击中的士兵尸体，踩着被满载着黄金的马车压垮却不愿丢弃而淹死的士兵尸体，到达湖的另一边。

（62，200）

1520年：塞古拉·德拉·福隆特拉

财富分配

西班牙人的营帐里响起了议论声和争吵声。士兵们别无选择，不得不上交在悲惨之夜幸存下来的金条。谁要是有所藏匿，将被绞死。

那些金条出自墨西哥金银匠和雕刻师之手。在变成战利品并熔成金锭之前，这些黄金是张开血盆大口的蛇，是准备跳跃的老虎，是展翅的雄鹰，是如空中河流一样透迤曲折的匕首。

科尔特斯解释说，这些黄金只不过是等待他们的众多黄金中的一些气泡而已。他拿出献给国王的五分之一，留下五分之一给他自己，他的父亲和为他死去的马，然后他把剩下的都给了首领。士兵们所得甚少或者几乎一无所得，他们曾舔过、咬过这些黄金，曾在手掌上掂量过它的重量，曾枕着它与之共眠，并向它倾诉他们的复仇之梦。

与此同时，烧红的烙铁在印第安奴隶的脸上打下烙印，这些印第安人是刚刚在特佩阿卡城和瓦克丘拉城抓获的。

空气中弥漫着烤肉的焦味。

(62，205)

1520年：布鲁塞尔
丢勒

这些东西来自太阳，就像制作了这些东西的男男女女们以及他们生活的那片遥远土地一样都来自太阳的照射。

它们是头盔、腰带、羽毛扇、衣服、毯子、打猎的盔甲、金太阳、银月亮、吹矢筒以及其他一些非常漂亮的武器，这些武器漂亮得看上去是为了让牺牲者们复活而做的。

历史上最优秀的画师不知疲倦地看着这些东西。这是科尔特斯从莫克特苏马那儿所获战利品的一部分，是没有被熔成金锭的少数几件作品。卡洛斯国王刚刚登上神圣帝国的宝座，他向公众展示他在新世界版图里获得的战利品。

墨西哥的一首诗说真正的艺术家在工作中感受愉悦，与他的心灵对话，因为他的心灵不死，不会被蚂蚁吃掉。阿尔布雷特·丢勒并不知道这首诗，但当他看着这些作品时，他听到了这些话，他发现他感受到了他半百岁月里的最大愉悦。

(108)

1520年：特拉克斯卡拉
启程收复特诺奇蒂特兰城

这一年快要结束了。太阳刚探出头，科尔特斯就下令出发。他的部队被阿兹特克人打得落花流水，但在特拉克斯卡拉、韦霍钦弋和特斯科科印第安部落盟军帮助下，短短几个月内就重振旗鼓。一支由五万土著人组成的队伍听从他的调遣，从西班牙、圣多明各和古巴调来了新士兵，装备精良，配有战马、火绳枪、弓箭和大炮。为了在到达湖泊区时能进行水上战斗，科尔特斯准备了船帆、铁器和桅杆，用以搭建十三艘双桅帆船。乌埃索特辛戈部落的人将负责安放木板。

晨曦中远处的火山隐约可见。而在更远的地方，特诺奇蒂特兰城从浩瀚的水面升起，桀骜地在那等待着。

(54)

1521年：特拉特洛尔科
火剑

血流成河，饮用水因为浸染鲜血而发酸。除了土之外没有任何东西可吃。他们挨家挨户地战斗，在废墟上、在死人身上战斗，整日整夜。战斗已经持续快三个月了，没有任何休战。只能呼吸到火药味和尸体的恶臭味，但是剩下的最后几座塔楼上的小鼓和战鼓仍雷雷作响，幸存的战士们脚踝上的小铃铛仍叮叮当当。厮杀声和鼓舞士气的歌声仍不绝于耳。最后剩下的妇女们拿起倒下的人的斧头，劈向盾牌，一下又一下，直到被打倒在地。

国王夸特莫克叫来他最好的将领，给他戴上长长羽毛的猫头鹰头盔，往他的右手递上血剑。在比远古时代更远的时候，手握这把血剑，战神从他母亲的肚子里出来。威齐洛波奇特利曾挥舞这条阳光之蛇砍掉了他的姐姐月亮的头，把他的四百个哥哥——星星——劈成了碎片，因为他们不让他出生。

夸特莫克命令道：

我们的敌人们，你们看看这把剑吧，你们战栗吧。

血剑开道，被选中的将领独自前行，穿过硝烟和瓦砾。

他们用一颗火绳枪子弹撂倒了他。

（60，107，200）

1521年：特诺奇蒂特兰城
世界沉寂，下雨

突然间，尖叫声和鼓声戛然而止。人和神都被打倒了。诸神死了，时间也随之死亡。人死了，城市也随之死亡。这座战争之城，这座白柳和白色莎草的城市，在战斗中死亡了。现在，各个地方被打败的君王不会再乘着船，穿过雾霭前来献贡。

四周一片寂静，让人惊恐。下雨了。天空中电闪雷鸣，整整一夜都在下雨。

黄金堆在一个个大大的篮子里。盾牌上的黄金，战争徽章上的黄金，神的面具上的黄金，唇边和耳朵上戴的黄金片，月亮形状的黄金首饰，黄金饰物。他们在称黄金的重量，评估俘虏的价格。一个穷人的价格几乎不值两把玉米……士兵们聚集在一起掷骰子、玩纸牌。

火逐渐点燃了国王夸特莫克脚下的木柴，木柴浇满了油，与此同时，世界沉寂，下雨。

（60，107，200）

1521年：佛罗里达
庞塞·德·莱昂

他很老了或者他觉得自己很老了。时间可能不够了，他疲惫的心脏也可能难以承受。胡安·庞塞·德·莱昂[1]一直想发现并征服那个不败的世界，那个佛罗里达群岛向他宣昭的世界。因为他的功勋卓绝，他总想让克里斯托弗·哥伦布的历史与之相比相形见绌。

他在这里下船，追随着一条穿越人间乐园的魔幻河流。他没有找到年轻之泉，却遭遇了那支穿过他胸腔的箭。年轻之泉的水能让人重获健硕的肌肉，能恢复双眸的明亮，而且不会抹去成熟心智的过往经历，但是他将永远不能在那泉水里徜徉。

士兵用臂膀把他抬到船上。失败的将领小声嘟囔着一些抱怨，像初生婴儿一样，但是他的年纪一直很大，而且仍在增长。抬着他的人毫不吃惊地证实：在这场"永久"对抗"永不"的旷日之战中，这里刚刚发生了一次新的战败。

(166)

1522年：圣多明各的路上
脚

反抗，美洲黑人奴隶的第一次反抗被镇压了。反抗发生在迭戈·哥伦布的制糖厂，迭戈是大陆发现者的儿子。火势蔓延到整个岛上的蔗糖厂和种植园。黑人们和幸存的为数不多的印第安人都起来反抗，他们以石头、木头和甘蔗杆为武器，愤怒而徒劳地对抗盔甲战士。

每条道路上都立着绞刑架，现在架子上悬挂着男人、女人、老

---

[1] 胡安·庞塞·德·莱昂（Juan Ponce de León，1460—1521），西班牙殖民者，哥斯达黎加的首任总督，第一个抵达佛罗里达的欧洲人。传言他是去往佛罗里达寻找不老泉。1521年他们遭到佛罗里达原住民的猛烈袭击，战斗中他受伤，几天后死亡。

人、年轻人。在行人眼睛的高度，悬着脚。行人可能能从悬着的脚认出受惩罚的人，能够猜测在死亡来临之前他们都是怎样的人。在这些因辛苦工作和长途跋涉而开裂的皮肉之足中，有的脚与年龄相符，有的脚与年龄不符；有些脚已被俘虏，还有些脚仍在跳舞，深爱着这片土地，在呼唤着战争。

（166）

1522年：塞维利亚
永不能完成的最漫长的旅行

没有人相信他们活着，但是他们昨夜到达了。他们抛锚停船，射光所有的炮弹。他们没有立刻下船，也不让别人看见他们。天亮的时候他们出现在码头上。他们衣衫褴褛，手擎燃烧的火炬，摇摇晃晃地进入塞维利亚城。人们纷纷让路，惊诧地看着由胡安·塞巴斯蒂安·德·埃尔卡诺[1]带领的这些丑陋邋遢之人的游行。他们相互依靠、跟跟跄跄地往前走，从这家教堂到另一家，去还愿，所到之处总是有成群的人跟随着。他们边走边唱。

三年前他们乘坐五艘帆船出发，顺流而下，向西航行。他们是来自四面八方、要去冒险的一群人，他们聚集起来去寻找一条海洋通道，去寻找财富和荣誉。所有人都是逃亡者，他们出海是为了逃避贫穷、爱情、牢狱之灾或是逃避绞刑。

而现在，幸存的人们谈论着暴风雨、罪行和奇迹。他们看到了没有地图也没有名字的海洋和陆地，他们六次穿越了火热得沸腾但却从不燃烧的地带。向着南方他们看到了蓝色的雪，天空中有构成十字架形状的四颗星。他们看到了太阳和月亮逆行，看见鱼飞翔。他们听人

---

[1] 胡安·塞巴斯蒂安·德·埃尔卡诺（Juan Sebastián de Elcano，1476—1526），西班牙航海家，跟随麦哲伦去远航，当麦哲伦在摩鹿加群岛被毒箭射杀之后，他继任船队指挥，完成首次环球航行。

说风让女人受孕，他们看到几只长得像乌鸦的黑鸟，它们冲进鲸鱼张开的咽门，吞食它的心脏。他们说，在一座非常遥远的岛上住着身高只有半米的小矮人，他们的耳朵垂至脚跟。耳朵太长了，他们在睡觉时一只耳朵做床垫，另一个做盖毯。他们说，摩鹿加土著人看到小船离开大船到达海滩上时，以为小船是大船的孩子，大船生出了它们，并给它们喂奶。

幸存的人们说，在南方的南边，大地开裂，各大洋交汇，印第安人为了不被冻死，燃起高高的火堆，整日整夜不熄。他们说，那些印第安人体型巨大，我们的头几乎只能到他们的腰际。远征的首领麦哲伦抓到两个印第安人，给他们戴上铁镣，作为脚踝和手腕上的装饰，但是之后一个死于坏血病，一个死于炎热。

他们说，他们别无选择只能捂着鼻子喝腐臭的水，他们吃过锯末、皮革和老鼠肉，那些老鼠来抢食他们最后几块已经长虫的饼干。饿死的人被扔下船，因为没有石头沉尸，尸体漂浮在水面上：欧洲人面朝天，印第安人脸朝下。当他们到达摩鹿加群岛[1]时，一位海员用一张扑克牌——恺撒大帝那张脸谱牌，从土著人那里换了六只鸟，但是他一口也吃不了，因为他的牙龈肿得厉害。

他们见过麦哲伦哭泣。当船队进入欧洲人从未穿越的大洋时，他们看见坚定的葡萄牙航海家费南多·德·麦哲伦的眼睛里闪烁着泪光。他们见识了麦哲伦可怕的暴怒，他下令将两位叛乱的船长斩首并将其五马分尸，他把其他叛乱的人抛弃在沙漠里。麦哲伦现在是一堆腐肉，是菲律宾土著人手上的战利品，他们用一支毒箭射中了他的腿。

三年前从塞维利亚出发的二百三十七名海员和士兵中，十八个人回来了。他们只剩下一只破败不堪的船，这艘船龙骨已腐蚀，四面渗水。

这些幸存的人。这些刚刚完成了首次环球之旅的饿得要死的人。

(20，78)

---

[1] 亦称香料群岛。

1523年：库斯科

瓦伊纳·卡帕克

面对冉冉升起的旭日，他扑到地上，前额触地。他双手捧起第一缕阳光，送到嘴边，轻酌晨曦。

然后，他起身站起来，紧紧盯着太阳，眼睛一眨也不眨。

在瓦伊纳·卡帕克[1]的身后，他的众多妻子都低头守候着。王子们也在静静等待着。印加王正在注视着太阳，平等地注视着它，司祭中哗然声渐起，窸窣入耳。

光芒闪耀的太阳之子瓦伊纳·卡帕克因品德高尚、年轻有为而登上王位已有许多年了。他拓展了帝国的疆土，远远超过先辈的疆域。瓦伊纳·卡帕克渴望权力，是发现者、征服者，他率领他的部队从亚马孙雨林攻到基多的高山，从查科打到智利的海边。在刀斧砍杀和乱箭飞舞中，他成为新的山峦、平原和沙漠的主人。在这个王国里没有人不想着他，也没有人不害怕他，现今他的王国比欧洲更大。牧场、河流和人们都取决于瓦伊纳·卡帕克。因为他的意志，山脉移挪，人群迁徙。在这个不识轮子用途的帝国，他下令从库斯科运石头到基多去修建房子，为的是后人能够了解他的伟大，为的是人们相信他的话。

印加王正盯着太阳。不是出于司祭们担心的挑战，而是表达同情。瓦伊纳·卡帕克为太阳感到遗憾，因为太阳自远古以来一直是他的父亲，是所有印加人的父亲，却没有疲劳和无聊的权利。太阳从不休息、从不娱乐，也不遗忘。他每天都不能失约，在天上，他今天走着昨天和明天一样的路。

在观赏着太阳的时候，瓦伊纳·卡帕克决定："很快我就要死了。"

（47，76）

---

[1] 瓦伊纳·卡帕克（Huaina Cápac）是印加帝国第十一代国王，1493—1525年在位，他开疆拓土，修筑贯穿南北的通道，推广先进农耕法，是一位颇有建树的印加王。在他的统治时代，印加文明达到顶峰。

1523年：瓜乌卡波尔卡[1]

酋长的问题

他献上食物和黄金，接受洗礼。但是他请希尔·冈萨雷斯·德·阿维拉给他解释一下，耶稣怎么成为人和神的，而玛利亚何以是圣女和母亲。他问灵魂离开躯体后会去哪里，他问罗马的圣父是否免于死亡。

他问谁选了卡斯蒂利亚的国王。尼加拉瓜的酋长是由公社里的老人围坐在吉贝树下选举出来的。那国王是不是由公社里的老者们选出来的呢？

酋长还请征服者告诉他这么少的人要那么多的黄金干什么。戴这么多的首饰身体能承受吗？

之后他问先知的预言是不是真的：太阳、星辰和月亮将会失去光辉，天空将会坠落。

尼加拉瓜的酋长没有问为什么这些地方将不会再有婴儿降生。没有任何一个先知告诉他，之后的几年里，女人们会拒绝生奴隶。

(81，103)

1523年：帕伊纳拉

马林切

从科尔特斯那里她得到了一个儿子，对于科尔特斯来说，她开启了一个帝国的大门。在征服墨西哥的整个过程中，她是科尔特斯的影子、守望员、翻译、顾问、搬弄是非的人、情人，现在她继续骑马跟随在他身边。

她从帕伊纳拉经过时，穿着打扮像一个西班牙人：呢绒布料，绫罗锦缎，一开始，没有人认出这位跟着新主人一起来的华贵夫人。马

---

[1] 尼加拉瓜地名。

林切坐在枣红马上，目光巡视了河的两岸，深深地呼吸甜甜的空气，寻找二十多年前她曾发现魔法和恐惧的树林边缘，却遍寻不着。自从她的母亲把她卖作奴隶，她被从墨西哥陆地带去服侍尤卡坦半岛的玛雅贵族之后，这里经历了雨打日晒，许多的折磨和痛苦。

当她的母亲发现到访帕伊纳拉的这个人是谁时，扑倒在她脚下，泪流满地，请求原谅。马林切用手势阻止了哭泣的母亲，把她搀扶起来，拥抱了她，把自己佩戴的项链戴在她的脖子上。然后，她骑上马，与西班牙人一起继续行程。

她不需要仇恨她的母亲。自从四年前尤卡坦半岛的贵族把她送给埃尔南·科尔特斯以来，马林切就有时间来复仇。欠债已经得到赔偿：墨西卡人看到她来时弯腰屈膝、颤抖不已。只要她黑色眼眸的一个眼神，就能让一个王子上吊。她死后很久，她的影子将在伟大的特诺奇蒂特兰城上空盘旋，她为摧毁和羞辱这座城市出了不少力；她化身为披头散发、长袍飘飘的幽灵，将永远继续在查普尔特佩克的树林和山洞里出没，让人害怕。

(29, 62)

1524年：克萨尔特南戈 [1]
诗人将会向孩子们讲述这场战斗

诗人将会谈到佩德罗·德·阿尔瓦拉多 [2]，会谈到与佩德罗一起来传播恐惧的人。

他将会讲述：当土著人的军队已经被打垮，危地马拉已经是屠宰场的时候，首领特库姆·乌曼的身上长出了翅膀和羽毛，他升到空中飞起

---

[1] 位于危地马拉。

[2] 佩德罗·德·阿尔瓦拉多（Pedro de Alvarado, 1485—1541），西班牙殖民者，埃尔南·科尔特斯的得力部下，参加了攻打特诺奇蒂特兰城的战争，后作为先遣官征服了中美洲地区，担任危地马拉总督。

来。他飞着，落到阿尔瓦拉多身上，猛烈地扯断了战马的马头。但是阿尔瓦拉多和坐骑一分为二，他们分开了：征服者从被斩首的马身上下来，站起身来。特库姆首领再次飞起来，他迅速地向高空飞去。当他从云端俯冲而下时，阿尔瓦拉多躲闪开，用长矛刺穿了他。狼狗们扑上去想撕裂特库姆·乌曼，但是阿尔瓦拉多挥剑阻止了。阿尔瓦拉多长久地凝视着这位战败者，看着他张开的身体，从臂膀和双腿上长出的格查尔鸟羽毛、断裂的翅膀、由珍珠、钻石和翡翠装饰的三层王冠。阿尔瓦拉多叫来他的士兵。他对他们说："你们看看吧。"他命令他们摘下头盔。

孩子们围坐在诗人旁边，将会问道："所有这些你都看到了吗？都是你听到的吗？"

"是的。"

"当时你在场吗？"孩子们会问。

"不在。当时在场的人中，我们的人一个也没有活下来。"

诗人会指着飘浮的云和摇晃的树冠，问道："你们看到长矛了吗？看到马蹄了吗？看到像雨一样落下的箭了吗？看到烟雾了吗？"

他将把耳朵贴近大地，贴近轰轰作响的大地，说："你们听。"

他将教他们在空气中嗅闻这段历史，在被河水磨平的石头上触摸这段历史，咀嚼一些草来感受这段历史的味道，不急不忙地咀嚼，就像人们咀嚼悲伤一样。

(8, 107)

1524年：乌塔特兰
战败者的复仇

印第安首领是一把黑如烟垢的骨头，撒在城市的瓦砾堆里。今天，在基切人的首都，没有哪一样东西闻起来没有烧过的烟味儿。

将近一个世纪之前，一位先知已经说过了。说话的是卡克奇尔部族[1]的一位首领。当基切人将要取出他的心脏时，他说道：你们要知道，一些全副武装、从头到脚都穿着衣服的人，不像我们这样浑身赤裸的人，将会摧毁这些建筑，将会把你们驱赶到猫头鹰和山猫的洞穴里，这宏伟壮丽的一切将会终止。

当他们杀他的时候，他说了这些话，就在这里，在这座位于悬崖峭壁的城邦里，而佩德罗·德·阿尔瓦拉多的士兵们刚刚把这座城池变成一片火海。战败者诅咒基切人，而基切人统治危地马拉的其他部落已经有很长时间了。

(8, 188)

1524年：蝎子岛
圣餐礼

大海吞噬了他们，把他们吐出来，又把他们狼吞虎咽下去，之后把他们摔碎在岩石上。海豚和海牛在空中飞行，天空中到处都是泡沫。当小船摔成碎片四溅而起时，人们竭尽可能地抱住岩石。整个夜晚，海浪冲击着想卷走他们，一下又一下，卷走了很多人，把他们摔在石头上，吞噬了他们。

天亮时分，暴风雨停歇了，潮水退去了。幸存的人们坐在一只摇摇晃晃的独木舟里，听天由命。

海难幸存者们在礁石区已经漂流五天，他们没有找到淡水，也没有找到任何可以进食的果实。

这天上午，他们在一座小岛上岸了。

太阳煎烤着石头，他们手脚并用爬行前进，没有人有力气拽动走不动的人。他们赤身裸体，身受重伤，咒骂着他们的船长，阿隆索·苏亚索律师，他是好讼师，却是很糟糕的航海员。他们还咒骂把他们

---

[1] 危地马拉中西部高地的一支玛雅部族。

生出来的母亲，咒骂国王、教皇和上帝。

这个小山丘是世界上最高的山，人们向上爬着，聊以安慰地数着还有几个小时会死。

突然，他们揉了揉眼睛。难以置信。五只大海龟正在海滩上等着他们。五只大海龟，庞大得像海上的岩石岛，当它们在交配时，即使船只碰撞到它们也岿然不动。

海难幸存者们冲上去。他们饥饿、愤怒地号叫着去推海龟，直到把它推翻过来，海龟四脚朝天，蹬着腿，他们插入匕首，挥舞着拳头，一刀一刀地打开了海龟的肚子，把头埋进喷涌而出的鲜血里。

他们恣意地浸泡在这些红酒桶里，只在血水中露出脖子，昏昏欲睡。此时，太阳仍在朝着天空的中心缓缓移动。

没人听阿隆索·苏亚索律师的话。律师嘴上沾满鲜血，跪在沙地上，举起双手，把海龟献给我们的救世主的五个伤口[1]。

(166)

1525年：图克卡哈
夸特莫克

在一棵古老的吉贝树的树枝上，倒吊着阿兹特克末代国王的尸体。

科尔特斯砍去了他的头颅。

他来到这个世界上时，被放在用盾牌和镖枪围绕着的摇篮里，他听到的第一个声音是：

你自己的土地是另一个，你被许诺给另一片土地。你真正的地方是战场。你的职责是用你敌人的鲜血来喂饮太阳，用你敌人的身体来喂食大地。

二十九年前，巫师们向他的头上洒水，按照惯例发出了咒语：

---

[1] 即基督五伤，耶稣被钉上十字架时双手双脚和肋骨五处的伤口。

不幸，你藏在哪里？你藏在哪个地方？离开这个婴孩！

他们给他取名夸特莫克，意为从天而降的雄鹰。他的父亲已经把帝国的疆域拓展到东西海岸。当王子登基时，入侵者已经到来并战胜了他们。夸特莫克起义进行抵御。他是勇士的首领。在特诺奇蒂特兰城被攻陷四年之后，呼唤勇士归来的歌声仍然在雨林的深处回响。

现在，谁在摇晃他残缺的身体？是风还是吉贝树？不正是吉贝树从它宽阔的树冠那儿在摇晃他吗？吉贝树不接受这只断折的树枝吗，不愿把它看作是从它雄壮的树干上生长出的另一个臂膀吗？将会长出红色的花吗？

生在继续。生和死在继续。

（212）

1526年：托莱多
美洲虎

在托莱多王宫堡垒的四周，驯兽师正在带着老虎散步，这是国王从新大陆收到的老虎。驯兽师是伦巴第人，笑容满面，留有一小撮胡子，他用绳子牵着老虎，就像牵一条小狗一样，美洲虎用踩棉花一样轻柔的步子在碎石路上遛走。

贡萨洛·费尔南德斯·德·奥维多的血液凝固起来。远远地，他朝看护人叫嚷，让他别太自信，别与凶猛的野兽交谈，这样的动物不能与人相处。

驯兽师笑了，他松开美洲虎，抚摩着它的脊背。奥维多能够听到沉沉的呼噜声。他清楚地知道这种牙齿间的呼噜声意味着向魔鬼祈祷，意味着威胁。不久后的一天，这位自负的驯兽师将会掉进陷阱。当他伸出手去给老虎挠痒时，将会被老虎猛扑上来吃掉。这位不幸的人会相信，上帝赋予美洲虎尖牙利爪就是为了让驯兽师在某个特定时刻给它做美食吗？老虎家族里没有任何一个是被餐桌摇铃叫去吃东西的，他们除了吞食没有其他法则。奥维多看着微笑的伦巴第人，他在四盏蜡烛间看到了一小堆剁碎的肉。

"剪掉它的指甲，"他走的时候建议道，"彻底拔去它的指甲，拔去所有的牙齿和獠牙。"

（166）

1528年：马德里
为了让他们打开钱袋子

寒冷在狭窄的缝隙里排队，冰冻了墨水瓶里的墨水。

查理五世欠每位圣徒一支蜡烛。用哈布斯堡韦尔泽家族银行的钱，他购买了神圣帝国的王冠，筹备了他的婚礼，支付了很大一部分的战争军费开支，这些战争让他打败了罗马，镇压了佛兰德人的反叛，在帕维亚战场上驱散了法国一半的作战勇士。

在签署将委内瑞拉的考察、开发和治理权交给韦尔泽家族银行的协议时，国王牙疼。

之后很长一段时间，委内瑞拉将都由德国人掌控。第一任总督安布罗休·阿尔芬格将要求印第安人必须打上标记，在圣玛尔塔、牙买加和圣多明各的市场里售卖，他将被一箭封喉。

（41，103，165）

1528年：通贝斯城[1]
惊喜的一天

向南部海洋的远征最终发现了一片没有红树林、没有蚊子的干净

---

[1] 秘鲁北部城市，原为印加帝国要塞。

海岸。

弗朗西斯科·皮萨罗听说附近有个村落，就命令一位士兵和一个非洲奴隶去寻找。

那个白人和那个黑人穿过一片被沟渠灌溉得很好的耕地到达通贝斯，这样的耕地他们从没在美洲见过。在通贝斯，人们既没有赤身裸体，也不是露天居住，他们围住新来的人，献上了礼物和喜悦。阿隆索·德·莫利纳放眼看去，测量不出铺在庙宇墙壁上的金银片的面积。

通贝斯的人被来自另一个世界的如此多的东西弄得眼花缭乱。他们拽拽阿隆索·德·莫利纳的胡子，摸摸他的衣服和铁斧。他们打手势询问那个囚禁在笼子里、长着红色肉冠、尖叫着的魔鬼要什么。阿隆索指着它说："公鸡。"于是他们学到了卡斯蒂利亚语言的第一个单词。

陪同士兵一起来的非洲人就没这么幸运。印第安人想用晒干的玉米穗来摩擦他的皮肤，他挥拳自卫。在一个大容器里，水在沸腾。他们将会把他扔进去，好让他能洗去身上的颜色。

(166，185)

1528年：厄运岛
"人们慷慨地分享他们的拥有……"

从圣卢卡尔·德·巴拉梅达出发，前往佛罗里达的船只中，一艘船被暴风雨掀到古巴的树冠上，另一些船在连续的海难中被大海吞噬。而纳瓦埃斯和卡维萨·德·巴卡率队的船只运气也不好些，他们临时用衬衣做船帆，用马鬃毛做绳索。

海难者们，这些赤身裸体的幽灵，冻得瑟瑟发抖，他们在厄运岛的岩石上哭泣。一些印第安人给他们带来了水、鱼和植物的根须。当看见他们在哭泣时，就与他们一起哭泣。印第安人泪流成河，号啕大哭的妇人哭得时间越久，西班牙人就越为自己感到难过。

印第安人把他们带去自己的村庄。在路边休息时，为了不让他们冻死，印第安人燃起篝火，在两次篝火之间，印第安人抬着他们走，不让他们双脚着地。

西班牙人认为，印第安人将要把他们剁成块，放进油锅里。但到了村庄，印第安人继续与他们分享本就不多的食物。

阿尔瓦尔·努涅斯·卡维萨·德·巴卡[1]讲述说，当印第安人听说下面这件事时都非常震惊，怒火中烧：五个基督徒在海边，相互吃人，直到只剩下一个人，之所以剩下是因为没有人来吃他。

（39）

1531年：奥里诺科河
迭戈·德·奥尔达斯

逆风依旧顽强地抵抗着，几艘小船拖着大船驶向河的上游。阳光鞭笞着水面。

船长的武器的徽章上突显出波波卡特佩特火山的山巅，因为他是踩到这座山顶白雪的第一个西班牙人。那天，他站得很高，通过那些火山灰的漩涡，他看见了雄鹰的脊背，看见特诺奇蒂特兰城在湖水中摇晃，但是他必须飞奔着逃走，因为火山愤怒地发出雷鸣般的声响，喷出了大量的火焰、石头和黑烟。

现在，迭戈·德·奥尔达斯[2]浑身湿透了，他想知道这条奥里诺科河是否通到那个黄金在等待他的地方。各个村落里的印第安人每次都

---

[1] 阿尔瓦尔·努涅斯·卡维萨·德·巴卡（Álvar Núñez Cabeza de Vaca, 1488/1490—1559），西班牙殖民者，他沿着今美国南部海岸探险，从佛罗里达，经阿拉巴马、密西西比、路易斯安那到得克萨斯，后南下至墨西哥城。之后他又去南美洲巴拉圭河沿岸探险。

[2] 迭戈·德·奥尔达斯（Diego de Ordaz, 1480—1532），西班牙征服者，埃尔南·科尔特斯的部下，参加了攻打特诺奇蒂特兰城的战争，是第一位登上波波卡特佩特火山的欧洲人。1529年他申请去寻找传说中的黄金国，沿着奥里诺科河探险，最终命丧帕里亚湾。

指一个更远的地方。船长驱赶着蚊子，船体因修补得不好，吱吱呀呀地前进。猴子们在抗议，看不见的鹦鹉们大声叫着：离开这儿，离开这儿。许多叫不出名字的鸟儿在河边盘旋，唱着：你抓不到我，你抓不到我，你抓不到我。

（175）

皮亚若阿[1]村的白人之歌

河水脏了
鱼儿逃到
溪流的上游
溪水因淤泥而殷红
一个长胡子的人经过
一个白人
一个长胡子的人经过
坐着大独木船
被蛇咬噬的船桨
咿咿呀呀尖叫着

（17）

1531年：墨西哥城
瓜达卢佩圣母

那道光，是从地上照到天上还是从天上射下来的呢？是萤火虫还是星星？那道光不想离开特佩亚克山，在子夜时分它仍在那儿，照着

---

[1] 皮亚若阿（piaroa）人居住在今委内瑞拉境内，奥里诺科河中部流域。

石头，绕着树枝，熠熠生辉。胡安·迭戈，一个赤身裸体的印第安人看见了这道光，他被迷惑、被指引：那道光束的光向他投射过来，散开分化成金色和红色光线，在闪耀的中心出现了墨西哥最闪亮最睿智的女人。这位身披亮光的女人用纳华特语说："我是上帝之母。"

苏马拉加主教听着这件事，不相信。主教是印第安人的官方保护人，由国王委派，同时还是烙铁的看管人，烙铁用来在印第安人的脸上烙上其主人的名字。他把阿兹特克人的古抄经书——"恶魔"手绘的纸张——扔进火堆，他摧毁了五百座神庙、二万个崇拜偶像。苏马拉加主教清楚地知道，在特佩亚克山顶，有一座土地神托南特辛的庙宇，印第安人经常去那儿朝拜我们的母亲，印第安人如此称呼这位身上披戴着蛇、心、手的女人。

主教不相信这件事，他判定：印第安人胡安·迭戈看到了瓜达卢佩圣母。圣母出生在埃斯特雷马杜拉，因为西班牙的阳光照射而皮肤黝黑，她来到阿兹特克人的谷地，要成为战败者的母亲。

(60，79)

1531年：圣多明各
一封信

他紧压太阳穴，追随着那些冒出来又逃走的字。

他请求道："恕我位卑而言鄙，且看我陈谏之丹心。"

巴托洛梅·德·拉斯卡萨斯神父向西印度事务委员会陈词。他认为，对于印第安人来说，*因不信基督教、做事拖延、孤独而下地狱，也远胜于被基督徒拯救。他们被活活烧死，被炭火炙烤，被投入恶犬之口，血流成河，哀号震天……*

他起身踱步。白色长袍飞扬，卷起一地尘埃。

然后，他坐在布满钉子的椅子边缘，用羽毛笔轻划他长长的鼻梁。瘦骨嶙峋的手继续书写。为了在美洲，印第安人能够得到拯救，上帝的律法得以实施，巴托洛梅建议十字架辖制利剑。军队服从主教的命令；在坚固的要塞的保护下，派遣殖民者去种田。他说，殖民者可以带走黑人奴隶或者摩尔人奴隶或者其他的奴隶来为他服务，也可以自食其力地生活，或者以其他不伤害到印第安人的方式生活……

（27）

1531年：塞拉纳岛
海难者和另一个海难者

咸咸的海风和阳光惩罚佩德罗·塞拉诺[1]，他赤身裸体地走在悬崖上。白鹈鹕盘旋着追击他。他以手扶额，双目盯着敌人的领地。

他下到海湾，走到沙滩上。当到达边界线时，他撒尿，他没有踩到边界线，但他知道如果另一个人正在某个隐秘处偷窥的话，一定会跳出来，要就这个挑衅的行为找他算账。

他撒尿，等待着。大鸟们尖叫着逃走了。那个人钻到哪去了呢？天空是一片亮白，石灰白，小岛是一块白炽的石头；白色的岩石，白色的影子，白色沙子上的泡沫：这是一个盐和石灰的小世界。这个无赖钻到哪去了呢？

佩德罗的船在那个暴风雨之夜粉身碎骨已是许久之前的事，当他的头发和胡须长及胸前时，另一个人出现了。他伏在一块木板上，愤怒的浪潮把木板掀到海滩上。佩德罗挤出了他肺里的水，给他吃喝，教他在这座只长石头的荒岛上如何保命。佩德罗教他掀翻海龟，一刀砍去头，把肉削成薄片，让太阳晒干，教他用龟壳收集雨水。他教他如何求雨，如何抓沙土下的蛤蜊，教他寻找螃蟹和大虾的巢窠，用海龟蛋和牡蛎招待他，牡蛎是附着在红树枝上被海水吹来的。因为佩德

---

[1] 佩德罗·塞拉诺（Pedro Serrano），西班牙人，1526年在加勒比海上航行时，他遭遇海难，流落到一个荒岛，艰难生存，1534年他终于获救。后来，他生活了八年多的荒岛以他的名字命名为塞拉诺岛。

罗，另一个人知道为了日夜都能烧火，必须收集大海送到礁石上的一切东西，因为干海藻、马尾藻、掉落的树枝、海星、鱼骨都是可以燃烧的。佩德罗用大海龟壳帮他搭了一个小棚子，在这荒芜寸草的岛上，这是遮阳的一片阴凉地。

第一场战争是水的争夺战。佩德罗怀疑在他睡觉时另一个人偷水，而另一个人指责他喝水像野兽一样多。当水耗尽，他们拳打脚踢而争夺的最后几滴水被泼洒掉之后，他们别无他法，只能喝自己的尿和能见到的唯一一只海龟的血。之后他们躺在阴凉处等死，他们只剩下小声辱骂的口水。

最后雨水救了他们。另一个人建议佩德罗最好把他家屋顶面积减少一半，因为很缺龟壳："你家是一座玳瑁的宫殿。而在我的家里，我整日弯腰蜷曲着。"

"他妈的！你丫不喜欢我的岛，就滚！"佩德罗用手指指着浩瀚的大海。

他们决定分水。从那时起在岛的两端各有一个收集雨水的龟壳。

第二场战争是关于火。他俩轮流照顾火堆，以备远处船只经过时发现。一天夜里，另一个人值班，火堆熄灭了。佩德罗骂骂咧咧，把他摇醒了。

"既然这岛是你的，你就来看着吧，混蛋！"另一个人龇牙咧嘴地说。

他们俩打起来，在沙地上打滚。后来他们都厌倦了打架，决定每个人各生一堆火。佩德罗的小刀子摩擦石头，最终擦出了火花；从那以后在岛的两端各有一个火堆。

第三场战争是关于小刀。另一个人没有切割的工具，佩德罗要求每出借一次小刀，需要用新鲜的大虾作为报酬。

之后他们之间爆发了食物争夺战和贝壳项链争夺战。

当最后一场石头大战结束时，他们决定休战，并签订了一份边界协议书。没有书面文件，因为在这荒岛上连可以乱涂乱画点什么的苦

佩依[1]叶子都找不到，而且他们俩连自己的名字都不会写；但是他们
划定了边界线，并以上帝和西班牙国王的名义起誓会遵守边界划分。
他们向空中扔了一根鱼椎骨。佩德罗分到了面向卡塔赫纳的半边岛
屿，而另一个则分到了面向古巴圣地亚哥的半边岛。

现在，佩德罗脚踏在边界线前，咬着指甲，仰望长空，像在寻找
雨水，他想："他一定藏在某个隐蔽处。我闻到了他的气味，肮脏的
气味。四周都是大海，他却从不洗澡。他宁可自作自受。他在那儿，
是的，在逃避工作。"

"嘿，可怜鬼！"他叫道。

回答他的是雷鸣般的浪涛声、海鸟的叫声和呼啸的风声。

"忘恩负义的东西！"他叫道，"婊子养的！"他尖叫。他撕破喉咙
地尖叫，从岛的这一端跑到另一端，来来回回，反反复复，在这空无
一人的沙滩上赤身裸体、独自奔跑着。

（76）

1532年：卡哈马卡
皮萨罗

上千个人逐渐占领了印加帝国通往大广场的道路，在广场上，西
班牙人早已藏匿起来，守候着。看到万人景仰的一国之父、至尊无
上、唯我独尊的一切农事和节日的主宰经过时，人们浑身战栗；唱歌
的人噤声，跳舞的人止步。在落日的余晖中，阿塔瓦尔帕以及陪同而
来的王公贵族们佩戴的王冠和服饰闪耀着黄金和白银的光泽。

那些被风带来的神在哪里呢？印加王来到广场中央，命令等候。
几天前，探子潜入入侵者的营地，狠狠地扯了扯他们的胡子，然后回

---

[1] 原产于巴哈马群岛、波多黎各等加勒比地区的树，属藤黄科，叶子常绿，花为粉色，学名
是Clusia rosea（Clusiaceae）。据西班牙教士巴托洛梅·德·拉斯卡萨斯记载，西班牙人把苦
佩依叶子充当纸来书写。

去说他们只不过是从海上来的一小股强盗。这一亵渎神明的话要了他的性命。维拉科查神的孩子们在哪儿呢？那些把星辰挂上天幕，甩出的惊雷能够造成惊愕、昏聩乃至死亡的维拉科查神的孩子在哪儿呢？

维森特·德·巴尔维德神父从暗处走出来，与阿塔瓦尔帕会面。他一只手举着《圣经》，另一个手举着十字架，就像在大洋之中驱除暴风雨一样，他高叫着这就是上帝，真正的上帝，其他的一切都是嘲弄人的。翻译官翻译，阿塔瓦尔帕在人群之上，问道："谁告诉你的？"

"《圣经》上说的，神圣之书上说的。"

"给我书，让它来告诉我。"

几步之遥的一堵墙后面，弗朗西斯科·皮萨罗拔出了剑。

阿塔瓦尔帕看了看《圣经》，翻来覆去，抖了抖书让它发出声响，又把书贴到耳边，说："它什么也没说。它是空的。"

他松开了手，书落地。

皮萨罗等待着这一时刻，自从他跪在查理五世国王面前时起他就在等待这一刻，当时他向国王陈述已经发现了一个与欧洲一样大的王国，建议去征服，并向其许诺了人类历史上最辉煌的财富。从更早的时候开始他就在等待这一时刻，那一天他挥剑在沙地上画出一条线，几个饿得半死、因瘟疫而浑身浮肿的战士宣誓将陪同他到最后一刻。甚至从更早的时候，从很久以前、从五十四年前他被抛弃在埃斯特雷马杜拉一个教堂门外时起，皮萨罗就在等待这一时刻，那时候没人喂养他，他只能喝母猪的奶。

皮萨罗叫嚷着冲上去，随着他的一声令下，陷阱张开了网口。号角声四起，骑兵从天而降，自栅栏外射出的火绳枪砰砰响，包围住这些震惊困惑、手无寸铁的人。

(76, 96, 221)

1533年：卡哈马卡
赎金

为了赎买阿塔瓦尔帕的性命，人们送去了许多黄金白银。肩背重负的人们手擎火把排着长长的队伍，像蚁群一样在帝国的四条道路上前行。最壮观的战利品来自库斯科：一座完整的花园，黄金和宝石铸成的树木花草，与实物一般大小，纯银、绿松石和天青石做的飞禽走兽。

熔炉收下神像和饰品，吐出金条和银条。

长官们和士兵们叫嚷着要求分配。六年来他们分文未得。

每五个锭块中，弗朗西斯科·皮萨罗分出一块给国王，然后他在胸前画十字。为保证公平，他请求无所不知的上帝的帮助；为了监督文书，他请求能识字的埃尔南多·德·索托的帮助。

他划分了一部分给教会，另一部分给了随军的神父。他大大地奖赏了他的兄弟们和其他长官。每个无头衔的士兵获得的比菲利普亲王一年的俸禄还要多，皮萨罗变成了世界上最富有的人。这位抓住阿塔瓦尔帕的人给他自己的酬劳是查理五世及其六百名侍从的宫廷一年开支的两倍，还不包括八十三公斤纯金铸造的印加王的御驾，这是他最大的战利品。

（76，184）

1533年：卡哈马卡
阿塔瓦尔帕

一条墨色的虹划过天空。印加王阿塔瓦尔帕不愿相信。

在太阳神节的那几天里，一只神鹰跌落在阿莱格里亚广场，死了。阿塔瓦尔帕不愿相信。

他下令杀死了所有带来坏消息的信使，一斧头砍去了宣布不幸即将到来的年迈先知的头。他下令烧掉了神殿，预言的见证者们都被屠杀。

阿塔瓦尔帕命令把他的哥哥瓦斯卡尔的八十个儿子捆绑在路边的柱子上，秃鹫们吃他们的肉都吃腻了。瓦斯卡尔的妻子们的鲜血把安达马尔卡河的河水染成了红色。而瓦斯卡尔——阿塔瓦尔帕的囚徒，吃的是人粪，喝的是羊尿，以包裹的石头为妻。后来，瓦斯卡尔说，那是他说的最后一句话：*他们将会像他杀死我一样地杀死他。*而阿塔瓦尔帕不愿相信。

当他的宫殿变成他的监狱时，他不愿相信。阿塔瓦尔帕——皮萨罗的囚徒，说：*我是世界上最伟大的王子。*赎救的黄金堆满了一个房间，白银堆满了两个房间。入侵者们甚至把阿塔瓦尔帕的金摇篮也熔化了，他曾躺在里面聆听了出生后的第一首歌。

皮萨罗坐在阿塔瓦尔帕的御座上，宣布已经决定批准他的死亡判决。阿塔瓦尔帕回答：*别开这种玩笑。*

现在，在乳白色的晨曦中，当他拖着铁链正一步一步地走上台阶时，他还是不愿相信。

很快，这个消息将会传到这片土地上无以数计的子民那里，他们必须服从这位太阳之子，向他交税。在基多，人们将会为保护他们的影子的死亡哭泣：*那些人困惑、迷茫、拒绝回忆、孤独。*在库斯科将会狂欢作乐、喝酒庆祝。

阿塔瓦尔帕的双手、双脚和脖颈都被缚住，但他仍在想：*我做了什么以至于要死呢？*

在绞刑架下，他拒绝相信他是被人打败的。只有神才能打败他。他的父亲，太阳神背弃了他。

在铁的绕线器割破他的脖颈之前，他哭了，亲吻十字架，接受他们用另一个名字给他受洗。他被称为弗朗西斯科，他的战胜者的名字，他叩打欧洲人的天堂之门，但是那里没有给他预留的位置。

（53，76，221）

1533年：哈基哈瓜纳

秘密

皮萨罗向库斯科进发。现在他统领着一个庞大的军队。曼科·卡帕克成为新的印加王，他带领成千上万的印第安人都加入了征服者们那一小群的队伍。

但是阿塔瓦尔帕的将军们骚扰部队前进。在哈基哈瓜纳山谷，皮萨罗抓住了敌人的一个信使。

火焰舔舐着俘虏的脚掌。

"那个消息说了什么?"

信使因为永不停息的奔波而饱经风霜，深受安第斯山高原的冰冷寒风侵袭和沙漠地带的酷热炙烤。这份工作已经让他习惯忍受疼痛和疲倦。他号叫，但却不说话。

在经过了很长时间的暴风雨似的折磨后，他开口了："说的是马将爬不上山。"

"还说了什么?"

"说没必要害怕。说马让人害怕，但不会伤人。"

"还有呢?"

他们让他踩在火里。

"还有呢?"

他已经失去了双脚。在失去性命之前，他说：

"说你们也是会死的。"

(81，185)

1533年：库斯科

征服者们进入圣城

在阳光照耀的中午时分，士兵们在一片烟雾中开路前进。一股湿湿的皮革的气味弥漫开来，混入灼热的空气之中，与此同时，可以听到马的头罩和大炮的轮子发出的喀喇喀喇声响。

广场上搭建了一个圣坛。绣着雄鹰的丝绸旗幡簇拥着这位新神，他张开双臂，像他的子民们一样长着胡须。这位新神不正在看着他的子民们高举着斧头，冲向庙宇和坟墓里的黄金吗？

在焚烧后被熏黑的库斯科的石头间，老人们和瘫痪的人静静地等候即将到来的日子。

（47，76）

1533年：里奥班巴[1]
阿尔瓦拉多

半年前，船队在旧港登陆。

在承诺赐予新领地的鼓动下，佩德罗·德·阿尔瓦拉多从危地马拉出发。五百名西班牙人和两千名印第安与黑人奴隶跟随他一起。信使们已经对他说：

"等待你的权力会让你已知的权力羞愧。在通贝斯的北边，你将会名声大噪，财富剧增。在南部，皮萨罗和阿尔马格罗已经是主人，但是传说中的基多王国还不属于任何人。"

在海边的村镇里，他们找到了黄金、白银和绿宝石。背负着迅速得来的财富，他们朝着科迪勒拉山系出发。他们穿过雨林、沼泽，他们战胜了能够一日就杀死他们或让他们疯癫的热病，他们经历了令人恐惧的火山灰雨。在安第斯山的高寒荒原，如刀割的寒风和暴风雪把从未经历过严寒的奴隶们的身骨切成碎片，许多西班牙人也把尸骨留在了大山里。下马后紧紧握住缰绳的士兵们也永远地冰冻在那里。财宝被扔到深渊底部：阿尔瓦拉多给黄金，而士兵们则要求食物和衣

---

[1] 厄瓜多尔中部城市。

服。阿尔瓦拉多双眼被雪光烧坏了，他继续踉踉跄跄地前进，他挥舞着剑，砍去那些倒下的奴隶和后悔的士兵的头。

那些最坚强的人终于到达了高地，他们肌肉冰冷、血液凝固、奄奄一息。今天，他们终于到达印加人通往基多、通往天堂的王道。他们刚一到达，就发现地上已经留下马蹄踏过的新鲜印记。贝纳尔卡萨尔指挥官已经抢先一步了。

（81，97）

1533年：基多
这座城市自杀了

贝纳尔卡萨尔的人闯入，势不可挡。成千上万的土著联盟军——印加人的敌人——为他们监视和战斗。三次战役之后，胜负局势已定。

鲁米尼亚维将军[1]在基多城的四面放火之后就逃走了。入侵者将不能够享有活着的基多城，除了从坟墓里掘取之外，他们也将不能找到其他财富。曾经是阿塔瓦尔帕的摇篮和宝座的基多城已经是火山环绕中的一个巨大火堆。

从来没有背部受伤的鲁米尼亚维已远离那高高的火焰，他双目流泪，因为烟雾。

（158，214）

---

[1] 鲁米尼亚维（Rumiñahui, 1490—1535），是印加王瓦伊纳·卡帕克的儿子，父亲去世后，他宣誓效忠于他的弟弟印加王阿塔瓦尔帕。当西班牙征服者塞巴斯蒂安·德·贝纳尔卡萨尔（Sebastián de Benalcázar, 1480—1551）率军进攻基多时，鲁米尼亚维组织抵抗，经历了三次重大战役，但通古拉瓦火山（Tungurahua）的爆发让印加士兵以为遭到天谴，于是丧失了斗志，也丧失了以少胜多的优势局面。面对败局，鲁米尼亚维隐埋了基多城里的所有财物，纵火烧了城池，转入游击战。1535年他被西班牙人活活烧死。

1533年：巴塞罗那
圣战

自美洲来的，传递好消息的使者已经到了。君王闭上眼睛，与帆船一同前进，感受柏油和盐的气味。君王像大海一样呼吸，涨潮、退潮；他吹气，催促那些载满宝物的船只前进。

上天刚刚赠给他一座新的王国，在那里盛产黄金和白银，就像比斯开地区盛产铁石一样。这个令人惊奇的战利品正在路上。有了它，他就能安抚那些要绞死他的银行老板，他终于能发放饷银给他的士兵、瑞士的长矛手、德国雇佣兵、西班牙亲王们，这些人甚至在梦里都没见过一个钢镚儿。阿塔瓦尔帕的赎金将会资助攻打伊斯兰半个月亮的圣战，这些伊斯兰人已经到达维也纳的门口；还会资助反抗德国那些追随路德的异教徒的圣战。君王将会组织一支庞大的舰队，把苏里曼苏丹和红毛海盗这个宿敌清除出地中海。

镜子照映出他战争之神的模样：金银镶嵌的甲胄，在护喉处和护胸处盔甲的边缘有精雕细琢的装饰，羽饰头盔，荣誉之光照得脸庞熠熠生光，眉毛罩住忧郁的双眼，胡须浓密的下腭朝前翘起。君王梦想攻下阿尔及尔，倾听君士坦丁堡的呼唤。陷入异教徒之手的突尼斯也在等待着这位耶稣的将军。

(41, 47)

1533年：塞维利亚
印加的财富

从船队的第一艘船里，翻倒出金银财宝，卸在塞维利亚的码头上。牛拉着满载的大罐子朝西印度贸易署走去。

参与卸载的人群中，响起了惊诧的窃窃私语声。他们在谈论大洋彼岸那些不可思议的事情和被打败的君王。

两个人，两名醉汉，相拥着从面朝码头的酒馆里出来。他们钻进人群，大声询问公证员在哪儿。他们不为印加的财富庆祝。他们因为酒过三巡而面红耳赤、容光焕发，还因为他们刚刚签订了一个非常有兄弟义气的协定。他们决定互换女人，你的是我的，那可是个宝儿，我的是你的，虽然一钱不值，他们找公证员来公证这个协定。

他们无视来自秘鲁的金银，而被金银照得头晕目眩的人们也不理睬这个随财富一起来的海难幸存者。在一堆火的招引下，船队在加勒比的一个小岛上救了这个幸存者。他叫佩德罗·塞拉诺，九年前他在海难中游到岸边而逃生。现在，他的头发长及臀部，胡须垂到肚子，皮若鞣革，从他被救上船开始就一直说个不停。现在，他继续在讲述他的故事，在一片喧闹声中。没有人在听他说。

(41，76)

1534年：里奥班巴
通货膨胀

当阿塔瓦尔帕的黄金的消息传到圣多明各，所有人都去找船。负责分配印第安人的阿隆索·埃尔南德斯属于着急出发的第一批人。他在巴拿马登船，到了通贝斯之后买了一匹马。通贝斯马的价格是巴拿马的七倍，是圣多明各的三十倍。

穿越科迪勒拉山系之后，埃尔南德斯只能徒步。为了能继续朝基多前进，他又买了一匹马。他支付的金额比在圣多明各贵九十倍。他还花三百五十比索买了一个黑人奴隶。在里奥班巴，马的价格是人的价格的八倍。

在这里什么都售卖，哪怕是被泥土和鲜血弄得污秽不堪的旗帜，所有的东西都是天价。一根金条只能买两页纸。

刚刚到达的商人们，没有拔剑就打败了征服者们。

(81，166，184)

1535年：库斯科
黄铜御座

在臣服于另一个王的小王的膝盖上，没有金杖，却有一根闪闪发光的彩色玻璃棍。印加王曼科的头上鲜红的流苏闪烁发亮，但是他没有佩戴三重金项链，胸前不再有阳光闪耀，耳垂也没有缀挂熠熠生光的圆片。阿塔瓦尔帕的弟弟、敌人和继位者，身上没有穿由金线、银线和骆马毛织就的披肩。在迎风招展的旗帜上，游隼已经消失，让位于欧洲君王的雄鹰。

在皮萨罗册封的印加王的脚前，没有人下跪。

(53)

1536年：墨西哥城
莫托里尼亚

托里维奥·德·莫托里尼亚[1]修士赤脚向山上走去。他背着一个沉沉的袋子。

在当地的语言中称呼贫穷或受折磨的人为莫托里尼亚。他仍然穿着几年前获得这个名字时穿的缝缝补补的褴褛衣衫，当时他和现在一样赤着脚，从韦拉克鲁斯港口走到这里。

他站在山坡的最高处。在他的脚下是一片宽广的湖，湖面上墨西哥城闪闪发亮。莫托里尼亚手抚过前额，深吸一口气，往土里插下十个十字架，一个接着一个，十字架非常简陋，是用绳子捆绑树枝做成的。他一边插一边送上献词：

"这个十字架，我的上帝啊，是献给这里以前不曾有的瘟疫，现在瘟疫在当地人身上疯狂肆虐。"

---

[1] 托里维奥·德·莫托里尼亚（Toribio de Motolinía，1482—1568)，方济各会传教士，在墨西哥传教时，他捍卫印第安人的权利，反对征服者的暴行。

"这个是献给战争，这个是献给饥饿。战争和饥饿已经杀死的印第安人多得就像大海里的水滴、沙土里的颗粒。"

"这个是献给收税人，他们是吃印第安人蜜的雄蜂；这个献给税贡，为了能完成缴税的要求，印第安人必须得鬻儿卖女、卖田卖地。"

"这个献给那些金矿，散发着死尸的恶臭，一里格以外都无法经过。"

"这个是献给建立在特诺奇蒂特兰城废墟之上的伟大的墨西哥城，献给那些修建该城而背负搬运了梁柱、石头的人，他们整日整夜地唱歌、哭喊，直到筋疲力尽地死去或者因塌方而被压死。"

"这个是献给那些被从四面八方拖到这座城市的奴隶，他们就像牲畜一样，脸上打有烙印；这个是献给那些背负着送往矿区的沉重的给养包袱而倒在路上的人。"

"主啊，这个是献给我们西班牙人持续不断的对抗与争端，最终都以折磨和屠杀印第安人来解决。"

莫托里尼亚跪在十字架前，祈求道："主，原谅他们吧。我请求你原谅他们吧。我清楚地知道他们将会继续敬奉他们嗜血成性的偶像，如果他们以前有一百位神，加上你他们就有一百零一位神。他们不知道区分圣饼和玉米粒，但是如果他们值得你这般铁腕惩罚，那么他们也值得你宽大胸怀的慈悲对待。"

之后，莫托里尼亚在胸前画十字，拍了拍衣袍，起身下山回去。

近黄昏时分，他回到修道院。他独自一人在房间里，躺在地席上，缓慢地咀嚼着一张饼。

(60, 213)

1536年：马丘比丘
印加王曼科

厌倦了做像狗一样被看待的王，印加王曼科起来反抗那些满脸胡子的人。在空空的王座上，皮萨罗安置了帕乌略——印加王曼科、阿塔瓦尔帕和瓦斯卡尔的弟弟。

印加王曼科骑马率领一支庞大的军队，围攻库斯科。库斯科城的四周火光冲天，燃烧的火箭如雨撒下，持续不断，但是饥饿惩罚更多的是围攻者而非被围攻者，因此，半年后曼科的军队撤退了，在一片惊天动地的厮杀声里撤退了。

印加王穿过乌鲁班巴河的河谷，出现在云雾环绕的高山顶峰。石梯将他引向山峰的隐秘之处。在护墙和塔楼的保护下，马丘比丘堡垒统治着世界的那一边。

(53，76)

1536年：乌鲁阿河谷[1]
贡萨洛·格雷罗

阿隆索·德·阿维拉的骑兵们撤离了，他们获得了胜利。战场上，在一群战败者中，躺在一位长胡子的印第安人。他赤身裸体，身上被颜料和鲜血涂上了阿拉伯式的图案。鼻子、嘴唇和耳朵上挂着黄金做的象征饰品。一颗火绳枪子弹打穿了他的前额。

他叫贡萨洛·格雷罗。在他的第一次生命里，他曾是帕洛斯港口的一名海员。他的第二次生命始于二十五年前，当时他在尤卡坦半岛遭遇海难。从那时起，他就与印第安人居住在一起。和平时期他是酋长，战争时期就是指挥官。他与玛雅部族的老婆生有三个孩子。

1519年，埃尔南·科尔特斯下令寻找他。

不。贡萨洛对使者说，你看看我的孩子们，多漂亮啊。给我几个你带来的绿珠子吧。我给我的孩子们，我要告诉他们：这些玩具是我的兄弟们从我家乡寄来的。

---

[1] 位于洪都拉斯境内。

许久之后，贡萨洛·格雷罗在捍卫另一个家乡的战斗中倒下了，他与他的另一些兄弟们一起战斗，他选择的兄弟们。他是被印第安人征服的第一位征服者。

（62，119）

1536年：库利亚坎[1]
卡维萨·德·巴卡

自卡维萨·德·巴卡在厄运岛发生海难以来已经八年过去了。从安达卢西亚出发的六百人中，少数几名半路逃走了，大多数人被大海吞噬了，另一些人死于饥饿、寒冷或者死于印第安人之手，四个人，仅有四个人，现在到了库利亚坎。

阿尔瓦尔·努涅斯·卡维萨·德·巴卡、阿隆索·德尔·卡斯蒂略、安德烈斯·多兰特斯和埃斯特万尼科——阿拉伯黑人，徒步横越了整个美洲，从佛罗里达到太平洋沿岸。他们赤身裸体，像蛇一样蜕皮，他们吃草根树皮，他们吃昆虫、蜥蜴，吃一切能够找到的活物，直到印第安人送给他们毯子、仙人掌果和玉米穗，以换取他们的一些奇迹和治疗。卡维萨·德·巴卡救活了不止一个死人，他祷告着我们的主和圣母玛利亚，他画着十字，轻轻吹吹疼痛的地方，治愈了许多病患。这些奇迹传扬开来，从这里传到那里，人们来到路上欢迎他们，村镇里跳着舞欢送他们。

在锡那罗亚地区，朝着南方的路上，出现了基督徒们留下的最初印记。卡维萨·德·巴卡和他的同伴们发现了皮带扣、马掌钉、拴马桩。他们还发现了恐惧：遗弃的农作物，逃到山里的印第安人。

"我们离得很近。"卡维萨·德·巴卡说，"在走了这么久之后，我们离我们的人很近了。"

---

[1] 位于墨西哥西部。

他们不是你们一样的人。印第安人说，你们来自日出的地方，而他们来自日落的地方。你们治愈病人，而他们杀害健康的人。你们赤身赤脚地走路。你们不对任何东西起贪婪之心。

（39）

1537年：罗马
教宗说他们和我们一样

教宗保禄三世在他的名字那里盖上印有圣彼得和圣保罗圣像的铅玺，然后把它绑在羊皮纸上。一道新的教谕从梵蒂冈发出。它名为伟大的天主，它发现印第安人是人，是具有灵魂和理性的人。

（103）

1538年：圣多明各
镜子

正午的太阳照得石头冒烟、金属反光。港口上闹哄哄的。大帆船从塞维利亚运来了重型大炮，用于保卫圣多明各要塞。

要塞长官费尔南德斯·德·奥维多指挥搬运长炮和大炮。在皮鞭的抽打下，黑人们快速地拖动货物。车子被铁和铜压得吱吱呀呀作响，一片混乱中另一些奴隶们来回奔跑，往车轴那一桶桶地倒水，浇灭车轴发热而冒出的火花。

在这搬运和吵闹声中，一位印第安姑娘四处寻找她的主人。她的皮肤上长满水疱。每走一步都是一场胜利，她身上穿的极少的衣服对她灼烧的皮肤也是一种折磨。整整一夜和一个上午，这位姑娘不停地号叫着，承受着酸液的烧灼。她自己把毒漆树树根烧了烧，放在掌心揉搓，搓成膏状。她把漆树根膏涂满全身，从发根一直涂到脚趾，因为漆树烧灼皮肤，清除肤色，这样就把印第安女人和黑女人变成卡斯蒂利亚的白种贵妇。

"您认识我吗，主人？"

奥维多一掌推开她，四处奔跑，叫嚷着命令他的监工。但是姑娘坚持，像影子一样贴着主人，用极细的嗓音说："您知道我是谁吗？"

姑娘倒在地上，在地上，她仍在问：

——"先生，先生，您一定不知道我是谁吧？"

(166)

1538年：波哥大山谷
黑胡子，红胡子，白胡子

一年前，黑胡子、黑眼睛的贡萨洛·希门内斯·德·克萨达出门去马格达莱纳河的源头寻找金矿。圣玛尔塔一半的居民都跟他走了。

他们穿过沼泽和在阳光下冒着热气的地带。当他们到达河边时，帮他们扛大炮、面包和盐的几千个赤身裸体的印第安人一个也没活下来。由于已经没有奴隶可以追捕，他们把狗扔进热水沸腾的大缸里。之后，马也被分成了碎块。饥饿比宽吻鳄、蝰蛇和蚊子还糟糕。他们吃树根啃皮带。倒下的人，还没等神父为其打开通往天堂的门，大家就纷纷争夺他的肉。

他们逆流而上，被雨水打得浑身疼痛，而且无风扬帆，最后克萨达决定改变航向。他得出结论：黄金国在山系的另一边，不在河的源头。于是他们穿过一座座山林。

在经过无数的攀爬之后，现在克萨达到了奇布查部落所在的郁郁葱葱的山谷。站在一百六十名饱受热病折磨、衣衫褴褛的人面前，他举起剑，占领这片土地，宣布将永不再听从总督的命令。

三年半前，红胡子、蓝眼睛的尼古拉斯·迪·费德曼从科罗出发去寻找地球上的黄金中心。他朝着圣地出发，穿过高山，越过荒原。印第安人和黑人是第一批死去的人。

当费德曼登到云雾缭绕的高山之巅时，他发现了奇布查部落的郁郁葱葱的山谷。一百六十名士兵幸存下来，他们是披着鹿皮、拖步前行的幽灵。费德曼亲吻宝剑，占领这片土地，宣布将不再听从总督的命令。

三年多前，长着白如华发或被尘土浸染的白胡子、灰眼睛的塞巴斯蒂安·德·贝纳尔卡萨尔去寻找烧毁的空城基多拒绝给他的财富。在追随他的人中，剩下一百六十名疲惫不堪的欧洲人，一个印第安人也没剩下。贝纳尔卡萨尔身为许多城市的毁灭者和建立者，一路走来留下满地灰烬、血迹斑斑的印迹，在他的剑尖诞生了一个个新的世界：在绞刑架的周围，建立广场；在广场周围，是教堂、房屋和围墙。

征服者的头盔在科迪勒拉山系的山巅闪闪发光。贝纳尔卡萨尔占领了奇布查部落的郁郁葱葱的山谷，宣布将永不再听从总督的命令。

在北边，克萨达到了。东边，费德曼来了。南边，贝纳尔卡萨尔到了。十字架与火绳枪，天空与大地：在围着这个星球疯狂地兜兜转转之后，三位背叛的指挥官沿着科迪勒拉山的山坡下来，在波哥大平原相遇了。

贝纳尔卡萨尔知道这个部落的酋长们乘坐黄金的车轿。费德曼听到了微风轻拂庙宇和宫殿上悬挂的黄金薄片发出的动人乐声。克萨达跪在湖边，印第安祭司们全身涂满金粉浸泡在湖水里。

谁将拥有黄金国？是格拉纳达人克萨达吗？他说他是第一个到达的。是费德曼吗？这个来自德国的乌尔姆，以韦尔泽银行老板的名义进行征服的人。还是科尔多瓦人贝纳尔卡萨尔呢？

三支衣衫褴褛、浑身溃疡、瘦骨嶙峋的队伍在相互权衡着，等待着。

于是，德国人笑了。他笑个不停，笑弯了腰，两个安达卢西亚人也被感染了，三位首领躺在地上，他们垂头丧气，因为大声笑，因为饥饿，还因为那个给他们许诺但又嘲笑他们的人：那个不存在却已存在、没有来却已到达的人，那个人知道黄金国将不属于任何人。

1538年：马萨亚火山[1]

武尔卡诺——金钱之神

从前，从马萨亚火山口里经常走出一个裸体老妪，她通晓许多秘密，对种植玉米和打仗给予了许多很好的建议。印第安人说，自从基督徒们到来以后，老妪就拒绝从那座燃烧的山里出来。

许多基督徒们认为马萨亚火山是地狱之口，火焰和炽热的烟灰预示着永恒的惩罚。另一些人则认为正是冶炼黄金白银的热气把那白炽的烟云冲上云霄，五十里格之外都能看见这股烟云。这些宝贵的金属在山体的肚子里翻滚，从而被熔化、提纯。火燃烧得越旺，留下的金属就越纯。

远征准备了整整一年。布拉斯·德·卡斯蒂略神父很早就起床，听佩德罗·鲁伊斯、贝尼托·达维拉和胡安·桑切斯的忏悔。四人双目含泪地互相请求原谅，天刚破晓，他们就上路了。

神父是第一个下去的人。他钻进一个篮子，戴着头盔，胸前裹着长巾，手上拿着十字架。他到达火山口四周大片平地上。

"这不叫地狱，而是天堂！"他宣布，并把十字架插在石头缝里，灰烬把他弄得黑乎乎的。很快他的同伴们下来了。从上面，印第安人送下滑轮、锁链、大锅、轧辊和螺栓。

他们把铁锅塞进去。从那深处挖出来的不是黄金也不是白银，全是硫黄的熔渣。当他们把铁锅塞得更深一点，火山就把锅吞了。

（203）

1541年：智利的圣地亚哥

伊内斯·苏亚雷斯

几个月前，佩德罗·德·巴尔迪维亚发现了这座山和这片山谷。阿

---

[1] 位于尼加拉瓜境内。

劳坎人，早在几千年前就发现了它们，并把这座山称为"韦尔仑"，意思是痛苦。巴尔迪维亚将它命名为圣卢西亚山。

从山顶上，巴尔迪维亚看着被河水环抱着的那片绿地，他决定这个世界上再也没有比这里更合适建立一座城市献给门徒雅各。一路上雅各伴随着征服者们，并为他们战斗。

他挥舞利剑，在风向标的四个方向上截断空气，从而诞生了"新末端的圣地亚哥城"。现在，这座城正在度过它的第一个夏天：寥寥无几的几座房子由泥土和木棍搭成，麦秆铺的屋顶，中间是广场，周边由栅栏围墙围起来。

不到五十个人留在圣地亚哥城。巴尔迪维亚和其他人去卡查波阿尔河河岸了。

拂晓时分，栅栏围墙高处的哨兵发出警报的尖叫声。印第安人的队伍从四面八方涌来。

西班牙人听到了战斗的厮杀声，很快，飞箭像疾风一般落到他们身上。

中午时分，一些房子已经是一堆灰烬，围栏也已倒地。他们在广场上进行肉搏战。

于是，伊内斯朝着充当监狱的茅屋跑去。那儿，卫兵看守着西班牙人以前抓获的七名阿劳坎人的首领。她建议、请求、命令卫兵砍下这七人的头颅。

"什么？"

"砍头！"

"什么？"

"就这样！"

伊内斯拔出剑，七颗头颅飞旋在空中。

战斗发生逆转。这七颗头颅把被围困者变成了追击者。在进攻中，西班牙人没有祈求门徒雅各的庇佑，而是求助于我们的援救女神。

伊内斯·苏亚雷斯是马拉加人，当巴尔迪维亚在库斯科的家里竖起招兵买马的大旗时，伊内斯是第一个前去报名的。她手握精钢剑，身披紧密相扣的锁子甲铠甲，与巴尔迪维亚并排骑马走在入侵队伍的前列，来到这片南方的土地。从那之后她就与巴尔迪维亚走在一起、战斗在一起、睡在一起。今天，她取代了他的位置。

她是这群人中唯一一位女性。他们说："她是一条汉子。"并把她与罗兰、熙德相提并论。同时，伊内斯在给弗朗西斯科·德·阿吉雷的手指抹油，他的手指紧握着剑柄，没办法分开，尽管现在战争已经结束了。

（67，85，130）

1541年：诺奇斯特兰巨石
永远也不会

他们曾扣押了他的全部财产，甚至是骡子。那些现在吃用着他的银制餐具、踩着他的地毯的人曾给他戴上脚镣，把他赶出了墨西哥。

十年后，他们——官员们——召唤这位勇士回来。阿尔瓦拉多放弃了他在危地马拉的统治，来到这片他与科尔特斯一同征服过的、忘恩负义的土地，来惩罚印第安人。他想继续向北推进，向希博拉的七座黄金城前进，但是这天上午，战斗如火如荼，一匹马踩到了他，把他踢下山坡。

佩德罗·德·阿尔瓦拉多回到了墨西哥，在墨西哥他长眠不起。没有一匹马会带他去北方，也不会带他去任何地方。他的头盔悬在树枝上，他的剑落在菝葜丛中。"不获荣光，请别把我插入剑鞘"——在他的精钢剑刃上仍能读到这句话。

（81）

1541年：危地马拉古城
贝亚特里斯

佩德罗·德·阿尔瓦拉多已经与弗朗西斯卡结婚，但是弗朗西斯卡在前往韦拉克鲁斯的路上喝了一杯柑橘花饮而突然死了。于是他与弗朗西斯卡的妹妹贝亚特里斯结婚了。

贝亚特里斯一直在危地马拉等他，两个月前她知道她是寡妇了。她把家里里外外都涂成黑色，钉上门窗，好让自己能够肆意哭泣而没人看见。

她哭着，看着镜子里自己的胴体，因为长久的等待身体已经干枯，而现在已经没什么可等待的了，身体已不再唱歌。她为她的嘴巴而哭泣，而嘴巴只能够说这句话："你在那儿吗？"

她为这个她憎恨的房子哭泣，为这片不属于她的土地哭泣，她为终日被醉酒的士兵和让她恶心的印第安女仆包围，耗费在这个家与教堂之间、从弥撒到饭桌、从受洗到入土的时光哭泣。她为让她不舒服的食物哭泣，为从来没来的他哭泣，因为他总是有仗要打或者有地要征服。她为她在无人相陪的床上所哭过的一切哭泣，那时候，每当狗吠叫或公鸡打鸣她都会打寒颤，一个人的时候她学会了阅读黑暗，倾听寂静和描绘空气。她哭啊哭，哭得心都碎了。

当她最终从闭门修行中走出来时，她宣布："现在我是危地马拉的总督。"

她能够统治的时间很短。

火山正在喷发泥石流，淹没了城市，吞噬了碰触到的一切事物。洪水朝着贝亚特里斯的家冲去，她跑向祈祷室，爬上圣坛，抱住圣母。她的十一位女婢抱住她的腿，并相互拥抱。贝亚特里斯叫道："你在那儿吗？"

洪流冲垮了阿尔瓦拉多创建的城市。咆哮声越来越大，贝亚特里斯继续在嚷叫着："你在那儿吗？"

(81)

1541年：弗里奥角[1]
天亮时蟋蟀唱起了歌

从他们在加的斯港口把它装上船起，它就一直默不作声，两个半月的时间里它一直沉默而忧伤地待在笼子里，直到今天，它欢快的叫声响起来，从船头传到船尾，吵醒了所有人。

"奇迹！奇迹！"

时间正好足以调转船头。蟋蟀正在庆祝接近大陆。正是因为它的警告，海员们才没有被巴西海岸的巨石撞成碎片。

卡维萨·德·巴卡是这次远征拉普拉塔河的主帅，非常熟悉这方面的情况。自从他穿越美洲，从这个海岸到那个海岸，在印第安人的村镇唤醒了许多死人之后，人们都叫他"创造奇迹的人"阿尔瓦尔。

（39）

1542年：基多
黄金国

贡萨洛·皮萨罗的人走了很长时间，他们在雨林深处寻找身上涂满黄金的王子和肉桂树林。他们遭遇了蛇虫和蝙蝠，蚊子大军，沼泽地和永不停歇的大雨。一个又一个夜晚闪电照亮了这支赤身裸体、因为恐惧而紧贴在一起的队伍。

这天下午他们到达基多城外，浑身溃疡糜烂，瘦得皮包骨头。为了能被人认出来，每个人说出自己的名字。四千名前去远征的印第安奴隶，没有一个人回来。

主帅贡萨洛·皮萨罗双膝跪地，亲吻大地。前一夜，他做梦梦见一条恶龙，跳到他的身上，把他撕成碎片，吃掉了他的心脏。因此，

---

[1] 巴西里约热内卢州的一个旅游地，又译卡波弗里奥。

现在，当人们告诉他这个消息时他眼睛一眨不眨："你的哥哥弗朗西斯科在利马被杀了。"

（97）

1542年：孔拉帕亚拉

亚马孙女战士

今天是圣胡安日[1]，战局不算糟糕。双桅帆船上，弗朗西斯科·德·奥雷利亚纳的人正在击退敌军，他们用火绳枪和弩弓猛烈地扫射从岸边驶来的白色独木船。

但是女巫娇媚地笑起来。出现了一群女战士，非常漂亮也非常凶猛，令人震惊。于是独木船布满河面，船队逆流飞奔而逃，就像受到刺激的豪猪一般，从船头到船尾都插满了箭支，甚至在主桅杆上也插有箭。

女战士们大笑着战斗。这些妩媚动人、风姿绰约的女人站在男人的对面，孔拉帕亚拉镇上已经没有恐慌。她们大笑着、又唱又跳地战斗，乳房在空中颤抖，她们一直战斗，直到西班牙人筋疲力尽、惊恐万分，消失在塔帕霍斯河河口上方。

以前他们听说过这些妇女，现在他们相信了。她们住在南边，在没有男人的领地，在那里，她们会淹死出生的男婴。每当身体有欲望时，她们就向岸边的部落发动战争并捕获俘虏。第二天早上再把他们放回去。在经过一夜的爱欲之后，来时的小伙子回去时已变成糟老头。

奥雷利亚纳和他的士兵们将沿着这条世界上流量最大的河继续前进，没有舵手，没有指南针，没有航海图，但他们将会到达海边。他们乘坐着自己建造或创造的两艘双桅帆船，在雨林深处，他们用死去马匹的铁掌做了钉子和铰链，用筒靴做风箱给炭火扇风，一斧头一斧

---

[1] 圣约翰日。在西班牙，圣胡安日是每年的6月23日，这天晚上人们会燃起高高的篝火，给太阳能量。

头地创造了这两艘船。他们沿着雨林，在亚马孙河里漂流，没有任何力气去划桨，他们一直在低声祷告：他们乞求上帝，希望下次再遇到的敌人是男人，不管数量多么庞大。

（45）

1542年：伊瓜苏河
青天白日之下

铁布衫下热气腾腾，忍受着蚊虫的蜇咬和溃疡的折磨，阿尔瓦尔·努涅斯·卡维萨·德·巴卡翻身下马，他第一次看见了上帝。

巨大的蝴蝶在四周扇动翅膀。卡维萨·德·巴卡跪在伊瓜苏瀑布面前。大瀑布从云霄飞泻而下，发出惊天动地的声响，形成泡沫般的水瀑，洗涤了所有倒下的人的鲜血，拯救了所有荒漠之地，瀑布水流湍急，释放出许多蒸汽，折射出彩虹，从干旱之地的底部拽出一片雨林。这咆哮的水流是上帝让这片土地受孕的射精，这是创世纪上永恒的第一日。

为了发现这片上帝的雨水，卡维萨·德·巴卡已经走遍了世界的一半，又航行寻遍了世界的另一半。为了认识它，他经历了许多海难和痛苦的磨砺，为了见到它，他生来双目清明。生命中留给他的将是馈赠。

（39）

1543年：库巴瓜岛[1]
珍珠捕手

新加的斯城倒塌了，被海啸和海盗们推倒了。在这之前，这座库

---

[1] 委内瑞拉境内。

巴瓜岛整座岛屿都倒塌了，四十五年前，哥伦布在这里用破损的盘子与印第安人交换珍珠。在经过长久的捕捞之后，牡蛎已经灭绝了，潜水的捕手长眠于海底。

印第安奴隶们沉入水中，为了能到达长有大珍珠的海底，在他们的背上拴石头，他们从日出游到日落，抓取粘在岩石和土里的牡蛎，连喘气的时间都没有。

没有哪个奴隶活得长久。迟早他们的肺就破了：从他们身处的地方，一股鲜血冲上水面。那些逮捕或者购买他们的人说海水变红了是因为牡蛎像妇女一样有月经。

（102，103）

1544年：马丘比丘
石头御座

从这里印加王曼科统治着维尔卡班巴这片土地。从这里他对入侵者发动了长久而艰巨的战争，火攻和埋伏战。入侵者们不知道通往这座秘密城堡的迷宫。没有一个敌人知道迷宫。

只有迭戈·门德斯能够找到这个隐秘点。他是逃窜而来的。在阿尔马格罗的儿子的命令下，他用长剑刺穿了弗朗西斯科·皮萨罗的咽喉。印加王曼科给了他庇护。之后，迭戈·门德斯将匕首刺入印加王曼科的背部。

在马丘比丘的石缝之间，热烈绽放的鲜花给滋润它们的人献上蜜糖，裹着漂亮毯子的印加王长眠于此。

（53）

印加人的战争歌谣

我们将用背叛者的头颅畅饮
我们将用他们的牙齿做项链
他们的骨头我们要做成笛子
他们的皮我们做成鼓
然后我们将跳起舞来

（202）

1544年：坎佩切[1]
拉斯卡萨斯

他站在港口等待已经很久了，他独自一人，有炎热和蚊子陪伴。他在码头徘徊，赤着脚，听着海浪的拍打声以及每走一步手杖敲击石头发出的声响。没有人与这位刚刚涂过圣油的恰帕斯主教说话。

这是美洲最遭人憎恨的人，他是殖民地领主里的敌基督者，是这片土地上的灾难。因为他的过错，神圣罗马帝国皇帝已经颁布了新的法律，剥夺了征服者的子女们拥有印第安奴隶的权利。没有了在矿山和农庄里供养他们的臂膀，他们将怎么办呢？新法律抢走了他们嘴里的食物。

这是美洲最受人爱戴的人。他是沉默不语的人的声音，是那些受到的待遇比广场的粪便还要差的人的顽强捍卫者，他检举那些贪婪之人，检举他们把耶稣变成最残酷的神，把国王变成以人肉为食的饥肠辘辘的狼。

在坎佩切登陆不久，巴托洛梅·德·拉斯卡萨斯修士就宣布在忏悔中没有一个印第安人的领主是无罪的。他们答复他说，他的主教委任书在这里没有用处，新颁布的法律也毫无价值，因为新法律传到这里

---

[1] 墨西哥境内。

时是铅字印刷的，而不是手写的，不是国王的文书的笔迹。他以把他们驱除出教会相威胁，所有人都笑了。他们放声大笑，哈哈大笑，因为巴托洛梅修士是有名的聋子。

今天下午，恰帕斯干城的信使来了。教士会传令说教会的金库已空，没有钱来支付他作为主教到达其管辖教区的旅费，于是从丧葬经费里给他送来几枚钱币。

（27，70）

1544年：利马

卡瓦哈尔

晨曦让挂在广场路灯上的影子现出了形状和面目。一个早起的人认出了他们，惊恐万分。他们是第一时间到达的两个征服者，是在卡哈马卡逮捕印加王阿塔瓦尔帕的那群人中的两个。现在他们俩被挂在那里左右摇摆，眼睛睁得大大的，舌头伸到外头。

鼓声如雷，马儿嘶鸣：瞬间城市醒来了。街头公告员扯开嗓子呼唤，弗朗西斯科·德·卡瓦哈尔在一旁口述并倾听。公告员宣布如果教士会不接受贡萨洛·皮萨罗为总督的话，利马所有的名流显要们都将像那两个人一样被吊死，所有的房子将会被洗劫一空。卡瓦哈尔将军——叛乱军阵营的勇士，给出了截至中午时分的期限。

"卡瓦哈尔！"

在传声筒停下来之前，王室检审庭审判官们以及利马的名流们胡乱套上一件衣服，衣衫不整地跑到总督府，没有任何讨论就纷纷签下了文书，承认贡萨洛·皮萨罗是唯一、绝对的权威。

只缺萨拉特律师的签名了。他摸着脖子犹豫不决。其他人等待着，惶恐不安、战战兢兢的，他们听见了或者相信听到了即将上战场的马的喘气声和战士们的咒骂声，战士们勒紧缰绳、急切地想猛冲上去。

"您快点！"他们乞求道。

萨拉特想着要给他适婚年龄的女儿特蕾莎留一套好的嫁妆，他在想着他献给教会的丰厚贡品，这些足以让他用高价换取一种比现在更宁静的生活。

"阁下大人，您在等什么？"

"卡瓦哈尔可没什么耐心等啊。"

卡瓦哈尔在欧洲驰骋沙场三十余年，在美洲战斗十年。他参加了拉维纳战役和帕维亚战役。他参加了抢劫罗马城。他与科尔特斯一起在墨西哥战斗，与弗朗西斯科·皮萨罗一起攻克秘鲁。他六次翻越科迪勒拉山系。

"他是安第斯山的恶魔！"

众所周知，他是一位巨人，战斗如火如荼时，他会扔掉头盔和胸甲，露出胸膛。他吃睡都在马背上。

"冷静，先生们，冷静！"

"将会有无辜的人流血。"

"没有时间浪费了。"

绞刑的阴影笼罩在刚刚花钱买了贵族头衔的人身上。

"先生，请您签字吧！我们要避免在秘鲁出现新的悲剧。"

萨拉特律师蘸湿了鹅毛，画了一个十字，在签字前，他写道：*我向上帝、向这个十字架、向福音书起誓，我签字是因为三个原因：因为恐惧、恐惧和恐惧。*

（167）

1545年：恰帕斯王城
从巴亚多利德传来了坏消息

王室取消了最重要的新法律，新法律规定印第安人成为自由人。

在新法律实行不到三年的时间里，有谁执行了新法律的规定呢？实际上，甚至于那些手臂上刻着鲜红的"自由"的印第安人仍然还是奴隶。

"他们承认我有理就是为了这个吗?"

巴托洛梅修士感觉被上帝抛弃了,像一片离了树枝的树叶,孤独、卑微。

"他们给我的答复是肯定的,为的是不发生任何变化。现在连法律条文都不保护那些除了肚囊别无防护的人。就是因为这个,西班牙双王从教宗的手里接下了新世界吗?上帝是纯粹的借口吗?这位刽子手的影子是来自我的身体吗?"

他蜷缩在毯子里,给菲利普亲王写了一封信。他表示将会前往巴亚多利德,不等待答复也不等待批准。

之后,巴托洛梅修士双膝跪在地席上,面朝黑夜,高声念诵他创造的祷文。

（70）

1546年:波多西
波多西的银子

五十名印第安人倒下了,因为拒绝在矿坑里工作。第一条矿脉出现不到一年时间,山坡上就已经沾满了人的鲜血。在离这儿一里格远的地方,峡谷的岩石上闪耀着魔鬼的墨绿色的血迹。魔鬼严严实实地锁住了通往库斯科的峡谷,压扁了从那经过的西班牙人。一位天使长把恶魔拽出了岩洞,把它扔到岩石上摔成碎片。现在,波多西银矿有了劳动力和开通的道路。

在征服之前,在印加王瓦伊纳·卡帕克的时代,一次,燧石尖陷入银矿山的矿脉里,发生了令人震惊的巨响。那时候,矿山的声音告诉印第安人:"另一些主人拥有这些财富。"

（21）

1547年：瓦尔帕拉伊索

离别

　　苍蝇围着宴会的残羹冷炙嗡嗡作响。一番畅饮、和煦的阳光都不能让这些贪吃的人入睡。今天上午，心脏疲惫不堪地跳动。在茂盛的树枝下，面朝大海，佩德罗·德·巴尔迪维亚与那些即将要出发的人道别。在智利这片桀骜不驯的土地上久经沙场和饱尝饥饿之苦以后，他手下有十五人准备启程回西班牙。巴尔迪维亚回想起他们共同度过的岁月，回想起那些从无到有的城市，回想起那些被长矛铁器驯服的印第安人时，他的泪水在眼眶里打转。

　　"给我的唯一安慰，"他的话语有些煽情，"就是我明白你们将会好好休息，好好享受你们应得的一切，而这一点，多少能减轻我的一些痛苦。"

　　在离沙滩不远的地方，海浪摇晃着即将带他们去秘鲁的船只。从那里，他们将去巴拿马，通过巴拿马，到达另一片海，之后再到……旅途将很长远，但是他们舒展舒展双腿就感觉自己正踩踏在塞维利亚码头的石子上。他们的行李——衣服和黄金——昨夜就已经搬运到船上。文书胡安·皮内尔将从智利带走三千枚金比索。一直以来，他怀揣一沓纸、一支鹅毛笔和一瓶墨水，像影子一样跟随着巴尔迪维亚，证实他迈出的每一个步伐，对他做的每一件事赋予法律效力。好几次死亡与他擦肩而过。这点小财富将足以补偿他正处于花季的女儿们，她们在遥远的西班牙等待皮内尔文书归去。

　　士兵们正在大声说着各自的美梦，突然有个人跳起来，问道："巴尔迪维亚呢？巴尔迪维亚在哪儿？"

　　他们急忙跑向海边，跳着、尖叫着、挥舞着拳头。

　　巴尔迪维亚看起来越来越小。在远处，他划着唯一的一只小艇，向那个载着所有人的黄金的船划去。

　　在瓦尔帕拉伊索的海滩上，咒骂声和威胁声此起彼伏，超过了海浪的喧嚣声。

船帆升起来了，朝着秘鲁驶去。巴尔迪维亚去那里谋求智利总督的头衔。凭着他带的黄金和健硕的臂膀，他希望能够说服那些在利马发号施令的人。

文书胡安·皮内尔坐在一块岩石上，抱头大笑，笑个不停。他的女儿们在西班牙将会带着处女身死去。有几个人哭泣，因愤怒而面色通红。号手阿隆索·德·托雷斯吹奏了一首老曲子，有点走调，吹完他把军号摔成碎片，军号是他唯一剩下的东西。

（67, 85）

思乡曲，摘自西班牙歌谣集

我思念你
孕育我的土地

如果我不幸死了
请把我埋在高山上
因为墓穴中我的躯体
不想念埋葬我的土地
请把我埋在高高的山巅
为的是在那里我能看见
我出生的土地

（7）

1548年：哈基哈瓜纳

哈基哈瓜纳之战结束

贡萨洛·皮萨罗向佩德罗·德·拉·加斯卡交出了佩剑。贡萨洛是美洲最好的长矛手，能够用火绳枪或弩箭把空中的飞蚊一分为二。

贡萨洛缓缓脱下身上的米兰式盔甲。拉·加斯卡来这里的任务就是切断他的羽翼，而现在，这位叛军的领袖已经不再奢望被封为秘鲁的君王，现在他只是希望拉·加斯卡能够饶恕他的性命。

佩德罗·德·巴尔迪维亚到达获胜方的帐篷。步兵部队已经听从他的命令进行战斗。

"国王的荣誉靠您的双手来维护，总督。"拉·加斯卡说。

这是国王的代表第一次称他为总督，智利的总督。巴尔迪维亚低头感谢。他还想请求一些事情，但还没开口，几名士兵带着贡萨洛·皮萨罗的副官进来了。卡瓦哈尔将军戴着头盔来了，他头上的羽翎高高竖着。那些把他关押起来的人都不敢碰他。

在皮萨罗属下所有的官员中，卡瓦哈尔是唯一一个没有越过敌对边界、改变立场的人。当拉·加斯卡表示国王会宽恕那些后悔背叛的人时，许多士兵和将军猛地踢马刺，放马飞奔过沼泽地，改变了阵营。而卡瓦哈尔留在那里，一直战斗，直到他们掀翻了他的马。

"卡瓦哈尔，"胜军的指挥官迭戈·森特诺说，"你虽败犹荣，卡瓦哈尔。"

老斗士看也没看他一眼。

"难道你不认识我吗？"森特诺追着问，伸出手准备接受他的缴剑。

卡瓦哈尔曾不止一次地打败森特诺，让他逃命，并跑遍半个秘鲁追击他，这时他紧盯着对方的眼睛，说：

"我只认识你的背影。"

他把佩剑交给了佩德罗·德·巴尔迪维亚。

(67，85)

1548年：哈基哈瓜纳
行刑者

卡瓦哈尔浑身被绑着绳索和铁链，被装在一个大篮筐里由骡子拖着来了。尘土飞扬，仇恨的叫声喧嚷，这位勇士放声歌唱。他沙哑的嗓音穿透人群的辱骂声，全然不顾那些昨日为他鼓掌今天却朝他脸上吐唾沫的人们的拳打脚踢。

怎样的命运啊！
摇篮里的婴儿
摇篮里的老人
这是怎样的命运啊！

他在颠簸的筐子里唱歌。当骡子到达断头台时，在那上面，士兵们把卡瓦哈尔扔到行刑者的脚边。人群大叫，刽子手缓慢地拔出大刀。

"胡安兄弟，"卡瓦哈尔请求道，"我们都是干这一行的，请像裁缝对裁缝那样，利索点吧。"

胡安·恩里克斯是这个长有甜美面孔男孩的名字。在塞维利亚时他叫另一个名字，那时候他在码头上徘徊，梦想着成为国王在美洲的行刑者。据说他非常喜爱这个行业，因为这个职业让人害怕，在大街上没有哪位贵族或伟大的勇士不给他让路。还听说，他是一位幸运的复仇者。他们付钱让他杀人，他的兵刃从不生锈，他的笑容也从不消失。

"哎呀，爷爷！
哎呀，爷爷！"

卡瓦哈尔低声哼唱着，声音低沉、忧伤，因为就在这时候他想起了他的坐骑——博斯卡尼略，他的马也已年迈，也战败了，他想起他们之间是多么默契。

胡安·恩里克斯用左手抓住他的胡须，右手一刀就割断了脖子。

在金色的阳光下，迸发了一片欢呼声。

行刑者展示了卡瓦哈尔的头颅，而在不久之前，卡哈瓦尔刚年满八十四岁，他一生中从没原谅过任何人。

(76，167)

1548年：哈基哈瓜纳
美洲的同类相食

自从弗朗西斯科·皮萨罗服丧参加了他的受害者阿塔瓦尔帕王的葬礼后，先后有好几个人接手这片曾经属于印加人的庞大帝国的领导权和权力。

迭戈·德·阿尔马格罗身为一半土地的总督，起军反抗另一半土地的总督弗朗西斯科·皮萨罗。以前双方曾在神圣的主面前发誓：将共享荣誉、印第安人和土地，*谁也不多拿一点儿*，但是皮萨罗想独霸所有，他赢了，阿尔马格罗被斩首。

阿尔马格罗的儿子为父报仇，在皮萨罗的尸体之上宣布自己是总督。之后，阿尔马格罗的儿子被克里斯托弗·巴卡·德·卡斯特罗送上了断头台，而后者则是这段历史中唯一一个逃脱了被绞刑、被斧砍死或被剑刺死的人。

之后，弗朗西斯科·皮萨罗的弟弟贡萨洛·皮萨罗武装起义反叛秘鲁第一位副王总督布拉斯科·努涅斯·贝拉。努涅斯·贝拉身受重伤，从马上摔下来。他们砍去了他的头颅，然后把它戳在一杆长枪上。

贡萨洛·皮萨罗差点就登基为王。今天，四月九日星期一，他走上通往断头台的斜坡。他骑在一头骡子上。他的双手被捆在背上，头上被罩着一个黑色的大斗篷，遮住了他的脸，让他看不到弗朗西斯科·德·卡瓦哈尔没有躯体的头颅。

(76，81)

1548年：瓜纳华托[1]

瓜纳华托矿山诞生

"上帝保佑你平安，兄弟。"

"但愿如此，老兄。"

来自墨西哥城的赶骡人聚在一起，他们决定安营扎寨。夜幕降临，昏暗之中，那些白天睡觉的人在站岗放哨。

"那不是库比莱特山[2]吗？"

"对于那些犯罪的人来说，它可能值得叫这个名字。"

佩德罗先生和马丁·罗德里戈前往萨卡特卡斯，他们要去那里的矿山寻找财富，他们带上了他们拥有的不多的几头骡子，希望能卖个好价钱。黎明时分，他们将继续上路。

他们把几根树枝拢在一起，放在一堆干树叶上，周围围上石头。火镰摩擦燧石，火花变成了火苗。赶骡人面朝着火，讲述他们的故事，他们糟糕的运气，正当衣衫褴褛的他们在思乡怀旧时，两人中的一个尖叫道："它们在发光！"

"什么？"

"石头在发光！"

马丁·罗德里戈朝天跳了起来，在月光下画出一个微弱的五角星。佩德罗先生抓起那些发热的石头，亲吻它们，指甲划破了，嘴唇烫伤了。

（182）

---

[1] 墨西哥境内。

[2] 库比莱特山为音译，原文是cerro del Cubilete，"cubilete"西班牙语的意思是"骰子筒"。

1549年：拉塞雷纳[1]

归来

佩德罗·德·巴尔迪维亚刚刚在金特罗港湾登陆，走了没几步他就闻到了腐肉的酸臭气。

在秘鲁，巴尔迪维亚没费多少力气去避开陷阱、战胜疑虑和敌人。在利马的掌权人面前，他为国王服务的健硕臂膀以及他在瓦尔帕拉伊索从同伴手里抢来的闪闪发光的黄金已经非常有说服力。两年后，他带着智利总督的头衔回来了，这个名号是盖章签署且公证过的。他还带着一个任务回来了：归还那些黄金，一克不剩地归还。还有另一个任务，这个任务啃噬着他的心：为了得到这个光鲜头衔，他必须了结与伊内斯·苏亚雷斯的爱情纠葛，把他的合法妻子从西班牙带来。

智利没有微笑欢迎他归来。在拉塞雷纳这座城里，这座他以自己出生之地命名的城市里，西班牙人躺在废墟上，没有手，没有头。他那些引人入胜的故事，秃鹫们不感兴趣。

(67, 85)

最后一次

一片黑色雾霭之中，晨曦切开了一条弯弯曲曲的口子，分割了大地与天空。

伊内斯没有睡着，她离开巴尔迪维亚的臂弯，支起一个胳膊。她满脑子都在想着他，感到身体的每一寸肌肤都狂热地充满活力；借着雾气里的第一缕晨光，她看了看她的手；她的指头灼烧，让她吃惊。她寻找匕首。她举起了匕首。

---

[1] 智利境内。

巴尔迪维亚呼呼大睡。她举着匕首，悬在半空中，在赤裸的身体上面摇晃着。

几个世纪过去了。

最终，伊内斯轻轻地把匕首插在枕头上，紧贴着他的脸，然后她脚尖踩地悄悄离去，留下了空无女人陪伴的床。

1552年：巴亚多利德
总是服务的人现在正在发号施令

女人亲吻着银条，用嘴唇、用前额、用胸脯，同时神父正大声朗读着她丈夫的来信，胡安·普列托在波多西写的信。那封信和那根银锭漂洋过海到达巴亚多利德耗费了将近一年的时间。

胡安·普列托说当其他人把时间花费在酗酒和斗牛上时，他既不去酒馆也不去斗牛场，因为在波多西为了一点鸡毛蒜皮的小事，人们就伸手拔剑；在那里沙尘暴能吹坏衣服、摧毁人的意志，让人疯癫。他说他什么都不想只想着回到西班牙，现在他把这个银锭送回去是想让他们修建一座花园，届时一定要在那里举办欢迎他回家的接风宴。

花园必须有两道铁门，建一个非常宽的石头拱门，让参加宴会的马车进入。花园将是围院式的，高高的围墙要毫无缝隙，花园里种满树木花草，养着兔子和鸽子。在花园的中央必须摆一个大大的桌子，为巴亚多利德的权贵们提供美食佳肴，几年前他曾是那些人的奴仆，为他们服务。在紧靠着主位椅子的草地上要铺一张地毯，他的老婆和他的女儿萨维娜得坐在地毯上。

他一再叮咛他的老婆要目不转睛地盯着他的萨维娜，不能让任何人接触她，哪怕是太阳也不行，因为为了给她准备一套豪华嫁妆和一场豪华的婚礼，他把这些年的时光都耗在印度群岛了。

（120）

1553年：圣佩德罗河河畔

米格尔

他身上的许多毛发缠到鞭笞的鞭子上。他们总是指责他工作不努力或者弄丢了工具，监工总是说："那就用身体来偿还吧。"当他们要绑住他再来一顿鞭打时，米格尔夺过一把剑，逃到山里去了。

布里亚矿山的另外一些奴隶也跟着他逃跑了。几个印第安人也加入了黑人逃居荒野的队伍。于是诞生了一支小部队，去年曾攻打矿山，并攻击了刚刚建立的巴基斯梅托城。

之后，这些起义的人来到深山老林，在河边建立了这个自由王国，远离一切。希拉哈拉印第安人把自己从头到脚涂成黑色，与非洲人一起，公推黑人米格尔是国王。

女王吉奥马尔走在棕榈树林里，非常有排场。宽大的锦缎长裙发出沙沙声响。两名侍童提着丝绸披风的长托。

坐在他的木头御座上，米格尔下令挖掘战壕，修建栅栏，委任官员和部长，宣布他手下最博学的人为主教。在他的脚边，王储在玩着石子游戏。

"我的王国是完美的，海清河晏。"米格尔说，与此同时，一个朝臣在帮他整理镶边的衣领，另一个在帮他抚平锦缎上衣的衣袖。

在托库约，迭戈·德·洛萨达领导的部队已经集结完毕，他们将杀死米格尔，夷平他的王国。配备火绳枪、狗和弩炮的西班牙人将会到达。那些活下来的黑人和印第安人将会失去耳朵或者睾丸或者足跟腱，为的是在整个委内瑞拉杀一儆百。

(2)

佩德罗·德·巴尔迪维亚的一个梦

火把的光在雾气中摇曳。靴刺在石板路上擦出火花，发出声音，在一个不属于智利也不属于任何其他地方的军营里。长廊上，一排贵族，王宫的贵族，穿着长长的黑色斗篷，带着贴身佩剑，头顶羽翎帽。佩德罗·德·巴尔迪维亚每走一步，那些人中每一个都弯腰、摘帽。当他们取下帽子时，也取下了头颅。

1553年：图卡佩尔
劳塔罗

战争之箭已经穿过智利的所有地区。

在阿劳坎人的头顶飘扬着考波利坎红色的斗篷，这位独眼巨人能够把大树连根拔起。

西班牙的骑兵团发动猛攻。考波利坎的部队像扇子一样打开，让骑兵团进入后立刻合上，从左右两侧吞噬了它。

巴尔迪维亚派出了第二支队伍，他们在成千上万人组成的人墙前溃败。于是，他带领他最优秀的士兵进攻。他手执长矛，叫嚷着全速进攻，阿劳坎人在他的猛烈攻击下逐渐败退。

与此同时，劳塔罗站在为西班牙军队打仗的印第安人的队伍前面，等候在一座小山丘上。

"这是怎样的胆怯？这是我们土地上多大的羞耻！"

在这一刻之前，劳塔罗一直是巴尔迪维亚的侍童。在暴怒的闪电之光下，侍童选择了背叛，选择了忠诚：他吹响了斜跨在胸前的鹿角，奋力飞奔、投入战斗。他挥舞着大棒开路，一路掀掉许多铠甲，打倒许多马匹，直到他来到巴尔迪维亚面前，面对面地直视着他，把他击倒。

阿劳坎人的这位新首领尚未满二十岁。

(5)

1553年：图卡佩尔

巴尔迪维亚

肉桂树下正在举行庆功会。

战败的人参加战胜者们的舞蹈，战败的人只穿着遮羞布，而战胜者们则戴着头盔身披盔甲。劳塔罗展示了巴尔迪维亚的装束，用金线银线迭绣的绿色紧身上衣，闪闪发光的盔甲，金制护面、羽翎高耸、翡翠装饰的头盔。

巴尔迪维亚赤身裸体地告别了人世。

没有人弄错。这就是十三年前巴尔迪维亚选择死亡的地方，那时候他离开库斯科，只有七名西班牙人骑马，一千个印第安人步行跟随。没有人弄错，除了玛丽娜女士，他被遗忘的埃斯特雷马杜拉的妻子，二十年后下定决心越洋而来，现在，她正在船上，带着她的总督夫人级别的行李，银制扶椅、蓝色天鹅绒的床，地毯以及由亲戚和奴仆组成的所有随从。

阿劳坎人打开巴尔迪维亚的嘴巴，往里塞满泥土。他们让他吃土，一把接着一把地塞土，他们往他的身体里塞满了智利的泥土，并对他说：

你想要黄金？那就吃黄金吧。饱饱地大吃一顿黄金吧。

(5，26)

1553年：波多西

市长与美人

假若波多西有医院，她若是从门口经过，病人们将会痊愈。

但是这座城市里，在这个不到六年时间搭建起来的房屋群里，没有医院。

矿工的营地疯狂地扩张，已共计容纳两千人。每天清晨都会冒出新的屋顶，是从各地涌来的冒险家们搭建的，他们一路相互推搡、拼杀，前来寻找轻易之财。如果不佩戴利剑，不穿皮质紧身上衣，没有人敢冒险走在那些狭窄的土路上，妇女们则被惩罚居住在遮光窗里。人长得越漂亮，危险就越大，其中有一个美人——最糟糕的是还是单身，她别无他法只能严严实实地与外界隔绝。只在清晨时分，她被严密保护着出门去做弥撒，因为任何人只要看见她，就有想啜饮她整个人的冲动，要么是大口地吞，要么小口小口地呡，而只有一只胳膊的独臂人会自慰。

波多西谷地的市长迭戈·德·埃斯基韦尔先生看上了她。据说，正因如此他才咧嘴笑，嘴张得开开的，从左耳根到右耳根。所有人都知道自从很久以前孩提时代的那次之后，他就不再微笑了。那一次，他试着笑，却弄伤了面部肌肉。

（167）

在手摇风琴的伴奏下，一位盲人为独自睡觉的她唱歌

女士
为什么你一个人睡觉
你可以
和小伙子一起睡？
他要穿着配有精美纽扣的
裤子
带银制环扣的
短装
上面
有绿色的橄榄树
下面
有绿色的橙子树

中间
有一只黑色鸟
它在舔呃着
它的糖块

（196）

1553年：波多西

市长与美男子

"别一个人睡。"有人说，"和他一起睡吧。"

他们指着他。姑娘的中意之人是举止温文尔雅的士兵，眼神和声音像含蜜一般甜美。堂迭戈咀嚼着他的绝望，决定等待他的机会。

机会在一个夜晚降临，在波多西的一个秘密赌场里，由一名用施舍金赌博的修士之手带来。一位技术娴熟的赌徒正在收拾他辛勤努力的成果，身无分文的神父垂下一只胳膊，从教士服里抽出匕首，戳穿赌台上的那只手。美男子，纯粹出于好奇经过那里，卷入了决斗。

所有人都被捕了。

需要市长堂迭戈来裁决。他面对着美男子，给他提供选择：

"罚款还是鞭笞。"

"罚款，我无力偿付。我是穷人，但我是纯种的贵族，门第显赫。"

"给这位王子十二鞭。"市长决定。

"竟敢鞭笞西班牙贵族！"士兵抗议道。

"对着我另一只耳朵说吧，这只耳朵不相信你。"堂迭戈说，他坐下来享受鞭打声。

这位受罚的情人被松绑后，威胁道：

"市长先生，我要让您的耳朵来偿还这笔债。耳朵算是我借给您的，借期一年。"

（167）

1554年：库斯科
市长与耳朵

自从受到美男子的威胁，堂迭戈每天早上起床时都会摸摸耳朵，对着镜子打量一番。他发现，每当耳朵很高兴时会长大，而寒冷和忧伤会让耳朵缩小；眼神注视和恶语中伤会让耳朵发烧，变得通红；当听到钢片磨快发出的声响时，耳朵就像被关在笼子里的小鸟一样拼命地扇动。

为了确保耳朵平安无事，堂迭戈把它们带到了库斯科。在长途跋涉中卫兵和奴隶们守卫着他。

一个星期日的早晨，堂迭戈做完弥撒出来，与其说是走路到不如说是列队行进，他身后跟着一个小黑童，为他拿着天鹅绒的跪垫。突然一双眼睛准确无误地盯住了他的耳朵，一顶蓝色斗篷像闪电一样穿过人群，又颤抖着消失在远方。

他的耳朵感觉被刺伤了。

(167)

1554年：利马
市长与收债人

不久之后大教堂的钟声将宣告子夜的来临。于是很快将要期满一年，那件愚蠢的事件迫使堂迭戈搬到了库斯科，又从库斯科搬到利马。

堂迭戈无数次地确认门闩已经闩好，确认所有守卫的人没有睡觉，甚至于屋顶都有人守卫。他亲自检查了家里的每个角落，连厨房的柴火堆也没忘记检查。

很快他将举办一个宴会。有斗牛、化装舞会、骑马列队互扔酒杯的喜庆活动、放烟火、烤鸡、龙头敞开的酒桶。堂迭戈将会让整个利马耀眼照人、惊奇不已。在宴会上他将会首次展示他的大马士革披风和他黑天鹅绒的新马具，马鞍上坠满了金质铆钉，这与他胭脂红的骑马服非常匹配。

他坐在那里等待钟声敲响。他数着钟声，深呼吸。

一位奴隶举着枝形烛台，为他照亮通往寝室的地毯之路。另一个奴隶为他脱去紧身上衣和袜子，那种看起来像手套的长袜，然后脱去了网状的白色紧身裤。奴隶们关上门，退出去，站在他们警戒的岗位上，等待天明。

堂迭戈吹灭蜡烛，把头埋进大大的丝绸枕头里，一年来这是第一次他毫无惊恐地沉沉坠入梦乡。

许久之后，寝室一隅起着装点作用的一件甲胄开始移动。甲胄手握长剑，在黑暗中非常缓慢地向床移动。

（167）

1554年：墨西哥城
塞普尔维达

墨西哥城的市议会——殖民地的精英贵族，决定给胡安·希内斯·德·塞普尔维达送去两百个金比索，以褒奖他的功劳，并激励他未来继续努力。

塞普尔维达不仅仅是医生、大祭司、编年史官、查理五世的宫廷教堂教士，他还是位人道主义者。他日益增长的财富证明，他在商贸领域也光芒闪耀。在宫廷里，他像一位热情的宣传代理人，为美洲土地和印第安人的主人四处宣传。

在反驳巴托洛梅·德·拉斯卡萨斯的辩词时，塞普尔维达认为：根据上帝的旨意，印第安人生来就是奴隶，并指出《圣经》中有足够多的例证来惩罚不公正的人。拉斯卡萨斯提出西班牙人应该像印第安人学习卡斯蒂利亚语一样去学习印第安人的语言，而塞普尔维达回答说西班牙人与印第安人之间的差异等同于雄性与雌性之间差异，近似于人类与猿猴之间的差异。拉斯卡萨斯称之为虐待和犯罪的问题，塞普尔韦达则认为是合法的统治体制，他建议追捕那些生来就该顺从但却拒绝被奴役的人。

国王公布了拉斯卡萨斯的檄文，但却禁止公布塞普尔维达写的关于殖民战争合理性的论述。塞普尔维达微笑着接受了批评审查，没有抗议。终究，现实比内疚强大，他非常清楚所有发号施令的人都心知肚明这一点：创建帝国靠的是攫取黄金的热望，而不是赢得人心的渴望。

（90，118）

1556年：巴拉圭的亚松森

女征服者们

她们背负着柴火和伤员。女人们像对待孩子一样对待男人：给他们清凉的水和治愈伤口的安慰和蜘蛛网。她们的嘴里进出激励和警告的话语，也会冒出骂人的话语来指责胆小的人，敦促软弱的人。当他们爬着去寻找等死的阴凉地时，她们开弓射炮。当那些挨过饥饿、躲过飞箭而幸存下来的人到达双桅帆船时，是那些女人扬帆，寻找航向，逆流而上，毫无怨言地划船、划船。这是发生在布宜诺斯艾利斯和巴拉纳河上的故事。

二十年后，伊拉拉总督在巴拉圭的亚松森分配印第安人和土地。

巴托洛梅·加西亚是乘坐那些双桅帆船从南部来的那群人中的一员，他小声咕哝着抗议。伊拉拉只给了他十六个印第安人，而他的手臂上至今仍留有一根箭镞，而且在布宜诺斯艾利斯时，是他与跳过栅栏的狮子展开肉搏战。

"那我呢？如果你都抱怨，那我该说什么呢？"堂娜伊莎贝尔·德·格瓦拉尖声抗议。

她自始至终也都参与了。她从西班牙来到这里与门多萨一起创建了布宜诺斯艾利斯，她与伊拉拉一起北上到亚松森。因为她是女人，总督一个印第安人也没分给她。

（120）

1556年：巴拉圭的亚松森
"穆罕默德的天堂"[1]

骰子在翻滚。一个印第安女人端着油灯。谁赢了谁将把她赤裸着带走，因为输的人打赌时以她为赌注，但不包括衣服。

在巴拉圭，印第安女人是掷骰子和纸牌游戏中的奖品，是远征雨林的战利品，是决斗和凶杀的起因。虽然有许多女人，最丑陋的也价值一头猪或一匹马。印度[2]地区和印第安女人的征服者们去做弥撒时，后面跟着成群的女人。在这片盛产黄金或白银的土地上，有些征服者拥有百儿八十个女人，她们白天榨甘蔗，晚上纺棉花并任由他们做爱，为她们的主人献上蜜糖、衣服和子女，她们帮助他们忘却那些梦想得到但是现实却拒绝的财富，帮助他们忘却远在西班牙痴痴等待并逐渐老去的未婚妻。

"小心点。她们带着仇恨上床。"多明戈·马丁内斯[3]警告道，他是无数个混血儿和未来修士的父亲。他说，那些印第安妇女心怀怨恨，非常固执，她们总是渴望着回到逮捕她们的山上，所以不能给她们哪怕是一盎司的棉花，因为她们会把它藏起来或者烧掉或给别人，因为她们的荣誉就是要摧毁基督徒们，有多少就破坏多少。有一些女人上吊或者吃泥土自杀了，也有一些女人拒绝哺乳她们刚刚分娩的婴儿。一天夜里，印第安女人胡利亚娜杀死了征服者努尼奥·德·卡夫雷

---

[1] 亚松森的第一位统治者伊拉拉总督不仅自己与许多印第安人妇女同居，还鼓励其他西班牙人拥有多名印第安女人，教会人士表示不满，他们向西班牙国王控告伊拉拉总督，污蔑地称亚松森是"穆罕默德的天堂"。

[2] 此处印度指西印度地区。

[3] 全名为多明戈·马丁内斯·德·伊拉拉，即注[1]提到的伊拉拉总督，他是亚松森第一位统治者。

拉，并大叫着鼓动其他女人学她，以她为榜样。

（73，74）

好色之徒歌谣，摘自西班牙谣曲集

因为摩尔人有
七个女人
西班牙人也想
有七个女人
啊！多欢乐啊！
西班牙已经变成
摩尔人的国家！
喜欢一个女人是一个也不喜欢
喜欢两个女人是虚伪
喜欢三个，欺骗四个
那才是上帝给予的荣誉！

（196）

1556年：拉因佩里亚尔

马里尼奥·德·洛维拉

那匹马，金毛、充满活力，它决定方向和节奏。如果它想奔跑，它就奔跑；它寻找田野，在高高的青草里欢跳，跑到溪水边，又回来；它在新建城市的泥土街道上来来回回地走，不急不缓，温顺恭敬。

佩德罗·马里尼奥·德·洛维拉[1]骑在那匹无鞍的马背上，无拘无

---

[1] 1552年，佩德罗到达智利，参加征服智利的战争，并根据自己所见所闻写了《智利王国纪事》，记录了征服智利的过程。

束地散步、庆祝。拉因佩里亚尔所有的酒在他的血管里流淌。他时不时地笑一下，发表一些评论。马回过头，看着他，表示赞同。

四年前的今天，堂佩德罗辞去利马的副王总督随从这一职务，踏上通往智利的漫漫长路。

"我四岁了。"堂佩德罗对马说，"四岁了。你比我老，比我愚笨。"

这段时间里，他阅历丰富，久经沙场。他说：像其他地方植物的生长一样，在智利这片土地上长出了许多欢乐和黄金。每当有战争——总是有战争——的时候，圣母铺开浓浓的雾霭蒙住印第安人，圣徒雅各带着长矛和他的白马参加到征服者们的军队。不久之前，在离这不远的地方，阿劳坎人的一支中队背朝大海驻扎，一个巨浪把他们卷走了，吞噬了。

堂佩德罗回忆并评论，马摇着头。

突然，一道闪电在空中蜿蜒疾驰，雷声滚动让大地发蒙。

"下雨了。"堂佩德罗证实后说，"下牛奶了！"

马扬起头喝起来。

（130）

1558年：卡涅特
战争在继续

考波利坎死了，胸口插着上百支箭。因为遭人背叛，这位伟大的独眼领袖倒下了。月亮经常停下来欣赏他的英勇事迹，没有人不爱他，或者不害怕他，但是一个叛徒却战胜了他。

去年，背叛行为也让劳塔罗遭遇意外。

"你，在这干什么？"西班牙人的首领问道。

"我来给您献上劳塔罗的头。"叛徒说。

劳塔罗没有站在他的队伍前面，以胜利者的身份进入圣地亚哥城。一根长矛，西班牙军队里最长的长矛，把他的头从奇里皮尔科山上带到了圣地亚哥。

像黄热病、天花和饥饿一样，背叛是一种毁灭性的武器，折磨着阿劳坎人，与此同时，战争正逐渐毁灭他们的收成和耕地。

但是智利这片土地上的耕作者们和猎人们有其他的武器。现在他们能驯服以前让他们害怕的马：他们骑在马上发动旋风般的进攻，用未鞣制的兽皮做成铠甲护身。他们学会使用战场上夺来的火绳枪，把剑绑在长矛的前端。在清晨的雾气中，他们躲在移动的树枝后，向前进而不被人察觉。之后，他们假装撤退，让敌人的马匹陷入沼泽地或者掉入隐秘的陷阱摔断腿。烟柱告诉他们西班牙军队从哪经过，他们困住他们，然后消失。当正午的阳光非常强烈，西班牙士兵们正用盔甲做饭时，他们突然杀回来，猛扑上去。劳塔罗发明了一种活绳结，能够掀翻骑兵。

此外，阿劳坎人会飞。在参加战斗之前，他们用最敏捷的鸟的羽毛摩擦他们的身体。

(5, 66)

阿劳坎人的歌曲——幽灵骑士

他是谁？
那个像老虎一样
骑坐在风中的人
拥有幽灵的身躯
当栎树看见他
当人们看见他
他们低声地
相互说：
"你看，兄弟，那儿来的是
考波利坎的幽灵。"

(42)

1558年：米奇马洛扬

奇奇眉黑鸟

他们抓住了胡安·特顿，正在折磨他，胡安是墨西哥谷地米奇马洛扬镇的印第安布道者。他们也在折磨那些听他布道、理睬他的人。胡安四处宣扬一个轮回即将终结，这一时期的结点即将来临。他说，到那时候将会是一片漆黑，一切葱郁将会干枯，将会饥荒遍野。那些没有清除头上洗礼的人将会变成牲畜。奇奇眉那种可怕的黑鸟将会从天而降，吃掉那些还没有去掉神父标记的人。

马丁·奥塞罗特尔也说到了奇奇眉黑鸟，他被关押起来鞭笞，被剥去衣服驱逐出特斯科科。他也说在新生火种的庆祝会上将没有火苗，世界将会毁灭，是那些已经忘记父辈祖辈教导的人的错，他们已经不知道诞生和成长应归功于谁。他说，在黑暗之中，奇奇眉黑鸟将会扑到我们身上，吃掉女人和男人。据马丁·奥塞罗特尔说，传教的修士们就是伪装的奇奇眉黑鸟，是所有欢乐的敌人，因为他们不知道我们出生终会死亡，而死了之后我们将没有愉悦和欢乐。

关于修士们，特拉斯卡拉地区幸存的老主人们也这么评价——"穷人"，他们说：他们是穷人。他们想必是病了或疯了。中午、半夜和凌晨四点钟的时候，当所有人都很高兴时这些人喊叫、哭泣。他们应该是有很大的不幸。他们是没有感知的人。不找乐子也不追求喜悦，而是寻找忧伤和孤独。

(109)

1558年：尤斯特

我是谁？我将成为谁？

呼吸也是件英勇的事情，头在燃烧。因为痛风肿胀，双脚已不能走路。他躺在露台上，这位几乎统治半个世界的君王赶走了小丑们，欣赏着埃斯特雷马杜拉山谷的暮色。太阳渐行渐远，躲到紫色山峦的后面，最后的反射光染红了洒在圣哲罗姆教团修道院上的影子。

他以胜利者的身份进入了许多座城市。他受人欢呼，也遭人憎恨。许多人为他献出了生命，更多的人被以他的名义夺去了生命。在经历了四十年的戎马征战之后，这位他自己帝国里最高级别的囚徒想休息了，想忘却了。今天，他下令为他自己举行了一场安魂弥撒。我是谁？我将成为谁？从镜子里，他看见死亡已经到来。撒谎的人抑或被骗的人？

每次战斗结束后，就着篝火的亮光，他与德国、热那亚和佛兰德的银行家们先后签订了四百份贷款协议，而美洲的大帆船从来也没有带来足够的金银。这位酷爱音乐的人，听到的更多是大炮的轰鸣声和马的嘶鸣声，而不是诗琴的旋律。在如此的穷兵黩武之后，他的儿子菲利普继承了一个破产崩溃的帝国。

十七岁的时候，查理穿过浓雾，从北方到达西班牙，身后跟随着一支庞大的车队和马队，随从人员中有佛兰德的商人们和德国的银行家们。那个时候他甚至都不知道用卡斯蒂利亚的语言问好。但是明天他将用这个语言来告别：

"啊！耶稣！"这将是他最后的话。

(41, 116)

1559年：墨西哥城
痛苦的人

哈布斯堡家族的雄鹰朝着墨西哥高原的清朗天空展开它的黄金羽翼。黑色绒布上的皇冠闪闪发光，四周旌旗飘扬。灵柩台向查理五世致敬，也向死亡致敬，它战胜了这位不可战胜的君王。

这顶皇冠是欧洲皇帝戴的皇冠的精确复制品，昨天已经巡游了墨西哥的大街小巷。它被安放在大马士革的软垫上，被抬着游行。人们跟在皇冠后面祈祷、唱歌，与此同时，所有教堂的丧钟齐鸣。王公贵族们穿着黑色锦缎，肩披金银镶嵌的黑色天鹅绒披风，骑马游行哀悼；华盖下面，大主教和主教们以及他们闪耀的主教法冠穿过熏香的缭绕烟雾。

裁缝们已经好几夜没有睡觉。整个殖民地都在服丧。

在城市的郊区，阿兹特克人同样也在服丧。他们好几个月，几乎一年里都在服丧。瘟疫大规模爆发，杀人无数。征服之前不为所知的发烧能让人的鼻子和眼睛出血，能杀死人。

（28）

阿兹特克的睿智长者们的建议

现在用你的眼睛去看吧
请注意
这里，是这样的：没有欢乐
没有幸福

世间的这片土地是痛哭之地
是呼吸也投降的地方
这里众所周知的是
沮丧和痛苦
黑曜岩的风吹过
扑打在我们身上
土地是令人痛苦的欢乐之地
那种刺伤人的欢乐

但是，即使如此
即使只能坚忍一切是事实
即使土地上的事物是如此

我们要永远恐惧吗？
我们要永远战栗吗？
我们要永远哭泣着生活吗？

为了我们不总是呻吟着生活
为了我们再也不忧伤满怀
我们的主已经赐给我们
微笑、睡梦、食物
我们的力量
最后还赐给我们
播种育人的
爱的行为

(110)

1560年：韦霍钦戈
奖励

现在，韦霍钦戈的印第安首领们都使用他们的新主人的名字。他们叫菲利普·德·门多萨，埃尔南多·德·梅内塞斯，米格尔·德·阿尔瓦拉多，迭戈·德·查维斯或马特奥·德·拉科罗纳。但是他们用他们自己的纳华特语书写。用这门语言他们写了一封很长的信送给西班牙的国王：我们是不幸的人，是您在韦霍钦戈的贫贱臣民……

他们向菲利普二世解释他们不能以其他的方式觐见他，因为他们没有钱来支付旅费，他们将通过写信的方式讲述他们的故事，提出他们的请求。我们该怎么说呢？谁将替我们说话呢？我们是不幸的人。

他们从没有向西班牙人发动战争。他们走了二十里格的路到达埃尔南·科尔特斯那里，拥抱他，给他吃的，为他服务，背负他生病的士兵。为他提供攻打特诺奇蒂特兰城的人员、武器和建造双桅帆船的木头。阿兹特克人的首都倒下之后，韦霍钦戈人与科尔特斯一起战斗，攻下了米却肯、哈利斯科、科尔华坎、帕努科、瓦哈卡、特华特佩克和危地马拉。很多人死了。后来，*他们命令我们摧毁石头，焚烧我们崇拜的木头，我们都做了，我们毁掉了我们的神庙……他们命令的一切，我们都遵守了。*

当西班牙人到达时，韦霍钦戈是一个独立的王国。他们从来没有向阿兹特克人缴纳过贡税。我们的父辈、祖辈和先辈们不知道什么是贡税，也没有向任何人缴纳过贡税。

现在，相反，西班牙人要求以现金或玉米实物方式缴纳贡税，税额太高了，所以我们向阁下宣布，用不了多久我们的韦霍钦戈城就会消失、死亡。

（120）

1560年：米却肯

巴斯科·德·基罗加

原始的基督教，原始的共产主义：米却肯的主教为他的福音教团撰写了法规。他结合托马斯·莫尔的《乌托邦》、圣经先知和美洲印第安人的古老传统写就了这些规章。

在巴斯科·德·基罗加创建的村落里，没有人是其他任何人的主人，也不是任何事物的主宰，在那里没有饥饿也没有货币，但是这类村庄不会像他期待的那样在整个墨西哥成倍扩张。印度事务委员会永远也不会认真考虑这位愚蠢主教的计划，甚至都不会瞧一眼他执意推荐的书。但是乌托邦已经回到美洲，而美洲是乌托邦的真正发源地。托马斯·莫尔的幻想已经在米却肯这个小公社里实现。在即将来临的日子里，这里的印第安人将会感觉到巴斯科·德·基罗加的记忆就是他们自己的记忆，这位空想家痴迷于幻觉妄想，为的是超脱于声名狼藉的时代。

（227）

1561年：双桅帆船镇
美洲的第一次独立

昨天他被加冕为王了。猴子们好奇地从树林里探出身来。费尔南多·德·古斯曼的嘴里流出刺果番荔枝果汁，他的眼睛里充满阳光。士兵们一个接着一个地跪在木头和麦秆做的御座前，亲吻被选者的手，并宣誓效忠。之后，他们签署了文书，签上名字或画一个十字，所有这些人里没有妇女，没有奴仆，没有印第安人，也没有黑人。文书为此作证并公证，这样他们正式宣布独立了。

黄金国的寻觅者们迷失在雨林深处，而现在他们拥立了自己的君王。除了怨恨，他们与西班牙再无瓜葛。他们拒绝臣属于大海那边的国王：

"我不认识他！"昨天，洛佩·德·阿吉雷叫嚷着，骨瘦如柴的他愤怒地举起他那把长满霉菌的剑，说，"我不认识他！我也不想认识他！不想以他为王，不想服从他！"

在镇上最大的茅屋里，设立了宫廷。在枝形烛台的烛光下，王储费尔南多不停地吃着涂满蜜的油炸木薯饼。服侍他的有侍童、端高脚杯和酒罐的侍酒人、侍卫官。在吃每张木薯饼的空隙，他给书记员下命令，给记录员口述政令，接受觐见和馈赠。国家的司库、王宫的神父、主管、御厨领班穿着破旧的紧身上衣，双手浮肿，双唇干裂。兵营的首领是皮肤黝黑的洛佩·德·阿吉雷，他腿瘸了，瞎了一只眼，像侏儒一样矮小，他夜晚设计，白天指挥修建双桅帆船。

斧头和锤子的敲击声不绝于耳。亚马孙河河水已经把他们的船只冲碾成碎片，但是现在，河滩上已经架起两座新的龙骨。雨林提供了上好的木材。他们用马皮做了风箱，用马掌做了钉子、螺栓和铰链。

人们饱受蚊虫的叮咬，被潮湿的湿气包裹，发烧不退，他们期待船能早点建成。他们吃草、吃秃鹫肉，无盐无味。已经没有狗和马了，鱼钩钓上来的只有泥土和腐烂的水藻，但是兵营里没有人怀疑复仇的时刻已经来临。几个月前，他们离开秘鲁去寻找传说中的黄金湖，听说那个湖里有与真人一般高的实心黄金偶像，而现在他们想回秘鲁去，想攻打秘鲁。他们一天也不愿意浪费去寻找应许之地，因为他们已经意识到他们找到了应许之地，而且已经厌倦了诅咒自己的厄运。他们将沿着亚马孙河航行，去往大洋，他们将会占领马格丽特岛，入侵委内瑞拉和巴拿马……

睡着的人梦见了波多西的银子。阿吉雷从来不闭上他剩下的那只眼睛，他醒着看见了银子。

（123，164）

1561年：国王的新瓦伦西亚
阿吉雷

舞台的中央，洛佩·德·阿吉雷手拿着斧头出现了，他周围围着十几面镜子。国王菲利普二世的侧影在背景幕布上显出轮廓，黑黑的，大大的。

洛佩·德·阿吉雷（对着观众说）：在我们失败的路途中，我们经历了死亡和厄运，花了十个半月多的时间到达亚马孙河河口，那是一条可怕的、不幸的大河。之后我们占据了马格丽特岛。在那里我用绞刑架或绞刑铁环收拾了二十五名背叛者。后来，我们在陆地上开路前进。菲利普国王的士兵们害怕得发抖。很快我们将要离开委内瑞拉……很快我们将成功进入秘鲁王国！（他转身，对着一面镜子顾影自怜。）我在亚马孙河流域推立堂费尔南多为王！（他举起斧头，砸碎了镜子。）我立他为王，我又杀死了他！我杀死了他的侍卫长，他的中将和四位将领！（他一边说着，一边砸碎了所有的镜子，一面接着一面地砸。）我杀死了他的主管，给他做弥撒的主教！……我杀死了一名反对我的女人，一名在罗达斯有封地的骑士，一名海军司令……还有其他六名同伙！……我任命了新的将领和军士长！是他们想要杀死我，我才绞死他们的！（他把剩下的镜子打得粉碎。）我杀了所有的人！所有的人！……（他喘不过气来，坐在满地玻璃的地上。他攥紧拳头，竖握着斧头。眼神迷离。长久地静默。）年少的时候我穿过大洋到达秘鲁，希望凭着手里的长矛赢得更多的筹码……二十五年了！……神秘，贫穷……我刨坟掘墓为其他人挖取银器和金杯子……我在还没建立的城市中央竖起绞刑架……我骑马去逮人……火光中印第安人惊慌失措地逃跑……有着浮夸的名号、穿着借来的丝绸衣服的骑士们，贵族们，无名小辈的儿子们在雨林里奄奄一息，他们忍受剧痛，啃食泥土，身中毒镖……在深山老林里，穿着精钢盔甲的战士们被比任何一场火绳枪射击还要猛烈的暴风雪刺穿……很多人葬身鹫腹……许多人变成黄色，就像他们寻找的黄金一样……黄色皮肤，黄色的眼睛……还有黄金……（*他放下斧头。困难地松开了手，他的手就像爪子一样，他露出了掌心。*）黄金消失了……黄金变成了泡影或露水……（*他惊愕地看着。说不出话来，良久。突然，他站起来。背对着观众，他朝着菲利普二世巨大的剪影举起了皱巴巴干枯的拳头，幕布上菲利普二世的胡须碴清晰可见。*）该死的，很少有国王会去地狱，因为你们是少数的人！（*他朝着幕布走去，拖着他的瘸腿。*）忘恩负义的东西！我为了捍卫你，镇压秘鲁的背叛者而失去了我的躯体！我把一条腿和一只眼睛都给了你，还有这双对我没什么用处的手！现在，我成了背叛者！因为你的忘恩负义我至死都是背叛者！（*面对观众，拔出了剑。*）我，是背叛者之王！是朝圣者洛佩·德·阿吉雷，是"上帝的愤怒"[1]，是伤残人的首领！我们不需要你，西班牙国王！（*舞台上几处地方点燃了彩色的灯。*）我们不应该让你的大臣活命！（*他手握着剑，朝着一束红光冲上去。*）法官们，总督们，庭长们，副王总督们！与那些搬弄是非的朝臣们战斗到死！（*光束仍在它自己的位置，对劈断它的剑无动于衷。*）强盗！小偷！（*剑划破空气。*）你们毁了西印度！（*他冲向金色的光束。*）律师、公证员、吏卒们，在这片我们赢得的土地上我们要忍受你们的抢夺到何时？（*剑刺穿一束白光。*）神父们、主教们、大主教们！任何一个可怜的印第安人，你们都不想安葬！因为忏悔你们厨房里安排了一打的女仆！你们是人贩子！贩卖圣礼！骗

---

[1] 阿吉雷自封为"上帝的愤怒"。

子！（他继续徒劳地挥剑劈砍那些没有丝毫变化的光束，而舞台上的光束越来越多。阿吉雷逐渐失去力气，看起来越来越孤单，越来越渺小。）

（123，164）

1561年：国王的新瓦伦西亚

洛佩·德·阿吉雷致菲利普二世信函摘录

……在这里我们真正见识了你的残暴，见识了你怎么失信、食言，因此在这片土地上，我们把你的承诺看得比马丁·路德的书还不可信，因为你的副王总督卡涅特侯爵绞死了马丁·德·罗夫莱斯，一位优秀的为你效忠的人；绞死了秘鲁的征服者——勇猛的托马斯·巴斯克斯和可怜的阿隆索·迪亚斯，阿隆索是这片土地上勤奋的拓殖者，比摩西派往沙漠的侦查员还努力……

我提醒你，你听好了，西班牙的国王，不要残暴地对待你的臣民，不要忘恩负义，你的父亲和你之所以在西班牙王国里安枕无忧是因为你的臣民牺牲财产、抛洒热血，为你打下许多江山和属地，比如你现在拥有的这里的领地。我提醒你，国王先生，在这片你没做出任何冒险的土地上，如果你不首先奖赏那些在这里辛劳流汗的人，你就不能称你为公正的国王，也不能带走这里的任何利益。

呜呼！多么遗憾啊！你的父亲，像恺撒大帝一样的神圣罗马帝国的皇帝，他花费了从我们发现的西印度运来的大量金银，本可以集中西班牙的军队征服傲慢的日耳曼；多么遗憾啊！我们已经年老体衰、精疲力竭，但你没有丝毫怜悯之心，不给我们食粮，哪怕是一天的！……

（123）

1561年：巴基西梅托
重建秩序

洛佩·德·阿吉雷被手下的人抛弃了，他们愿意接受王室的原谅或恩惠，于是阿吉雷用匕首刺死了他的女儿埃尔维拉，为的是她不做恶棍们的床垫，然后他与行刑者们对决。他纠正他们攻击不准，这样不行，那样不对，瞄偏了，最后他没有祈求上帝保护就倒地了。

当菲利普二世坐在离这很远的王座上读到他的信时，阿吉雷的头已经被插在长枪上，用以警告所有为欧洲发展出力的小兵小卒们。

(123, 164)

1562年：马尼[1]
火弄错了

修士迭戈·德·兰达把玛雅人的书一本本地扔进火堆里。

这位宗教法庭的法官咒骂着撒旦，火焰噼啪作响，咬噬着。在火场周围，异教徒们低头号叫着。印第安人双脚被倒挂着，被打得皮开肉绽后，又被滚烫的蜡油淋了一遍，与此同时，火焰越来越高，书籍烧得噼里啪啦，像在呻吟。

这一夜，八个世纪的玛雅文献变成了灰烬。在这些树皮纸的漫漫长卷上，符号和图案在说话：讲述了一个比基督诞生更早的民族经历的事情、日子、梦想和战争。知道这些事的人用野猪鬃做的毛笔，画下了这些光亮的书，能给人照明的书，为的是他们的子孙后代们不成为瞎子，能够看清自我，能够看到他们民族的历史；为的是子孙后代们能够认识星体的运动，日食月食的频率，诸神的预言；为的是子孙后代们能够祈求雨水，祈求玉米的好收成。

---

[1] 墨西哥尤卡坦半岛玛雅文化中心地。

中央场地上，宗教法庭的法官在焚书。在巨大的火堆的四周，他惩戒读这些书的人。与此同时，这些书的作者们——几年前或者几个世纪前死去的艺术家、祭司们——正在世界上第一棵树的荫凉下喝着巧克力。他们很平静，因为他们已经死了，他们知道记忆是不会被烧毁的。在经过时间的洗礼之后，难道他们画下的东西将不会唱歌跳舞吗？

当记忆的小纸房子烧毁后，它会在嘴里找到庇护，颂扬人、神荣耀的嘴唱着一代一代留下来的歌谣；它会在跳舞的身体里找到庇护，身体伴着空树干、龟壳和竹笛发出的节奏跳舞。

(205，219)

1563年：阿劳坎人的防御工事
历史将是如此

包围紧得让人窒息。在这个两次被烧毁又重建的边防工事里，几乎已经没有水了。很快就只能喝排出的那点尿了。工事里射落了太多的箭支，西班牙人就拿它们做烧饭的柴火。

阿劳坎人的首领驱马来到城墙下："将军！听得到吗？"

洛伦索·贝尔纳尔从上面探出身来。

土著首领宣布他们将用草把堡垒围起来，将要放火。他说他们将不会在康塞普西翁留下一个活口。

"不！"贝尔纳尔叫道。

"投降吧，将军！你们没出路了！"

"不行！决不投降！"

马立起前腿站立着。

"那，你们会死的！"

"那我们就死吧。"贝尔纳尔说着又叫道，"但是长远来看，我们终会赢得战争的！我们的人将会越来越多！"

印第安人报以哈哈大笑。

"你们与哪些女人呢?"他问道。

"如果没有西班牙女人,我们将占有你们的女人。"将军缓缓说道,他把这些话咀嚼一番,又补充道:

我们会让她们生下的孩子成为你们的主人。

(130)

1564年:普利茅斯
霍金斯

船长约翰·霍金斯率领的四只船在等待着早上的涨潮。潮水一涨上来,他们将出发朝非洲驶去,去几内亚的海岸边抓人。从那里他们将驶向安的列斯群岛,用奴隶换取蔗糖、兽皮和珍珠。

几年前,霍金斯自筹资金走完了这条线路。他驾驶着一艘名为"耶稣"的船,在圣多明各他非法卖了三百个黑人。在获知此事后,伊丽莎白女王暴怒,但她一旦知道这次航行的成本之后,怒气就烟消云散了。很快,她就与勇敢的老水手德文郡伯爵结成贸易伙伴,彭布洛克伯爵、莱斯特伯爵和伦敦市长购买了这家新公司的首批股份。

当水手们升起船帆时,霍金斯船长站在栈桥上对他们发表演讲,鼓舞士气。在接下来的几个世纪里英国海军把他的这一番命令据为己有。

你们每天都要服务上帝!霍金斯鼓足气大声命令,你们要团结友爱!你们要保留好自己的储备物资!小心火!保持良好的合作关系!

(127,187,198)

1564年：波哥大
夫妻生活的不幸

"你说，我看起来奇怪吗？"

"嗯，有点。"

"有点什么？"

"有点胖，夫人，请您原谅。"

"那你猜猜，我是吃胖的还是笑胖的啊？"

"是因为爱，好像是因为爱，我这么说不是要冒犯您。"

"怎么会！就是因为这个我才叫你来……"

夫人忧心忡忡。她的身体一点耐心也没有了，不能再等待她不在家的丈夫。有人告诉她那个负心汉快到卡塔赫纳了。当他发现她的肚子……他还有什么不会做的呢？他是个毫不含糊地会用砍头来治头痛的人。

"为了这个我才叫你来，胡安娜。帮帮我吧，你能飞，能够用空杯子喝到酒。你告诉我，我丈夫坐着卡塔赫纳的船来了吗？"

在银制的脸盆里，黑女人胡安娜·加西亚把水、土、血和药草混在一起。放进一本绿色的小书，让它在盆里漂浮着。然后，她把鼻子埋进去。

"不。"她汇报道，"他没来。您要是想看看您的丈夫，您过来看看。"

夫人弯腰凑到脸盆那。在烛光下，她看见了她丈夫。他坐在一位漂亮的女人身边，在一个有很多丝绸的地方，与此同时有个人在裁剪一件灰色绒的衣服。

"啊！虚伪的人！胡安娜，告诉我，这是什么地方？"

"裁缝店里，在圣多明各岛上。"

在稠稠的水面上，出现了正在剪衣袖的裁缝的模样。

"我停了？"黑女人问道。

"停了吧。"

那只手从脸盆里拿出来，手指间挂着一只面料精细的衣袖。

夫人浑身发抖，但那是愤怒得发抖。

"应该多弄大几次肚子，那个讨厌的猪！"

角落里，一只小狗半睁着眼睛，正打着呼噜。

（194）

1565年：去利马的路上

间谍

在鲁林河边堂安东尼奥·索拉尔的庄园里，甜瓜长得像太阳那么大。这是第一次在这里种植西班牙带来的这个水果，监工要送十个甜瓜给庄园主尝尝，让他高兴和夸耀。这些甜瓜大得可以与库萨帕谷地的萝卜相媲美，人们说萝卜茎上可以拴五匹马。

两个印第安人每人背着一个袋子，把监工的贡品送到利马去。他交给他们一封信，让他们随着甜瓜一起交给堂安东尼奥·索拉尔。

"你们要是吃了甜瓜，"他警告他们，"这封信上会说的。"

走到半路上，在离天主教双王城有几里格远的地方，两个印第安人坐在一个悬崖边休息。

"这种奇怪的水果是什么味道呢？"

"应该是绝妙的。"

"那我们尝一下？一个甜瓜，就尝一个。"

"信上会说的。"其中一个印第安人警告。

他们看了一眼信，恨这封信。他们给它找了一个监禁之地。他们把它藏在一块石头后面，在那儿它什么也看不见，然后他们狼吞虎咽地吃了一个瓜，瓜肉甜美多汁，从没想到过的美味，之后他们又吃了一个，好让两袋里的水果一样多。

之后他们拿起那封信，藏在衣服里，背上袋子，继续上路。

（76）

1565年：亚乌约斯
那块石头是我

　　国王的官员在等着女巫，她作恶多端，必须来招供。在他的脚边，面朝下地放着石头偶像。女巫因为偷偷守护这个偶像而被抓了，很快她要为她的异教行为付出代价。但是在惩治她之前，官员想从她的嘴里听听她与魔鬼对话的告白。他一边等着她被带来，一边踩着那个偶像打发时间，脑子在想着这些印第安人的命运，上帝一定为创造了他们感到难过。

　　士兵们把女巫扔在门口，她吓得浑身发抖。

　　这时候，那尊又丑又老的石头偶像用克丘亚语向那个又丑又老的女巫打招呼：

　　"欢迎你，公主。"沙哑的声音从官员的鞋底传来。

　　官员吓了一跳，一屁股瘫坐在地上。

　　老女巫一边拿着帽子给他扇扇子，一边抓住这个昏迷的人的衣服，哭求道："先生，别惩罚我，别打碎那个偶像！"

　　老女巫想跟他解释，在那个石头里住着神灵；如果不是因为那个偶像，她就不知道她叫什么，她是谁，从哪里来，她将会赤身裸体、迷茫地游荡在这个世界上。

（221）

印加人寻找神的祷告

请你听我说
从你居住的高高的大海上
从你所在的深深的大海里
创世之主
做人的陶工

诸神的主宰

对你

我的眼睛急切地想看到你

或者单纯渴望认识你

如果我看着你

认识你

想着你

理解你

你也会看见我，会认识我吧

太阳、月亮

白昼

黑夜

夏天

冬天

他们不再徒劳地走着

而是有秩序地走向

指定的地点

到达美好的终点

所到之处你都带着

你的王杖

请你听我说

听我说

别让我累垮

别让我死

（105）

1565年：墨西哥城
典礼

金色的祭袍闪闪发光。在死了四十五年之后，莫克特苏马走在游行队伍的前头。骑兵们缓步走进墨西哥城的大广场。

跳舞的人踏着鼓点声，伴着笛子的幽咽声跳舞。许多身着白色衣服的印第安人抬着花环，另一些人抬着巨大的陶土锅。焚香的烟雾与辣酱的香气交融在一起。

在科尔特斯的府邸前，莫克特苏马从马上下来。

门打开了。在手持锋利长戟的侍卫们的簇拥下，科尔特斯出来了。

莫克特苏马低下了头，低下了黄金宝石镶嵌的羽翎王冠。他屈膝跪地，献上了花环。科尔特斯拍了一下他的肩膀。莫克特苏马站起身来。缓慢地摘去面具，露出了阿隆索·德·阿维拉[1]的鬈发和长长的胡须。

阿隆索·德·阿维拉掌管绞刑架和匕首，是印第安人、土地和矿山的主人，他走进瓦哈卡谷地的侯爵马丁·科尔特斯的府邸。一个征服者的儿子向另一个征服者的侄子打开家门。

今天，对西班牙国王的谋反正式开始了。社交晚宴、骑士比武赛、纸牌和打猎并不是殖民地生活的全部。

（28）

1566年：马德里
人类尊严的狂热者

修士巴托洛梅·德·拉斯卡萨斯置国王和印度事务委员会的利益于

---

[1] 阿隆索·德·阿维拉（Alonso de Ávila，1486—1542），西班牙征服者，参加了攻占特诺奇蒂特兰城和尤卡坦半岛的征服战争。他的侄子与他同名同姓，在1565年与埃尔南·科尔特斯的儿子马丁·科尔特斯组织了新西班牙地区的反叛西班牙王室的叛乱。本文中指的是同名的侄子。

不顾。他的违抗会受到惩罚吗？以他九十二岁的高龄，这已经不重要了。半个世纪以来他一直在抗争。导致他悲剧的关键不就是他的功绩吗？他们让他赢了许多场战斗，因为战争的结局已预先决定好了，他也早已明白。

手指已经不听他使唤。他口述了那封信。没有申请任何人的批准，他直接把信寄给了罗马教廷。他请求教宗圣比约五世下令停止对印第安人的战争，停止以十字架为借口进行掠夺。在他口述时，他气愤不已，血液上升冲到头顶，沙哑、微弱的声音发颤。

突然，他倒在地上。

(70，90)

1566年：马德里
即使你失败了，仍然值得

嘴唇嚅动，无声地说话。

"主啊，你会原谅我吗？"

修士巴托洛梅在最终审判时恳请宽恕，因为他相信黑人奴隶和摩尔人将会让印第安人的命运好转。

他躺在那里，前额湿漉漉的，苍白无力，嘴唇不停地嚅动。

从远处缓缓滚来一阵雷鸣。巴托洛梅修士——这位赐予生命的人，这位实干家，闭上了眼睛。虽然他一直耳背，但是他听到了阿托查修道院屋顶上的雨滴声。雨水打湿了他的脸。他笑了。

一位陪伴他的神父轻声说：一道奇异的光照亮了他的面庞。透过雨水，没有了疑虑和苦闷的羁绊，巴托洛梅修士正在让他体会到欢乐的绿色世界里做最后一次旅行。

"谢谢。"他的嘴唇无声地说着，同时他借着萤火虫的光亮读着祷告词，雨水敲打着棕榈叶屋顶，又溅落在他身上。

"谢谢。"他说，同时他在没有墙壁的棚屋里做弥撒，在河水里给光着身子的婴儿洗礼。

神父们在胸前画十字。沙漏里最后几粒沙已经落下。有人把沙漏倒过来，让时间不中断。

（27，70，90）

1568年：洛斯特克斯

瓜伊卡伊普洛

河水将再也不能映出他的脸，他那高耸的羽冠。

这一次，所有的神都不听他的妻子乌尔基亚的请求了，她请求子弹和疾病不要触碰他，请求死亡的兄弟——睡梦不要忘记在每个夜晚结束的时候把他还给世界。

入侵者用子弹击垮了瓜伊卡伊普洛。

自从印第安人选他为首领后，在这个谷地和阿维拉山区从没停止过战争。在新建成的加拉加斯城里，人们每当低声说起他的名字时就在胸前画十字。

在死亡和死刑官面前，最后一位自由身份的印第安人倒下了，他叫嚷着："杀死我，杀死我，你们就能摆脱恐惧了。"

（158）

1568年：墨西哥城

科尔特斯的儿子们

马丁是埃尔南·科尔特斯长子的名字，是印第安女人马林切为他生下的私生子。父亲去世时，给他留下了微薄的年恤金。

马丁也是埃尔南·科尔特斯婚生子的名字，是西班牙妻子生的，她是伯爵的女儿、公爵的侄女。这个马丁继承了家族的荣誉和财富：

是瓦哈卡谷地的侯爵，是成千上万名印第安人的主人，是他父亲曾经践踏、热爱并选它为长眠之地的这片广袤土地的主人。

侯爵马丁习惯坐在镶着金边、胭脂红的天鹅绒椅子上，在墨西哥的大街上散步。后面跟着他的卫兵，穿着红色的统一服装，佩着剑。凡是路上遇见他的人，都要脱帽致意，并加入到随从队伍里。私生子马丁经常加入随从队伍。

侯爵马丁一度想与西班牙决裂，自立为墨西哥的国王。当谋反失败时，他结结巴巴地表示后悔，并揭发了许多人。他幸免于死。

私生子马丁在谋反过程中和其他一切事情上都为他兄弟服务，现在他在刑架上痛苦地扭动。在他身边，文书记录道：*他被脱光衣服，被绑在皮带上。他受到告诫，但他说什么也不亏欠。*

拷问者转了一圈轮子。绳子勒破了肉，勒进了骨头。

文书写道：*再次对他进行告诫。他说除了他已经说过的，再也没什么可说的。*

绳子绕了第二圈、第三圈、第四圈、第五圈。

（28）

1569年：哈瓦那

圣西门灭蚁

蚁群逼进城市，毁灭庄稼。它们从肚脐那里钻进去，吞食了不止一个沉睡中的基督徒。

在一次特别会议上，哈瓦那的当局者们决定请求一位保护神的庇护，请他帮助消灭切叶蚁和其他凶猛蚁类。

在尊敬的神父阿隆索·阿尔瓦雷斯面前，举行了一场抓阄仪式，在十二门徒中选定保护神。结果是圣西门被选上，他们请他做保护神，让他到我们的主上帝面前说情，让他赶走所有的蚁群，从这个村子、房子、农场里以及所有其他地方赶走。

作为酬谢，表达对享有天国之福的圣西门的赞誉和尊敬，哈瓦那城每年将举办一个庆祝节日，其中有晚祷、弥撒、义务参加的游行和斗牛。

(161)

1571年：墨西哥城
你要揭发邻居

从阳台上垂下了盾牌徽章、华丽的壁毯、天鹅绒布幔和三角旗。圣雅各骑士团骑士的盔甲闪闪发光，他向副王总督倾斜军旗。侍卫们围绕着钉在绞刑架上的巨大十字架，举起大大的斧头。

宗教裁判所的总法官正从马德里赶来。铜鼓声和号角声宣布他的来临。他是乘坐骡车来的，骡车的挽具镶有宝石。他被许许多多点燃的大蜡烛围绕着，被穿着只露出眼睛的黑色教士长袍的人簇拥着。

在他的最高权威下，异教徒们将被严刑拷打或活活烧死。几个世纪前，教宗依诺森四世下令用刑罚来奖励那些谋杀心灵、盗窃基督信仰的人；很久之后，教宗保禄三世禁止拷打持续超过一小时。从那时起，宗教裁判所的审判官们每个小时都中断他们的工作，休息一会儿。这位刚刚到达墨西哥的总法官将会注意在执行死刑时不使用绿色的湿柴火，以免城市里充满难闻的气味；他将命令在晴朗的白天行刑，以便所有人能观瞻这一场景。他将不会顾及印第安人，因为他们是信仰上的新人，他们是软弱无能、没什么财产的人。

总法官坐在副王总督身边。礼炮齐鸣，向他致敬。

鼓声雷动，传讯官宣布了信仰的总谕旨。谕旨命令每个人去揭发自己知道的或者已经看见、听到的事情，连妻子、丈夫、父亲以及其他任何亲密的人士都不要放过。所有人必须检举那些曾经说过或者相信过异教的、可疑的、错误的、鲁莽的、粗鲁的、不道德的抑或亵渎上帝的话语或意见的人，不管是活人还是死人。

(115，139)

1571年：马德里

是犯人的错还是证人的错？

是镜子里照出来的还是脸上本身就有的？国王没有仔细去想。根据法令，他命令没收巴托洛梅·德·拉斯卡萨斯神父留下的所有书稿，防止书稿流落到西班牙人中的坏人和西班牙的敌人手中。特别让菲利普二世担心的是那本《西印度史》可能出版或以某种方式四处传播，这一鸿篇巨制是拉斯卡萨斯未尽的书稿，被严密监控，存放在圣格雷戈里奥修道院。

(70, 90)

1572年：库斯科

图帕克·阿马鲁一世

他来了，双腿在石板路上拖着。图帕克·阿马鲁骑在矮脚驴子身上，脖子上套着绳索，走向断头台。在他面前，传讯官宣布他是暴君，是叛徒。

在大广场上，喧闹声越来越大。

"印加王，他们为什么要砍去你的脑袋呢？"

印第安人人群中的窃窃私语变成了大声叫嚷。妇女们哭号着请求：让他们下令杀死我们所有人吧。

从高高的断头台上，图帕克·阿马鲁抬起一只手，搁在耳朵上，然后缓慢地垂下。于是，人群中鸦雀无声。

当刽子手的大刀砍断瓦伊纳·卡帕克孙子的脖子时，四周悄然无声，一片寂静。

与图帕克·阿马鲁一起，长达四个世纪的印加王朝结束了，维尔卡班巴山间将近四十年的抵抗结束了。伴着牛角号低沉的节奏而吹响的战争旋风再也不会冲向库斯科谷地了。

（76）

战败者们相信：

他一定会回来，会在大地上游荡。那些高耸的山峰知道。因为它们是最高的山峰，看得最远，所以知道。

他是太阳与一位愚蠢女人的儿子。

他囚禁了风，还把他的父亲——太阳绑起来，为的是让时间持续。

他套上挽具，扬鞭把石头运到了高地。用那些石头，他建造了庙宇和防御工事。

他所到之处，鸟儿们都如影随形。鸟儿们向他问候，让他的旅途愉悦。由于长途跋涉，他的脚都渗出鲜血。当他脚上的血与土地融在一起时，我们学会了耕作。当他对我们说："说话吧。"我们就学会了说话。他比我们更强壮，更年轻。

我们的内心不总是充满恐惧。我们也不像起伏的道路总是一路颠簸。我们的历史悠久。在我们从大地的嘴里、眼睛里、腋下和阴道里被扯出来的那一天，我们的历史就诞生了。

埃斯帕尼亚利砍去了因卡利[1]的头。他曾经是他的兄弟。因卡利的头变成了钱币。黄金和白银从他塞满粪便的肠子里冒出来。

那些高耸的山峰知道。因卡利的头正努力朝着双脚生长。有一天他的碎片一定会聚合在一起。在那一天，夜幕降临时黎明将要到来。在那一天，他将在大地上四处走动，后面跟着一群鸟。

（15，162）

---

[1] 因卡利是安第斯地区晚期塑造的神，意思是"印加国王"，他被认为是世间万物的创造者，是库斯科城的建造者。当西班牙人到达安第斯地区后，因卡利就被埃斯帕尼亚利（意为"西班牙国王"）用欺骗手段囚禁、折磨、杀害、分尸。因卡利的头被埋在库斯科。但是印第安人相信，因卡利的头仍然活着，并且正在重塑身体，等到他全身而回时，一定会打败入侵的西班牙人。

1574年：墨西哥城
墨西哥第一场宗教裁判所的审判执行仪式

自从传讯官们宣布了检举的谕旨后，针对异教徒、犯重婚罪的人、女巫和亵渎上帝者的告发如雨而至。

在四旬斋节的第一个周日举行宗教裁判所的判决仪式。从日出到夜幕降临，宗教裁判所的审判庭宣布了对那些从牢房和刑讯室拖来的丑恶人物的判决。刽子手们在豪华的高台上工作，四周围绕着长矛，伴着人群的欢呼声。有史以来从来没有如此多的人来参加庆祝活动或在这里举行的其他任何隆重活动，新西班牙的副王总督如是说，他坐在天鹅绒的座椅上，脚踩着软垫，观看这场仪式。

他们对一个银匠、一个刀匠、一个镀金匠、一个抄写员和一个鞋匠实施了惩罚，不让睡觉，用绳子捆绑、塞住嘴巴，鞭笞一百到两百下，令其发誓不再犯错，*因为他们说过简单的通奸不是死罪*。几位犯重婚罪的人也受到了类似的惩罚，其中奥古斯丁修会的修士胡安·萨米恩托背上被打得皮开肉绽，被放逐去大帆船上划桨五年。

出生在这里的黑人多明戈因为具有拒绝上帝的习惯而受到一百下的鞭打，梅斯蒂索人米格尔·弗朗哥*因为强迫他的妻子向他忏悔*也受到一百下的鞭打。来自塞维利亚的药剂师加斯帕尔·德·洛斯雷耶斯也受到同样的惩罚，*因为他曾说过姘居比结婚好，对于穷人和遭受折磨的人来说为了金钱来做伪证是合法的*。

被派到大帆船上去划桨是惩罚恶人的艰苦牢狱，几个从母乳里就吸收了异教邪说的路德教派的人和犹太人，约翰·霍金斯海盗船队的几个英国人，以及一个称教宗和西班牙国王为懦夫的法国人都受到这种惩罚。

一个在瓜纳华托矿山工作的英国人和尤卡坦半岛的一位法国理发师在火堆里结束了他们的异教徒生涯。

（139）

1576年：瓜纳华托

修士们说：

二十年前她来到墨西哥。两只鸽子引路把她带到瓜纳华托。尽管她漂洋过海、穿越沙漠，带她来的人都已迷路，她却毫发无损地到了。国王把她送给我们，以感谢这些山体内部永不停歇地如泉涌的宝藏。

在过去的八个多世纪里，她一直居住在西班牙。为了躲避摩尔人，她藏匿在格拉纳达的一个窑洞里，并幸存下来。当基督徒们发现她并救出她时，在她的木头身体上没有找到任何伤痕。她安然无恙地到达瓜纳华托。她将继续完好无损，创造奇迹。我们的瓜纳华托圣母将会抚慰穷人和富人，减少他们的贫穷；会帮那些露宿街头的人或在宫殿里拥衾而眠的人驱除寒冷。她无比宽容仁爱，对奴仆和贵族都一视同仁。没有人不祈求她的保佑，也没有人得不到神的庇护。

承蒙她的天恩，现在，瓜纳华托的许多印第安人也正在得到救赎，他们带着忏悔和信仰求助于她。这几日里，上帝的利剑带着正义的愤怒，惩罚墨西哥印第安人的偶像崇拜和罪恶，而她阻止了上帝的利剑。许多痛苦的人向她哀求并呈上了适当的捐助，因此免受瘟疫侵袭。

在其他的村落，没有被伤寒病折磨死的印第安人却因为饥饿或痛苦而死亡。田野里、广场上有尸体，房子里到处都是尸体，所有人都慢慢死去，没有留下任何人去通报死亡的讯息。在整个墨西哥，瘟疫蔓延，到处都弥漫着腐臭的气息和烟雾，我们西班牙人走路时必须得捂着鼻子。

（79，131）

1576年：霍奇米尔科

圣雅各抗瘟疫

在这里，所有人，甚至是襁褓中的婴儿都交了赋税，以金钱和交玉米谷物的形式。如果瘟疫继续肆虐，谁来交税呢？这里的臂膀已经建起了墨西哥大教堂。如果瘟疫不停止蔓延，谁来播种这些田地？谁在作坊里纺线织布？谁来建造教堂和铺设石板街道？

方济各会的修士们在修道院里讨论当前的形势。西班牙人到达时在霍奇米尔科有三万印第安人，现在只剩下四千人，而这还是有点夸大的数据。许多人在跟随埃尔南·科尔特斯作战，为他征服人和土地的过程中死亡；更多的人为科尔特斯和佩德罗·德·阿尔瓦拉多干活而死亡，还有更多的人正在被瘟疫折磨死。

修道院的院长赫若尼莫·德·门迭塔修士想出了一个拯救的办法。

他们准备抓阄决定。一名侍童，被蒙上眼睛，翻动放在大银盘子里的小纸条。在每张小纸条上写着一位在天庭里经受过考验而颇有威望的圣徒的名字。侍童选出一张纸条，门迭塔神父打开纸条，念道："是圣徒雅各！"

站在阳台上，他用当地的语言向霍奇米尔科的印第安人宣布了这件事。神父像启示录中的主一样，跪在地上，高举双臂，喊道："雅各将会打败瘟疫！"

他承诺将为雅各建立一座圣坛。

(79，161)

1577年：霍奇米尔科
圣塞巴斯蒂安对抗瘟疫

在殖民进展到最艰难的那几年里，每当战斗前夕，就能听到从雅各的坟墓里传出各种武器的碰撞声。这位圣徒骑着他的白驹，挥舞长矛与入侵的军队一起战斗。显然，圣徒雅各已经习惯于杀死印第安人，而不是拯救他们。瘟疫几乎不触及西班牙人，却在霍奇米尔科以及墨西哥其他乡村继续肆虐，杀死了许多印第安人。

每当夜幕降临时，门迭塔神父在他的房间里听到尖叫声和哀号声，声音超过了唱诗班的天籁之音。

　　既然圣徒雅各不感兴趣，必须得有人去向天主说情，要不然过不了多久在霍奇米尔科将一个印第安人都不剩。方济各会的修士们商议一番，又举行了一次抓阄仪式。命运选中享受天国之福的塞巴斯蒂安来作为守护神。

　　他们承诺将会他修建一座圣坛。

（79，161）

1579年：基多

阿塔瓦尔帕的儿子

　　魔鬼以奶牛的形象出现在阿奇多纳地区印第安人的祭司贝托面前，对他说上帝对基督徒们非常生气，将不再保护他们。塔姆比萨的印第安人祭司瓜米已经在另一个世界生活了五天。在那儿他看到了奇迹，听到了神的话，现在他有呼风唤雨、起死回生的能力。贝托和瓜米宣称，那些不参加反抗的印第安人将只能在永远贫瘠的土地上收获癞蛤蟆和蛇虫。

　　两位先知成为许多长矛手们的首领。在基多的东南部，基霍族的印第安人起来反抗。他们攻击了好几个村镇，等待整个山区的人起来反抗，但却徒劳。印加王的儿子——弗朗西斯科·阿塔瓦尔帕是西班牙军队的指挥官，抓住了山区试图起义的人，避免了一场叛乱。基霍族的印第安人孤立无援。

　　几次战斗后，他们就溃败了。西班牙人强迫基霍地区和基多周边地区的所有印第安人必须前去观看贝托和瓜米两位先知的处决仪式。西班牙人把他们装在囚车里在基多城里游街示众，用烧红的火钳烫他们，绞死他们，把他们五马分尸，并展示他们的碎尸。在王室包厢里，指挥官弗朗西斯科·阿塔瓦尔帕观看了整个仪式。

（156）

1580年：布宜诺斯艾利斯
创建者们

近半个世纪前，一位西班牙的船长在塞维利亚扬帆出海，向这片不知名的海岸驶来。他把在抢劫罗马城中获得的所有财富都倾注到这次远征中。

在这里，他创建了一座城市，一个由棚屋包围的小堡垒，从这里开始，他溯流而上去寻找银山和太阳沉睡的神秘湖泊。

十年前，塞巴斯蒂安诺·卡博托[1]沿着这条拉普拉塔河向上游去寻找所罗门国王的宝藏，而这条河与它的名字无任何关联[2]，河岸这边只有泥土，而另一边是沙子，这条河通向另外几条河，而那几条河通向雨林地带。

堂佩德罗·德·门多萨[3]创建的城池没有持续很长时间。当他的士兵们因为饥饿而疯狂地人吃人时，这位主帅在阅读维吉尔和伊拉斯谟，为永生不朽做宣言。不久之后，建立另一个秘鲁的希望破灭，他想返回西班牙。他没能活着到达西班牙。之后，阿隆索·卡夫雷拉[4]来了，他以国王之名烧毁了布宜诺斯艾利斯城。他活着回到了西班牙，在那里他杀死了他的妻子，在疯人院里度过了他的余生。

现在胡安·德·加拉伊[5]从亚松森来到这里。布宜诺斯艾利斯的圣

---

[1] 意大利航海家，原名为Sebastiano Caboto。

[2] 拉普拉塔河在西班牙语中是白银之河的意思。

[3] 佩德罗·德·门多萨（Pedro de Mendoza，1499—1573），西班牙征服者，是被查理五世任命的征服拉普拉塔河流域的先遣官。1536年他在拉普拉塔河南边建立一个要塞式的港口，名为布宜诺斯艾利斯的圣母玛利亚。1537年他死在回西班牙的船上。

[4] 阿隆索·卡夫雷拉（Alonso Cabrera），1536年跟随门多萨前往拉普拉塔河探险，但因生病，他的船转而去了圣多明各。1538年他抵达拉普拉塔河，之后他下令烧毁布宜诺斯艾利斯的圣母玛利亚城，迁往亚松森。等他回到西班牙后就彻底疯癫，杀死了自己的妻子。

[5] 胡安·德·加拉伊（Juan de Garay，1528—1583），拉普拉塔河流域和巴拉圭地区的执政官，他1573年建立圣达菲城，1580年在旧址重建布宜诺斯艾利斯城，命名为三一城（Ciudad de la Trinidad）。

母玛利亚再次建成。陪同加拉伊一起来的有几位巴拉圭人，他们是征服者的儿子，他们从瓜拉尼族母亲那里吮吸了第一口奶，并接受了她们的土著语言。

加拉伊的剑插在这片土地上，勾勒出十字架的影子。创建者们因为寒冷和恐惧而浑身发抖。微风拂过树冠发出沙沙声响，在远处，在广袤无垠的田野里，印第安人和幽灵们在静静地窥伺。

(74，97，99)

1580年：伦敦
德雷克

"为了大帆船上的黄金！为了波多西的白银！"

*恶龙来了！*妇女们尖叫着，教堂的大钟敲起了警钟。三年里，弗朗西斯·德雷克完成了环球航行。他两度穿过赤道线，他洗劫了西班牙所辖海域，从智利到墨西哥沿岸的港口和船只都被他洗劫一空。

现在他回来了，只剩下一艘船和十八名奄奄一息的船员，但是他带回了许多财宝，是他投资到这次远征的资本的一百二十倍。伊丽莎白女王是该计划最大的股东和制定者，她把这个海盗封为骑士。在泰晤士河上举行了赐封仪式。授予他的宝剑上刻着女王的这句话：*德雷克，谁打你，即打我。*他屈膝向女王陛下献上了他在太平洋上抢夺来的一枚祖母绿胸针。

在烟雾和煤烟之上，伊丽莎白女王正处于新兴帝国的顶峰。她是亨利八世和安娜·博林的女儿，安娜·博林因为生的是女孩而在伦敦塔里丢了脑袋。这位童贞女王耗干了她的情人，对宫里的侍女拳打脚踢，朝着大臣的衣服上吐唾沫。

弗朗西斯·培根将成为哲学家，是新帝国的顾问大臣，威廉·莎士比亚将是帝国的诗人。弗朗西斯·德雷克是帝国舰队的司令。暴风雨的嘲弄者，船帆和风的主人，海盗德雷克就像爬上桅杆和缆绳一样爬上了宫廷。他健壮敦实，胡须像火焰一样膨胀，他出生在海边，在对上帝的敬畏中接受教育。大海是他的家，如果胸前衣服里没有系上一本《圣经》他就不抢劫，从不例外。

（149，187，198）

1582年：墨西哥城
麻风病人的皮肤是什么颜色的？

油灯向前进，划破黑暗，光亮逐渐从一片漆黑中拽出面庞，幽灵的面庞，幽灵的手，并把它们钉在墙上。

官员什么也不触碰，他的手戴着手套藏在披风下，半睁着眼睛看着，好似害怕眼睛也被传染上。这名官员前来这里是为了检查这家圣拉匝禄医院对于新规章的遵守情况。副王总督下令不可将男性病人混居一起。白人和梅斯蒂索人，黑人和穆拉托人[1]，印第安人必须分别住在不同的房间。而妇女们则相反，不管是什么肤色的或者什么地位的，必须所有人都住在同一个房间里。

（148）

1583年：卡帕卡巴纳
上帝的艾马拉[2]母亲

他乘坐着香蒲草船渡过的的喀喀湖。她与他一起旅行。她穿着节日的服装。在拉帕斯城里人们给她的短款上衣镀上了黄金。

下船的时候，为遮蔽风雨，他给她披上毯子，裹起来，抱着她走进了卡帕卡巴纳村庄。雨水落在前来迎接他们的人们身上，打得生疼。

---

[1] 白人和黑人的混血儿。

[2] 艾马拉人是南美洲印第安人的一支，主要分布在玻利维亚的西部、秘鲁的南部。

弗朗西斯科·蒂托·尤潘基[1]带着她走进了神庙，摘去了毯子。他们把她抬上了圣坛。站在高处，卡帕卡巴纳圣母拥抱所有的人。她将祛除瘟疫、痛苦和二月的坏天气。

这位印第安的雕刻师在波多西雕刻了她，并把她从那里带过来。为了让她美丽端庄，他工作了将近两年的时间。印第安人只能模仿欧洲的模特进行描绘和雕刻，弗朗西斯科·蒂托·尤潘基不想破坏这一禁令。他原本打算雕刻一位与我们的圣烛节女神一模一样的圣母，但是他的双手却塑造了这座安第斯高原地区的人物形象，渴望呼吸空气的大大的胸部，大大的躯干，短短的双腿，印第安妇女宽阔的脸庞，厚厚的嘴唇，杏仁一样的双眸忧伤地凝视着这片受伤的土地。

(56，163)

1583年：智利的圣地亚哥
他曾短暂自由

他撑着手站起来，又趴着倒下去。他想靠在一个胳膊上，但滑下去了。他成功地稳定住了一个膝盖，却陷入泥泞中。

他面朝着泥土，在雨中，哭泣。

当他在通往港口的秘鲁大街上挨两百大鞭的时候，埃尔南多·马拉比亚没有哭泣；当他在这里，在圣地亚哥再次遭受两百下的鞭笞时，也不曾见他的脸上掉过一滴眼泪。

现在，雨水在抽打他，洗去了他身上干涸的血迹和泥土。

"不幸的人！手给你食物，你还这么咬它。"当他们把他这个逃跑的奴隶归还给他的女主人时，寡居很久的堂娜安东尼娅·纳比亚这么说。

埃尔南多·马拉比亚之所以逃走是因为有一天，他看见了一位像

---

[1] 弗朗西斯科·蒂托·尤潘基（1550—1616），是第一位信仰天主教的艾马拉人，他雕刻了卡帕卡巴纳圣母的形象。

画上一样美貌的女人，就情不自禁地跟着她走了。在利马他被抓住了，宗教裁判所对他进行了审讯。*他被处以四百下的鞭刑，因为他说是魔鬼造就了婚姻，说主教什么也不是，说他要在主教头上拉屎。*

他出生在非洲，是巫师的孙子、猎人的儿子，现在他蜷缩在那里哭泣，后背皮开肉绽。与此同时，雨水洒落，在智利的圣地亚哥。

（31，138）

1583年：特拉特洛尔科
萨阿贡

"我孤单，我孤单。"白颈灰鸽在唱歌。

一位妇女向一块破碎的石头献上鲜花。

"主啊，"那位妇女对着石头说，"主啊，你遭了多少罪啊！"

印第安人中睿智的耆老们把他们的证词交给修士贝纳迪诺·德·萨阿贡神父，请求他："请让我们死吧。因为我们的神已经死了。"

贝纳迪诺·德·里维拉修士是萨阿贡人，是圣方济各教会的成员，他赤着双脚，穿着满是补丁的教士服，四处寻找天堂的中心，搜集这些战败民族的记忆。萨阿贡花了四十多年的时间走遍墨西哥的乡镇，韦霍钦戈领地、托尔特克人的图拉城、特斯科科地区，去拯救过往岁月里那些图像和话语。在十二卷册的《新西班牙诸物志》中，萨阿贡和他的年轻助手们已经拯救和收集了古老的声音，印第安人的节日，他们的礼仪，他们的神祇，他们计算年月和星辰的方式，他们的神话，他们的诗歌，他们的医药，他们远古时代的故事以及最新的欧洲人入侵的故事……在美洲人类学的第一部伟大作品中，历史在歌唱。

六年前，菲利普二世下令没收了萨阿贡的这些手稿和所有由他誊写和翻译的印第安人的古书，*没给他留下任何一本原稿和副本。*那些疑似有宣传偶像崇拜并使之不朽倾向的书籍将会去哪里呢？没有人知道。印度事务委员会没有答复这位绝望的作者和资料搜集人的任何一个请求。国王怎么处理萨阿贡生命中的四十年以及墨西哥历史上的几个世纪呢？听说在马德里这些书页被用来包裹香料。

年老的萨阿贡不甘罢休。他胸前攥着从那场劫难中仅存的几张纸，以八十岁的高龄，在特拉特洛尔科向他的弟子们口授新作品的开篇，这本书将命名为《占卜术》。之后，他准备研究墨西哥的完整历法。在完成历法之后，他将开始编纂纳华特语-西班牙语-拉丁文字典。一旦完成字典后……

屋外，狗在吠叫，它害怕下雨。

(24，200)

1583年：阿科马

多石的锡沃拉王国

指挥官安东尼奥·德·埃斯佩霍已经在墨西哥边界变得强大，快速积聚了财富，他受到七座黄金城的召唤而赶去。他带领几位骑兵勇士，朝着北方开始了奥德赛式的历险之路。他没有找到传说中的锡沃拉王国，而是到了一片广袤的沙漠，沙漠中偶尔能见到堡垒式的村落。他没有找到挂在树枝上的宝石，因为到处都没有树，除了罕见的谷地；他没有找到黄金的光辉，只有毒辣的阳光照射在石头上发出的闪光。

在那些村落里，西班牙人竖起了他们的旗帜。印第安人还不知道很快他们将被迫更改名字，将被迫建立神庙来供奉另一个神，尽管霍皮人的伟大神灵很早以前就通知他们将有一个新的种族到来，他们是一群有着叉形舌头的人，将带来贪婪和自负。霍皮人献上了玉米饼、火鸡和毛皮来欢迎埃斯佩霍指挥官，山区的纳瓦霍印第安人给他们送来了水和玉米表达欢迎。

在高处，在紫色天际，耸立着一座石头和泥土搭建的堡垒。从高原的边缘地带，阿科马[1]部落统治着谷地，谷地里是绿油油的玉米地，他们修建了沟渠和水坝来浇灌田地。阿科马人是纳瓦霍人的敌人，以凶猛著称；甚至于弗朗西斯科·巴斯克斯·德·科罗纳多四十年前经过这里，也不敢接近他们。

阿科马人为欢迎埃斯佩霍指挥官而跳舞，并在他的脚前献上了彩色的毯子、火鸡、玉米穗和鹿皮。

从这之后的几年里他们将拒绝缴税。攻袭将持续三天三夜。幸存下来的人将被斧头砍去一只脚，首领们将被扔下悬崖。

（89）

纳瓦霍族的夜咏曲

曙光建的房子
暮光建的房子
乌云建的房子……
乌云在门口
乌云是一条延伸的小径
闪电在它的上方……
也许我能幸福地走上去
也许我能幸福地走上去，淋着大雨
也许我能幸福地走上去，穿过茂密的树叶
也许我能幸福地走上去，沿着花粉的痕迹
也许我能幸福地走上去
希望等待我的一切都是美好的
希望我留在身后的一切都是美好的
希望下面的一切都是美好的

---

[1] 阿科马原意为"白石镇"。本文中的阿科马人、霍皮人和纳瓦霍人都是北美原住民部落，现居住在亚利桑那州和新墨西哥州。

希望上面的一切都是美好的
希望围绕我的一切都是美好的
希望结局是美好的

（42）

1586年：考里
瘟疫

流感不像白刃剑那样闪闪发光，但是没有一个印第安人能躲开它。破伤风和伤寒病比那一千只眼里冒火、嘴里冒泡的狼狗造成了更多的死亡。天花悄悄地发动进攻，而大炮发出巨大的声响，火光四射、硫磺灰滚滚，但是天花比所有的大炮消灭的印第安人要多得多。

瘟疫正在摧毁这些村镇。瘟疫碰到谁，就击垮他：吞噬他的躯体，吃掉他的眼睛，封住他的咽喉。一切都发出腐臭的气味。

与此同时，一个奇怪的声音传遍秘鲁。它追赶着瘟疫的脚后跟，穿透了垂死之人的祈祷声，这个声音在耳际间传递，呢喃作响："谁要是把十字架扔出屋外，谁就能起死回生。"

（221）

1588年：基多
阿塔瓦尔帕的孙子

黄金柱子、黄金的阿拉伯花饰和黄金的装饰上的黄金多得摇摇欲滴；黄金做的圣徒雕像，披着镀金披风的镀金圣母像，翅膀镀金的天使唱诗班在祈祷：这是基多城献给几个世纪前降生在伯利恒牲口槽的稻草上、赤身裸体死去的那个人的其中一所房子。

印加王阿塔瓦尔帕家族在这座圣方济各会的教堂里有一个圣坛，

在福音书一侧[1]十字形翼部的大祭坛区。在圣坛下边，死人在那里安息。阿塔瓦尔帕的儿子占据了主墓穴，他、他的父亲和杀害他父亲的凶手一样都叫弗朗西斯科。据说，如果上帝多关注发布指令的人的意见，而不是执行指令的人的哀号声的话，上帝必须得赐予弗朗西斯科·阿塔瓦尔帕指挥官荣耀。印加王的儿子知道如何扼杀南部的印第安人的起义。他把起身反叛的卡尼亚里班巴和库耶斯地区的酋长们囚禁并押解到基多，并获得了该城的公共事务司长一职作为补偿。

弗朗西斯科的女儿和侄女们将要在阿塔瓦尔帕家族圣坛的高处立一座圣女卡塔琳娜的圣像，托莱多的雕刻师胡安·包蒂斯塔·巴斯克斯已经雕刻完成。弗朗西斯科的儿子阿隆索从西班牙托运了这座圣像，而家里人还不知道当圣女卡塔琳娜的雕像漂洋过海朝着这座教堂过来的时候，阿隆索已经死在马德里了。

阿隆索·阿塔瓦尔帕——印加王的孙子，死在监狱里。他会弹竖琴、小提琴和敲弦古钢琴。生前他只穿戴由顶尖裁缝裁制的西班牙服饰，他已经很久没有支付房租了。贵族们不会因为欠债而进监狱，但是阿隆索却在监狱里结束了生命，他被马德里最著名的裁缝、珠宝商、礼帽商和手套商检举。他也没有支付这座雕像的费用，现在他的家人正在把这座雕像安置在镀金圣坛上，四周摆放着黄金的花环。

（155，215）

1588年：哈瓦那
圣马蒂亚尔灭蚁

贪婪的蚂蚁仍在继续伤害人们，啃噬墙壁。它们毁灭树木，摧毁田地，吞食水果和玉米，趁人不备就咬人。

鉴于保护神圣西门无能为力，教士会一致决定选举另一位保护神。

---

[1] 西方基督教教堂的主殿两侧分别叫福音书侧和使徒书信侧，进入教堂，面朝圣坛，右手边为使徒书信侧，在做弥撒时，会读使徒书信；左手边是福音书侧，故而做弥撒时读福音书。

该城承诺每年将举办他的节日，为他专设一个纪念日。圣马蒂亚尔成为哈瓦那城抵抗切叶蚁进攻的新盾徽。圣马蒂亚尔三个世纪前是利摩日的主教，是著名的专家，在上帝面前有很大影响力。

（161）

1589年：库斯科
他说他曾拥有太阳

他直挺挺地躺在床上，曼西奥·塞拉·德·莱吉萨莫良心爆发。在公证人面前，他宣誓说：*我们发现的这些王国是这样的，在他们所有人当中没有小偷，没有染有恶习的人，没有游手好闲的人，没有通奸的妇女，也没有恶毒的妇人……*

皮萨罗手下这位年迈的指挥官在没有说出这些话前不愿离世，这是他第一次说这些话：*所有的土地、山头、矿井、牧场、猎物和木材以及所有的收益都得到管理或分配，从而每个人都知道和拥有他自己的财产，其他任何人不能侵占和抢夺……*

在征服秘鲁的军队里，堂曼西奥是最后一位幸存者。半个多世纪前，他是入侵库斯科这座圣城的侵略者之一，他们抢劫了坟墓和房子里的财宝，他们一斧头一斧头地砍倒了太阳神庙的墙壁，神庙里到处都是黄金，黄金的光辉把每一个进入神庙的人照得像死人一般。曼西奥说他获得了最好的战利品：黄金的太阳脸庞，带有太阳的光芒和火焰，这个大太阳统治着这座城市，日出时分耀眼的阳光刺瞎了库斯科人的眼睛。

堂曼西奥用这个太阳做赌注去玩纸牌，一个晚上他就输掉了它。

（118）

1592年：利马
利马的宗教裁判所审判执行仪式

风带走了三位英国路德教徒的骨灰，他们是在普纳岛被俘获的。他们之中的亨利·奥克斯利被活活烧死了，因为他不愿意放弃自己的信仰。

圆形场地中央烟雾缭绕，四周长矛林立，人们神志不清，宗教裁判所的法庭宣布了审判：鞭刑和其他痛苦而羞辱的惩罚。

好几个人受到惩罚是因为结了两次婚或简单的通奸以及其他与肉体的罪相关的罪行。由于申请选派修女，一名多明我会修士，一名圣方济各修士，一名奥古斯丁会修士和一名耶稣会修士受到判罚。士兵胡安·德拉·波蒂利亚受到惩罚是因为以上帝的耳朵起誓，士兵的老婆伊莎贝尔·德·安古洛则是因为她为了博得男人们的欢心而在念祝圣经文时声音太小。海员巴托洛梅·德·拉加雷斯受到惩罚是因为他确信自己没有犯罪，理由是他是单身且支付了报酬。理发师洛伦索·德拉·佩尼亚则因为有人端走了他妻子在教堂里的座位时，他说如果这样的话，那就没有上帝。

塞维利亚人佩德罗·路易斯·恩里克斯被判处十年的监禁，因为他坚信这些想法：一个人带着一只公鸡到一个没有犬吠声的乡村，半夜里割断公鸡的喉咙，在喉咙里找到一块像榛子那么大的石头，用那块石头摩擦自己的双唇，这样，他只要与看见的第一位美女说话，那位美人就会对他爱得死去活来；在1月份杀死一只猫，在它的每一个关节处塞进一粒蚕豆，然后把猫埋进土里，谁要是吃了这样长出的蚕豆，对着镜子看自己，就能让自己隐身；还因为他宣称自己是一个恶人，是一位巫医，为了证明这点，他的胸前有一个十字架，在口腔上腭还有一个，他还说在监狱中他看到了光芒，闻到了非常柔和的芳香。

(137)

1593年：瓜拉帕里

安奇埃塔

伊格纳西奥·德·洛约拉[1]指着地平线命令道：

你们去吧，去点燃世界吧！

何塞·德·安奇埃塔是把耶稣的启示、把福音带到巴西雨林地区的最年轻的门徒。四十年后印第安人称他为卡拉伊贝贝——长着翅膀的人。他们说，安奇埃塔做出十字架的手势就能改变暴风雨的方向，能把活鱼变成火腿，把奄奄一息的人变成强壮的人。天使唱诗班从天庭下来向他通报大帆船的到来或敌人要来进攻，当他跪地祈祷时，上帝把他托离地面。当他自我鞭笞，分担上帝唯一之子所承受的折磨时，他的苦行衣上的腰带烧了起来，让他瘦弱的身子发出光芒。

巴西要感谢他创造的其他奇迹。从这位衣衫褴褛的圣徒手里，诞生了这片土地上写就的最早的诗歌，第一部图皮-瓜拉尼语法书，最早的戏剧作品，用土著语言表演、在罗马帝王和基督圣徒等人物中插入土著人的形象以传递福音的宗教寓言短剧。安奇埃塔是巴西的第一位学校教师，第一位医生，他是这片土地上许多动植物的发现者和记录者，在一本书中他讲述了美洲红鹮如何变换羽毛的颜色，记载了海牛怎么在东边的河里产卵，豪猪有哪些习惯。

在花甲之年，他仍然继续创建城市，修建教堂和医院，他瘦削的肩膀与印第安人一起扛起大梁。受到他洁净、微弱的光亮的召唤，鸟儿寻他而来，人们寻他而来。他走上几里格的路也毫无抱怨，也不让人们用网轿抬他。这里到处都高温炎热，所有东西诞生后又瞬间腐烂，复又诞生，水果变成了蜜、水、死亡、新水果的种子，土地煮沸了，大海也被文火煮沸了。安奇埃塔踏遍这里的乡乡镇镇，在沙地上用小木棍写下诗篇，颂扬永无止尽的生命创造者的诗篇。

（10，38）

---

[1] 伊格纳西奥·德·洛约拉（1491—1556），西班牙人，耶稣会的创始人。

1596年：伦敦

罗利

烟草的舞者，徒有其表的烟火制造者，沃尔特·罗利先生的鼻孔里呼出像蛇一样逶迤的烟雾，嘴里吐出螺旋形的烟圈，他说：

"如果他们砍去我的头，它将会非常幸福地掉下来，嘴里还叼着烟斗。"

"你太讨厌了。"他的朋友评论道。

酒馆里没有其他人，除了一个黑人奴隶，他坐在一个角落里等待着。

罗利正在讲述他去年在圭亚那发现了人间天堂的经历，在那里隐藏着黄金城马诺亚。他舔了舔舌头，回味着鬣蜥蛋的味道，闭上眼睛讲述那里的水果和从来不会从树冠上掉落的叶子。

"听着，朋友，"他说，"你那个剧本，那部一对年轻恋人的剧本……对，就是那个。要是发生在那边的丛林里，该是多么美妙啊！你把它放在维罗纳[1]，就像是把它关在笼子里一样。你搞错了舞台背景，亲爱的朋友，那里的空气……"

罗利的朋友，一位秃顶、目光狡黠的人，知道所谓的圭亚那就是一片沼泽地，空中总是蚊虫飞舞，黑压压的一片，但是他安静地听着，点头表示认同，因为他也知道罗利不是在骗他。

（198）

1597年：塞维利亚

监狱一角

他被土耳其人打伤致残。他遭到了海盗的袭击，被摩尔人鞭笞。

---

[1] 意大利北部城市，是莎士比亚名著《罗密欧与朱丽叶》的爱情悲剧诞生的地方。

他被神父们开除教籍。他曾被囚禁在阿尔及尔和卡斯特罗德尔里奥[1]。现在他被关押在塞维利亚。

他席地而坐，面对着石头床，犹豫不决。他在墨水瓶里蘸湿羽毛笔，迟疑着，双目凝视着烛光，仍然有用的那只手停在空中。

值得坚持下去吗？他第二次请求在美洲谋求一职时，菲利普国王的答复仍然让他心痛：您就在这里找找有什么合适您的工作吧。既然事情从那时候起就已经改变，那就变得更糟糕了。以前，他至少还拥有等待答复的希望。自从那次国王穿着黑色衣服，远离尘世，隐匿在埃斯科里亚宫的四面墙里之后，国王除了与他自己的幽灵说话外，一言不发。

米格尔·德·塞万提斯独自待在牢房里，没有给国王写信。他没有请求在西印度谋得任何空缺职位。在空白的纸页上，他开始讲述一位游吟诗人的不幸遭遇：这类绅士，家里矛架上搁着长矛，有一面古旧的圆形皮盾，一匹难看的瘦马，一只善跑的猎狗。

监狱里响起忧伤的声音。他没有听到。

（46，195）

1598年：波多西

波多西品德高尚的女人弗洛丽安娜·罗萨莱斯的故事

（巴托洛梅·阿尔桑斯·德·奥尔苏亚·伊·贝拉的纪事报道之缩略版）

因为尚在襁褓之中时她就非常漂亮，像一朵娇嫩美丽的花，因为她母亲的名字是安娜，他们给她受洗取名为弗洛丽安娜[2]。

这位美貌少女总被进行美德教育，她闭门不出，避不见人，也避免被人看见，但是这却点燃了她的追求者们的欲望，她十二岁起他们

---

[1] 西班牙安达卢西亚自治区科尔多瓦省的一个市镇。

[2] 西班牙语的花"flor"与安娜"Ana"组成了Flor y Ana，合在一起是Floriana。

就围绕着她。在追求者中，最有角逐力的是矿山领主堂胡里奥·桑切斯·法尔范、指挥官堂罗德里格·德·阿尔布柯尔克和图库曼总督。图库曼去利马时经过这里，在教堂里看到弗洛丽安娜之后就留在了波多西。

由于遭到拒绝，纯粹出于怨恨，图库曼总督向弗洛丽安娜的父亲提出决斗，在一个泉水边，他们拔出剑，两人就你来我往地刺杀起来，直到几位不乏勇气的女士冲进去阻止了他们。

看到父亲受伤，弗洛丽安娜怒火中烧，她决定亲手雪耻。她派人告诉总督说第二天晚上她将在一个帐篷里等他，想与他单独谈话，不要任何人跟随。

总督穿上了华美的礼服，在这方面他非常虚荣，这是所有在黑利阿迦巴鲁斯[1]的学校里学习过的男人们可恶的恶习，赫罗狄安说，黑利阿迦巴鲁斯十分鄙夷罗马和希腊的羊毛服装，朗普里迪斯回忆说，他经常穿着波斯风格的镶嵌宝石的绣金紫色服饰。总督准点到了，穿着精美的华服，在约定的时间，弗洛丽安娜出现了，她貌美如花的面容里藏着愤怒的毒蝰蛇。她从衣袖里拿出一把锋利的宽口刀，像狮子一样冲上去刺总督的脸，同时破口大骂。总督用手挡住了刀锋，拿出一把匕首。弗洛丽安娜意识到自己的危险，她朝总督的脸上扔了一捆毯子，之后她双手够到一根粗棍子，就在那里，棍子给她带来了运气。她用力一击，图库曼总督直挺挺地倒下了。

满怀痛苦与惊恐，弗洛丽安娜的父母试图把她藏在家里，但这是不可能的。司法和行政事务的最高权威——市长跑来了，弗洛丽安娜别无他法，只能上楼到自己的房间，然后从朝着大街的窗户跳下。上帝想拽住她，窗框上伸出的一块木头挂住了她的裙子，她头朝下地悬在空中。

一位女仆认识堂胡里奥·桑切斯·法尔范，她知道他爱着自己的主人，就让胡里奥赶去她家背后的一条胡同，去看看弗洛丽安娜是否经

---

[1] 罗马的暴君。

过那里，因为不久前她刚从窗户跳下。而指挥官罗德里格·德·阿尔布柯尔克看见堂胡里奥与女仆在秘密交谈，于是尾随他来到胡同。

堂胡里奥赶到的时候，受尽折磨的弗洛丽安娜吊在半空已经有段时间了，她急切地渴望帮助，因为她快要窒息了。她的绅士情人走上前去，伸出双臂托住她的肩膀，奋力地把她拽下来，两人一起倒在地上。

这时候罗德里格指挥官赶来了，他一边说着甜蜜的情话一边用披肩裹住弗洛丽安娜，抱起了她。堂胡里奥看到他这样，妒火中烧，站起身来，拔出匕首刺向指挥官，口中声称他是卑鄙的叛徒。指挥官胸口受了致命的一刀，倒在地上，请求忏悔，听到这些，弗洛丽安娜诅咒他的命运和荣誉遭难，然后她飞快地离开了。

弗洛丽安娜穿上了印第安妇女的服装，想逃离波多西这个城镇，但是她刚刚爬到骡子的背上，就有人通知市长，市长立即赶来要抓捕她入狱。当市长看见弗洛丽安娜时，一个叫丘比特的盲童用一支可怕的箭射中了他的心脏，刺穿了整颗心。他热切地牵着她的手，把她带到了市政厅。

夜里，钟声敲过十下，是必须去市长卧室的时间了，弗洛丽安娜在阳台上系上一根绳子，滑落下去，落在下面等待她的堂胡里奥的手上。姑娘对堂胡里奥说，在迈出下一步之前，他要宣誓保证她的人身安全和纯真。

情况危急，因为逃跑已经被发现了，绅士把弗洛丽安娜扛在肩上，背着她一直跑到遥远的加托广场。他在石板路和泥土地上飞奔，汗流浃背，当终于能坐下来休息时，他把弗洛丽安娜从背上放下来，就突然晕倒了。

她以为堂胡里奥是昏迷了，就把他的头枕在她的大腿上。当意识到他已经死了后，她惊恐万分，站起来，朝圣洛伦索地区逃走了，那是1598年的3月份。

她一直藏身在那里，并下定决心永守童贞，直到她生命完结之时，她一直都是上帝的忠实奴仆。

(21)

用来唱歌跳舞的西班牙谣曲

我看见一个男人活着
身上带着一百多处刺伤
后来我看见他死了
只因一个眼神

大海深处
一只鲸鱼一直唉声叹气
哀叹中她说
谁拥有爱情，谁就拥有悲伤

我现在想唱歌
因为我想唱
或许
明天就该我哭泣了

（196）

1598年：巴拿马城
梦和好运的时刻

西蒙·德·托雷斯，是巴拿马的药剂师，他很想睡觉，但是目光却不能从屋顶的小洞那挪开。每次他合上眼皮，眼睛就独自张开，盯着那里看。西蒙点燃、熄灭又点燃烟斗，他用烟熏或用手驱赶蚊子，他在床上辗转反侧，浑身湿透了，像被煮开了一样，那天的坍塌把床压弯了。星星透过那个洞朝他挤眼，他很想什么都不想。时间就这样过去了，直到公鸡打鸣，宣告白天的来临或在呼唤母鸡。

一个星期前，一位妇女从屋顶跌落下来，落在西蒙的身上。

"谁？谁？你是谁？"药剂师结结巴巴地问。

"我们没什么时间了。"她说着脱去了衣服。

天明时，她起床，满面红光，美丽动人，很快她就穿好衣服。

"你去哪儿？"

"去'上帝之名'。我在炉子那儿留了面包。"

"但是离那里有二十里格远呢。"药剂师探出头来。

"十八里格。"她纠正道，在消失远去时，她警告：

"保重。进入我身体的人会丧失记忆。"

(157)

1599年：基多

埃斯梅拉尔达斯的桑博人[1]

他们警惕地注视着，睫毛也不眨一下。他们满是狐疑。那支笔正在偷走他们的样子，那会不会偷走他们的灵魂呢？那支笔神奇得就像镜子一样。就像镜子一样支配着人们。

他们时不时地打喷嚏，因为基多太冷了，但是画家就责骂他们。他们重又摆好姿势，坐得笔直，直到打下一个喷嚏。护喉甲胄把他们勒得半死，非常不舒服。他们来到这座城市才几天，仍然不明白为什么那么有权有势的人会到这么一个寒冷的地方居住，也不明白为什么房子会有门，门为什么会安有锁眼、门栓和挂锁。

半个世纪前，暴风雨把一艘贩卖黑奴的船只吹到了埃斯梅拉尔达斯河口附近的礁石上，撞成碎片。船上的奴隶来自几内亚，要被贩卖到利马。黑人们都逃走了，藏身于深山老林里。他们建立了村庄，与印第安妇女生育了子女，他们的子女也繁衍后代。现在，画家安德列斯·桑切斯·加尔克正在给三个人画肖像，其中两个是非洲人和厄瓜多

---

[1] 黑人和印第安人的混血。

尔人的混血儿。另一个，弗朗西斯科·德·阿罗波来自几内亚。发生海难时他才十岁。

他们穿戴得像尊贵的绅士，长外套、披肩、花边袖口、礼帽，这样，马德里的国王收到他的新臣民的肖像画时，就不会产生很差的印象。这些野蛮人在现在之前一直是不可征服的。同时他们仍手握长矛，西班牙服装的上面还佩戴着牙齿和贝类的项链，他们的耳朵、鼻子和嘴唇上都戴有黄金饰品，闪闪发亮。

（176）

1599年：查格雷斯河[1]
智者不说话

这是世界上最闪耀的道路。从这片海到那片海蜿蜒着一条长长的白银之线。骡子排成的绵延不尽的队伍穿过雨林，朝着在波托韦洛等待的大帆船进发，骡子被波多西的金属压得精疲力竭。

小猴子们一直在这条白银之路上做伴，它们从这根树枝荡到那根树枝，穿越巴拿马。它们不停地啼叫，嘲弄着赶骡的人，朝他们扔番石榴。

在查格雷斯河边，修士迭戈·德·奥卡尼亚钦佩地看着它们。为了能够过河，猴子们前后抓住尾巴从树冠上串下了一条链子，链子摆动起来，不断施力，直到一股很强的力量把链子推向了河对岸的高大树枝上。

负责扛运奥卡尼亚的行李的秘鲁印第安人，走上前对修士说：

"神父，这些猴子是人。他们不说话是为了不让西班牙人注意到。如果西班牙人看到他们是人，就会命令他们去矿山工作。"

（157）

---

[1] 发源于巴拿马中部的一条河流。

1599年：拉因佩里亚尔

火箭

叛乱在太平洋海岸爆发，轰鸣声震撼了安第斯山。

马丁·加西亚·奥尼艾斯·德·洛约拉是圣伊格纳西奥的侄子，他从秘鲁过来，享有不知疲惫的猎手和百发百中的杀手的盛名。在秘鲁他抓捕了印加人的最后一个王图帕克·阿马鲁。他被派到智利来担任总督，负责驯服阿劳坎人。在这里他杀死印第安人，偷走绵羊，焚毁了已播种的土地，不留下一颗谷粒。现在阿劳坎人把他的头戳在长矛尖上，四处展示。

印第安人用基督徒的骨头充当小号，吹响来号召战斗。阿劳坎的骑兵队戴着战斗的头盔，披上皮革的铠甲，踏平智利南部。七个城镇陷落了，一个接着一个，倒在燃烧的火箭雨下。猎物变成了猎手。阿劳坎人围攻拉因佩里亚尔，为了让城中停水，他们改变了河道。

智利一半的领土，比奥比奥河以南的所有地区重又回到阿劳坎人的手中。

印第安人指着长矛说：*这就是我的主人。他不命令我去挖黄金，也不命令我去割草捡柴火，不命令我去放羊，也不命令我去播种收割。我愿意跟随这样的主人。*

（66，94）

1599年：圣玛尔塔

他们发动战争是为了做爱

叛乱在加勒比海岸爆发，轰鸣声震撼了内华达山。印第安人为了爱的自由揭竿而起。

在月圆之日的晚会上，诸神在库查西克首领的身体里跳舞，赋予他的胳膊魔力。从赫里沃卡和邦达村庄开始，战争的声音唤醒了泰罗纳[1]印第安人的所有土地，震撼了马辛加和马辛吉利亚，萨卡和马马萨卡，门迪瓜卡和罗塔马，布里塔卡和泰拉马，马洛马，泰罗纳卡，瓜查卡，乔内亚，辛托和纳瓦恩赫，马马托科，西恩纳加，杜尔斯诺和盖拉卡，奥里瓜和杜拉马，迪沃卡卡，道纳，切恩克和马萨卡，道达马，萨卡萨，科敏卡，瓜里内亚，毛拉卡塔卡，乔科恩卡和马桑加地区。

库查西克首领穿着美洲豹的毛皮。空中箭矢呼啸，到处都是燃烧的火箭、淬有毒的箭。泰罗纳人焚烧了圣像堂，折断了十字架，杀死了神父，与禁止他们保留风俗习惯的敌对上帝作战。

自远古时代以来，在这片土地上，谁想离婚就能离婚，兄弟姐妹之间可以做爱，只要他们有这欲望，女人可以和男人，男人可以跟男人，女人可以跟女人做爱。这片土地上就是这样的，直到穿着黑色衣服的人和身披铁甲的人来到后，他们把那些按照先辈爱的方式去爱的人扔去喂狗。

泰罗纳人庆祝首战大捷。在他们自己的神庙里，在被敌人称之为恶魔之家的神庙里，他们用战败者的骨头吹笛子，喝着玉米酒，踩着鼓点，伴着蜗牛号角声跳起舞来。勇士们封锁了通向圣玛尔塔的大小道路，他们准备做最后的进攻。

(189)

1600年：圣玛尔塔

他们曾有一个故乡

火迟迟不燃烧。燃烧得真慢啊！

铁器发出阵阵声响，是盔甲来回摩擦的声音。对圣玛尔塔的进攻失败了，总督宣布了消灭他们的判决。紧要关头，武器和士兵从卡塔

---

[1] 哥伦比亚北部圣玛尔塔内华达山脉的印第安人。

赫纳抵达，泰罗纳人的体力在经年的缴税和奴役之下，已经消磨殆尽，不堪一击。

大火摧毁了一切。村庄、植物、玉米地、棉花地、木薯藤和土豆藤、水果林在燃烧。那些让人赏心悦目并给人提供粮食的水浇地和耕地在燃烧。泰罗纳人大白天在那些耕地里做爱，因为在黑暗中孕育的孩子出生时会是瞎子。

这些火照亮了多少世界？那个一直存在且能被看见的世界，那个一直存在但不能被看见的世界……

在起义造反七十五年之后，泰罗纳人背井离乡，逃到了山里，逃向更加荒芜的地方，逃向偏僻的角落，那里没有鱼也没有玉米。入侵者把他们赶到了更远的地方，赶到了山上，为的是剥夺他们的土地和记忆；为的是把他们孤立在更偏远的地方，在孤独中遗忘他们居住在一起时所唱的歌谣，那时候他们是一个自由村落联盟，非常强大，他们穿彩色棉质长袍，戴黄金和闪亮宝石的项链；为的是让他们再也不能记起他们的祖辈是美洲豹。

在他们的身后，他们留下了废墟和坟墓。

风在吹，灵魂在艰难地飘荡，火焰跳跃着渐行渐远。

(189)

捕猎和捕鱼的技术

在亚马孙雨林的深处，得萨纳部族[1]的一位渔夫坐在一块高高的石头上，凝神看着河面。河水流淌，裹挟着鱼群，冲洗着石头，在晨曦的映照下河水泛着金光。渔夫看了又看，感觉这条古老的河变成了他血管里流淌的血流。在还没有捕获鱼的妻子们的芳心之前渔夫是不

---

[1] 得萨纳部族（Desana）居住在哥伦比亚和巴西的沃佩斯河流域。根据他们的宇宙观，一条母鱼爱上了一个男子，与他一起生下了最早的得萨纳人，而这些孩子们得到蜂鸟的庇护，死后又化身为蜂鸟。

会捕鱼的。

不远处，在村庄里，猎人在做准备。他已经呕吐过了，他已经在河里沐浴了，他身体内外都已经很干净。现在他喝下有着鹿一样颜色的植物茶饮，为的是让香气沁入他的身体，他在脸上描绘了鹿喜欢的油彩。他往武器上吹了一口烟草的香气之后，轻轻地走向小鹿喝水的泉水边。在那里，他倒出菠萝汁，那是太阳的女儿的乳汁。

捕猎前的最后几个夜晚，猎手都是单独睡觉。他不与女人们在一起，也不梦见她们，这样将要被他追捕、被他插入长矛或射入箭的动物就不会嫉妒。

（189）

1600年：波多西
世界上的第八大奇迹

火把和骡子组成的绵延不绝的队伍不停地往阿里卡港口运送白银，那是波多西山上每一张嘴里流出来的血。在经过漫长的航行之后，那些银锭倾倒在欧洲，用于资助那里的战争费用、停战费和发展费用。

作为交换，到达波多西的是从塞维利亚运来或者走私过来的西班牙的红酒，法国的帽子和丝绸，佛兰德的花边、镜子和挂毯，德国的剑，热那亚的文具，那不勒斯的袜子，威尼斯的玻璃，塞浦路斯的蜡，锡兰的钻石，印度的象牙，阿拉伯、马六甲和果阿的香水，波斯的地毯，中国的瓷器，佛得角和安哥拉的黑人奴隶以及智利的勇气非凡的骏马。

在这座城市里什么都非常贵，是世界上最贵的地方。只有奇恰酒和古柯叶便宜。印第安人被强行驱赶到整个秘鲁的社群之外，周日他们在庭院里围着大鼓跳舞，狂饮奇恰酒直到醉成烂泥在地上打滚。星期一的清晨他们被赶到山里，他们嚼着古柯叶，用鹤嘴锤敲击寻找白银的矿脉，像白绿色的蛇一样蜿蜒的矿脉在那一片广袤的大肚囊的肠子里时隐时现，没有一点光亮，也没有一丝空气。整个星期印第安人都在那里工作，像囚徒一样，呼吸着能够杀死肺叶的矿尘，咀嚼着能蒙蔽饥饿、掩盖虚弱的古柯叶，不知何时天黑何时天明，一直工作到周六结束，直到祈祷和出山的铃声响起。那时候，他们就举着点燃的蜡烛开路前进，在星期日拂晓才能从地底下钻出来，那些矿井该有多深，隧道和巷道该有多长啊！

一位刚刚到达波多西的神父看见这群人出现在城市的郊外，他们像是进行漫长游行的憔悴的幽灵，背上满是鞭子留下的痕迹，于是神父说道：

"我不想看到这幅地狱的景象。"

"那您闭上眼睛吧。"有人建议道。

"我不能。"神父说，"闭上眼睛，我看到的更多。"

(21, 157)

预言

昨夜他们结婚了，在火堆面前，遵循传统的习俗，而且他们已经聆听了那些神圣的话语。

对她说的话是：*当他在爱火里点燃时，你不要冷冰冰的。*

对他说的话是：*当她在爱火里点燃时，你不要冷冰冰的。*

在火光中，他们相拥着醒来，用眼神相互祝福，相互讲述梦里的故事。

在梦里，灵魂脱离躯壳旅行，在一个永恒或一眨眼的须臾，灵魂会获知即将发生的事情。美丽的梦不请自来，因此，夫妇们会早早醒来。相反，坏的梦投给了狗。

那些坏的梦，关于深渊或者秃鹫或者魔鬼的噩梦可能预示着糟糕的消息。在这里，更糟糕的消息就是强行派你去环卡维利卡的水银矿或者去波多西深山老林里的银矿。

（150，151）

库斯科民谣

一团火焰非常希望

拥有金色的头发

像太阳一样耀眼

像爱一样强壮

像云一样柔软

曙光划破云层

编织成一条绳子

结上一个又一个的绳结

那上面将记载着

经过的月亮

凋谢的花朵

（202）

1600年：墨西哥城
豪华马车

豪华马车回到了墨西哥宽阔的大街上。

二十多年前，禁欲的菲利普二世下令禁止乘坐豪华马车。法令中说使用这种马车会让人懒散，让人沉迷于安逸慵懒的生活，因此人们就会丧失用于战斗的肌肉。

现在菲利普二世去世了，豪华马车重新占领这座城市。在舆车内部，装饰着丝绸、玻璃，外部车门上装有黄金、玳瑁和盾徽纹章。车

身散发出精细木头的清香，行走起来像坐在贡多拉船上，像摇篮一般
摇晃；坐在帘子后面的殖民地贵族们打招呼、微笑。在高高的车厢边
缘，在流苏和丝绸帷幔之间，坐着目空一切的车夫，好似国王一般，
连马匹都戴着银制马掌。

仍然禁止印第安人、妓女、被宗教裁判所惩罚的人乘坐普通马车。

（213）

<h2 align="center">1601年：巴亚多利德</h2>

<h2 align="center">克维多</h2>

西班牙统治葡萄牙和葡萄牙的所有殖民地已有二十年，因此西班
牙人不用踏上外国领土就能环游世界。

但是西班牙是欧洲最昂贵的国家：生产的物品越来越少，生产的
钱币越来越多。六年前印制的三千五百万埃斯库多[1]如今连影子都
没剩下。堂马丁·冈萨雷斯·德·塞略里戈的《必要政策备忘录》刚刚
在这里出版，其中公布的数据不太乐观：因为博彩和继承，每个有工
作的西班牙人供养着三十个西班牙人。对于那些依靠收租金生活的人
来说，工作就是犯罪。贵族们以卧室为战场，在西班牙树木的数量远
少于神父和乞丐的数量。

载满了美洲白银的帆船朝热内亚驶去。从墨西哥和秘鲁运来的金
属甚至都没在西班牙留下任何气息。似乎征服的功绩是由德国、热内
亚、法国和佛兰德的商人和银行家们完成的。

在巴亚多利德生活着一位近视、瘸腿但很好动的男孩，他血统纯
正，宝剑锋利，舌尖口快。晚上当侍童脱去他的长靴时，他在冥想诗
行。第二天早上，他的毒蛇就从皇宫大门的底下溜出来了。

年轻的弗朗西斯科·德·克维多·伊·比列加斯把头埋在枕头里，想

---

[1] 西班牙的一种金币或银币。

着谁能把懦夫变成勇士，谁能让最严厉的法官心软；他咒骂着诗人这一职业，起床，揉揉眼睛，移近烛灯，一气呵成地写出了盘桓在他内心、让他夜不成寐的诗句。诗中讲的是钱先生：

它光荣地生于西印度

在那里世界都陪伴着它

它来到西班牙死去

被埋葬在热内亚

（64，183，218）

1602年：累西腓
攻打帕尔马雷斯的第一次远征

在压榨、浸取甘蔗的同时也压榨人的甘蔗园里，衡量每个奴隶的工作量就像衡量甘蔗的重量、榨糖机的压力和火炉的热度一样。一个奴隶的精力五年里消耗殆尽，而只需要一年的时间，他的主人就能把买他的成本收复回来。当奴隶们不再是有用的劳动力，变成了张嘴吃饭的废物时，他们将获得"自由"这个礼物。

在巴西东北部的山区隐居着一些奴隶，他们在快速的衰竭或过早的死亡到来之前就赢得了自由。这块位于阿拉戈斯的高大棕榈树丛林里的圣地被那些在此避难的奴隶称为帕尔马雷斯。

巴西的大总督派出了第一支攻打帕尔马雷斯的远征军。参加队伍的有极少数的渴望抓获和贩卖黑人的穷白人和梅斯蒂索人，一些因为总督承诺给予梳子、小刀和小镜子而参加的印第安人，还有许多穆拉托人。

从伊塔皮库鲁河回来之后，远征军的指挥官巴托洛梅奥·贝雷萨，在累西腓宣布：叛乱的中心已经被捣毁。人们都相信了他。

（32，69）

1603年：罗马
世界的四个部分

罗马出版了切萨雷·利帕的扩充版的画册《圣像学》。

这本富有寓意的画册字典展示了一个从地中海北岸看到的世界。

最上面是欧洲——女王，戴着权力的徽章。骏马和长矛保护着她。她一手擎着神庙的石柱，另一只手炫耀地握着权杖。她头上戴着一顶王冠，其他的王冠与主教礼帽、书籍、画笔、古弦琴和竖琴一起摆放在她的脚边。在成堆的鹿角旁边，放着圆规和尺子。

右下角是亚洲。她献上了咖啡、胡椒、香熏。花环和水果装饰着她。一匹骆驼躺在地上等待着她。

另一个侧面，非洲是一位皮肤黝黑的摩尔女人，头盔是一个大象头，她胸前的珊瑚项链熠熠生辉。在她周围有狮子、蛇蝎和谷穗。

在最底下是美洲，她是一位面容可怕、不堪入目的妇女。她赤裸的橄榄色的皮肤上披挂着一些羽毛，脚边摆着刚刚被砍下的头颅和一条蜥蜴。她手持弓箭。

(125)

1603年：智利的圣地亚哥
猎狗们

圣地亚哥的市政厅购买了一块新的银质烙铁，用于往印第安奴隶的脸上打烙印。总督阿隆索·德·里维拉下令：巴尔迪维亚港口和阿里卡港口上，每个阿劳坎人售价的五分之一必须用于战争费用和士兵们的伙食费。

出现了许多猎捕行动。士兵们穿过比奥比奥河，夜间实施抓捕。他们焚烧、屠杀，回来时车上装着男人、女人和小孩，他们的颈部都被套着绳索。他们一旦被打上烙印，就被卖到秘鲁去。

总督高举着酒罐，庆贺赢得的战斗。他像佩德罗·德·巴尔迪维亚一样按照佛兰德的方式庆祝。首先，他为他脑海里能够记起的所有贵族和贵妇们庆祝，一口接着一口地喝酒。当这些人都被庆祝过后，他为所有的圣徒和天使庆祝，他从来不会忘记感谢他们给了他借口。

（94）

1605年：利马

末日审判之夜

圣诞节刚刚过去，大自然的炮火把阿雷基帕城炸飞了。山体破裂，大地吐出了房子的地基。人们被压在瓦砾之下，支离破碎，庄稼被灰烬烧死了。与此同时，海面上升，淹没了阿里卡港口。

昨天黄昏时分，一位赤脚修士把人们召集到利马广场。他宣布这座放荡不羁的城市将在几个小时内塌陷，视野所及的周边区域也会与她一起沉陷。

"没有人能够逃走！"他大叫着，号叫着，"哪怕是最快的马，最快的船都不能逃走！"

太阳西沉时，大街上到处都是就着火把鞭笞自己的苦行人。有罪的人在街角大声说出自己的罪过，富人们从阳台上往街上扔银质餐具和庆典的礼服。人们大声揭露出令人毛骨悚然的秘密。不忠诚的妻子们抓起街上的铺路石来击打胸脯。盗贼和骗子跪在他们的受害者面前，主人亲吻他的奴隶们的双脚，乞丐们已经没有手来接纳这么多的施舍。昨晚教堂收到的钱比它历史上所有四旬斋期间收到的钱还多。人们找神父不是为了忏悔，而是为了结婚。神庙里挤满了前去寻求庇护的人。

后来，天亮了。

太阳以从未有过的光芒照耀着利马。苦行的人寻找油膏来涂抹打伤的背部，主人们追捕他们的奴隶。刚刚结婚的妇女四处询问新丈夫的踪迹，日光把他们蒸发了。后悔犯罪的人们在大街上寻找新的罪行。每扇门的后面都听到了哭泣声和咒骂声。没有一个乞丐不逃之夭夭。神父们也躲了起来，清点上帝昨夜收到的成堆的钱币。用多余的钱，利马的各教堂将在西班牙各买一副天使长加布埃尔真正的羽毛。

（157）

1607年：塞维利亚
草莓

上尉阿隆索·冈萨雷斯·德·纳赫拉在智利居住了六年，他回忆并讲述过去的事情。

他讲到了那些在喇叭声和鼓声中出生的人，那些在摇篮里就穿着网眼锁子铠甲的优秀军队，他们用身体组成人墙抵挡印第安人的进攻。他坚信雨水冲走了智利土地上的黄金粒，印第安人用从壁虎肚子里取出的黄金来缴纳贡税。

他还说到了一种奇怪的水果，形状与颜色如同心脏，在齿间轻咬一下就会迸出甜甜的汁水。从品相、口感和嗅觉上看，它堪与西班牙最精美的水果相提并论，尽管在智利那里，人们有点轻蔑地称它为小果子[1]。

（66）

1608年：太子港
西尔维斯特雷·德·巴尔沃亚

在太子港市政厅的文书西尔维斯特雷·德·巴尔沃亚的这座泥土和

---

[1] 原文为frutilla，为fruta（水果）的指小词，故译为小果子，也可译为智利草莓。

棕榈搭成的房子里，诞生了古巴历史上第一首史诗[1]。作者将这首八行体诗献给阿尔塔米拉诺主教，四年前，主教在曼萨尼略港口被法国海盗吉尔伯特·吉隆绑架了。

海豹和海仙女从海王星王国升起，来到海盗船边，他们同情主教，主教坚持什么也不愿接受。曼萨尼略的居民们凑齐了两百枚金币、一千张兽皮和许多丰盛的食物，最终路德派的海盗释放了他的囚犯。萨梯神、农牧神和半人羊从树林里赶到海边来欢迎被救回的主教，给他带来了刺果番荔枝和其他美味。森林女神们从草原上来，带着曼密苹果、菠萝、仙人掌果、鳄梨和烟草。树神穿着衬裙从树上下来，臂弯里装满了野生大花仙人掌果、番樱桃和大哈瓜树上的果实。阿尔塔米拉诺主教还从河湖仙女的手里接到了鲈塘鳢、长体圆口鲷和其他的河鱼；泉水和池塘的仙女们向他赠送了马萨波产的美味红耳彩龟。当海盗们正准备收赎金时，几位小伙子扑到他们身上，这些小伙子是曼萨尼略港的精英，他们勇敢地给了海盗们应得的打击。是一位叫萨尔瓦多的黑人奴隶用长矛刺穿了海盗吉尔伯特·吉隆的胸膛：

噢，克里奥人萨尔瓦多，高尚的黑人！

你的威名远扬，永不消退

为了赞美这位勇敢的战士

最好是舌头和笔都永不停歇

西尔维斯特雷·德·巴尔沃亚满怀敬畏，在把曼萨尼略的居民们与仙女们、农牧神、半人马相提并论之后，又援引了特洛伊的故事，把他们比作阿喀琉斯和尤利西斯。但是在这些非凡的神祇之中，这个市镇上的人们和那个表现得像英雄的黑人奴隶已经卑微地开辟了一条道路，同时这座岛上的许多水果、草和动物也被载入历史，作者用它们的名字来称呼它们、爱它们。

（23）

---

[1] 诗名为《耐心之镜》(Espejo de paciencia)，是每一小节为八行的诗体。

1608年：塞维利亚
马特奥·阿莱曼

　　马特奥·阿莱曼[1]登上了前往墨西哥的船。为了能够去西印度，他向国王的秘书行贿，他证明了自己血统的纯正。

　　他的父亲和母亲都是犹太人，家里有某个亲戚被宗教裁判所烧死了，马特奥·阿莱曼为他自己杜撰了一个声名显赫的基督徒家族，创造了一个气势恢宏的家族徽章，顺便，他还把他的情人弗朗西斯卡·德·卡尔德隆变成了他的长女。

　　这位小说家懂得学习他笔下人物古斯曼·德·阿尔法拉切的技艺，*精于华丽的行骗这一行当*，为了洗去耻辱，脱离贫困，古斯曼乔装改扮，更名改姓，变换城市。*不管时光如何流逝，我能顺应所有人的节奏而跳舞*，古斯曼·德·阿尔法拉切在整个西班牙正在阅读的这本小说里如是说。

（6，147）

1608年：科尔多瓦
印加·加尔西拉索

　　七十多岁的他坐在桌边，把羽毛笔在鹿角做的墨水瓶里蘸湿，满怀愧疚地伏案写作。

　　他写的散文文笔细腻优美。他用入侵者的语言歌颂入侵者，他已经把它作为自己的语言。他一只手向征服致意，奉上帝的旨意，作为上帝左膀右臂的征服者们在新世界传播福音，救赎的代价是灾难。他用另一只手向*在被认知之前就被摧毁的*印加王国说再见，他以怀念天国的心情回忆它。一只手属于他的父亲——皮萨罗的将领。另一只手

---

[1] 马特奥·阿莱曼，西班牙作家（1547—1614），著有流浪汉小说《古斯曼·德·阿尔法拉切的生平》。

属于他的母亲——阿塔瓦尔帕的表妹，那位将领侮辱了她之后，就把她扔给了一位士兵。

与美洲一样，印加·加尔西拉索·德拉·维加诞生于强暴。与美洲一样，他撕裂般地生活着。

尽管他已经在欧洲生活了半个世纪，他仍然能听到童年时生活在库斯科的声音，仿佛是刚刚发出的声音一样，那是他在襁褓之中喝奶时听到的声音：在西班牙人到来八年之后，他来到人世间，降生在那座满目疮痍的城市；在那座城市，他从母亲的嘴里汲取了那些故事，故事从遥远的那天起积累而来，那天，太阳把他与月亮因爱而生的王子和公主降落在的的喀喀湖上。

（76）

1609年：智利的圣地亚哥

餐桌礼仪

今天上午他们告诉了他这个消息，就在他们给他端来热气腾腾、芳香四溢的巧克力时。总督噌的一下从荷兰床单上起身，消息说：西班牙国王已经决定把战争捕获的印第安人沦为奴隶这一制度合法化。

这个消息漂洋过海、翻山越岭，费时将近一年才到达。很久以来，智利就已经在公证员面前售卖阿劳坎人，对于那些试图逃跑的人，就割断肌腱。但是国王的签字将会封上一些抗议者的嘴。

主赐福面包……

总督举行晚宴招待这片难以驯服的土地上的驯化师们。客人们用牛角喝着这片土地上产的红酒，吃着用玉米叶包着的玉米面包，这是印第安人喜爱的美味乌米塔[1]。像智者阿方索建议的一样，他们用三

---

[1] 乌米塔（humita），是南美的一种玉米粽子，玉米磨碎打浆与洋葱、奶粉等其他原料一起搅拌，用玉米叶包裹起来蒸。

根手指拿着辣椒肉包，遵循鹿特丹的伊拉斯谟的建议，他们不啃骨头，也不把果皮扔到桌子底下。在喝完热腾腾的克伦巴伦[1]水之后，他们用牙签剔牙，用完后他们不叼着牙签也不把它别在耳朵上。

（94，172）

1611年：亚鲁蒂尼
偶像崇拜铲除机

他们正在一镐锄一镐锄地摧毁卡帕克·瓦安卡。

祭司弗朗西斯科·德·阿维拉朝印第安人大声嚷叫着，催促他们抓紧时间。在秘鲁这片土地上还有许多偶像仍没被发现和打碎，他知道在这里没有人会不触犯偶像崇拜罪。神的愤怒将永不平息。阿维拉作为巫师们的鞭子，从不坐下休息。

但是对于他的奴仆们来说，他们知道，每一下的击打都会让他们疼痛。这块巨大的石头是被帕里亚卡卡神选中和拯救的人。当帕里亚卡卡乔装成衣衫褴褛的人来到亚鲁蒂尼，并请求人们给他一点吃的和嚼的时，卡帕克·瓦安卡是唯一一个与他分享奇恰酒和古柯叶的人。这块巨大的石头是一个慷慨的人。帕里亚卡卡把他冷冻起来，把他变成了石头，好让惩罚的飓风在瞬间卷走其他一切时，不会把他吹走。

阿维拉下令把石头的碎块扔到深渊里。在石头所在的地方竖起了十字架。

之后他向印第安人询问卡帕克·瓦安卡的故事，并把它写了下来。

（14）

---

[1] 克伦巴伦即远志科的植物，在智利被称为quelén-quelén，其根煮水有安神、祛痰、消肿的功能。

1612年：圣佩德罗·德·奥马帕恰
挨打的人打人

权威的象征——末端有绳结的辫状牛皮鞭在空中呼啸、咬噬。它一下下地抽打，打得皮开肉绽。

奥马帕恰公社的酋长克里斯托弗·德·莱昂·穆略瓦玛尼赤裸着身体，被绑在刑讯石上，承受着折磨。每鞭笞一下，他就发出一声呻吟。

从囚室到戴上枷锁，从被枷锁锁住到被鞭笞，酋长已奄奄一息。他敢于抗议利马的副王总督，没有上交必须上交的印第安人：因为他的过错，缺乏从平原向库斯科运酒的劳动力，也缺乏按照地方长官要求纺纱织布的人力。

行刑者是一个黑人奴隶，他非常愉悦地挥舞鞭子。他的后背不比其他人的背好些，也不差些。

（179）

1613年：伦敦
莎士比亚

美洲的北部海岸线让弗吉尼亚公司大失所望，那里没有黄金也没有白银，但他们的宣传手册仍在整个英国散发，宣传册上说在那里英国人与印第安人交易，*用地上的珍珠换天堂的珍珠*。

不久之前，约翰·邓恩在一首诗里探究了他情人的身体，就像探寻美洲一样；弗吉尼亚，弗吉尼亚的黄金则是伊丽莎白公主的婚礼上的中心话题。以国王的女儿之名，乔治·查普曼举办了一场化装舞会，舞会上人们围绕着一个巨大的黄金石，这石头是弗吉尼亚的象征或者是公司股东们幻想的象征：黄金是所有权力的钥匙，是炼金术士们追求的生命之谜，是太阳之子，就像白银是月亮之女、黄铜是金星之子一样。在世界上炎热的地区产黄金，在那里太阳慷慨地播洒它的光辉。

在公主的结婚典礼上，还上演了威廉·莎士比亚的一部作品——《暴风雨》，作品灵感来于弗吉尼亚公司的一艘船在百慕大遭遇的海难事件。这一次，这位灵魂和奇迹的伟大创造者把他的故事安置在一个地中海的岛屿上，一个更像加勒比的地方。在那里公爵普洛斯彼罗遇到了卡利班——女巫西考拉克斯的儿子，西考拉克斯崇拜巴塔哥尼亚地区的印第安人的神。卡利班是一个野蛮人，是莎士比亚在伦敦举行的某次展览上看到的那类人中的印第安人，那类野蛮人是黑暗事物，比人类粗野，只学习骂人，没有判断力也没有责任感。他们只有作为奴隶或者像猴子一样被绑着才能在人类社会，或者说欧洲社会找到立足之地，而他们对融入这个社会毫无兴趣。

（207）

1614年：利马

利马市政厅的会议记录：戏剧审查制度出台

本市政厅陈述如下：在本市上演过的喜剧作品由于没有经过审查，结果被指责说作品中存在着许多中伤党派、反对政府当局、有悖于本共和国诚信的内容。为了杜绝在未来的作品中出现类似的不当话语，有必要制定解决的方法。就此经过商议，一致同意并做出规定：通告所有现在是和即将是的剧作家们，在没有经过本市政厅专门任命的人员观看、检查并通过之前，不得以任何形式呈现戏剧作品也不可以让其上演，否则将受到二百比索至九雷亚尔的罚款……

（122）

1614年：利马

秘鲁取缔印第安舞蹈

南美神鹰的翅膀，金刚鹦鹉的头，美洲豹的毛皮，在圣体节的高潮时期，秘鲁的印第安人跳起了他们古老的太阳舞。在播种的时节，他们用克丘亚语举行了对太阳的祈祷仪式，当有新生命诞生时或者收获的季节来临时，他们向太阳献上敬礼。

"我主保佑，为了能消除坠入偶像崇拜的危险，为了让恶魔不能继续施展他的骗术，"利马的大主教决定，"禁止以当地土语或通行语言跳舞、唱歌和举行塔基 [1] 活动。"大主教通告了可怕的惩罚措施并下令焚毁所有的土著乐器，包括声音甜美的竖笛——爱情的信使：

你将在河畔安睡

子夜时分我会来……

(21)

1615年：利马

瓜曼·波马

七十多岁的他坐在桌边，把羽毛笔在鹿角做的墨水瓶里蘸湿，满怀挑衅地伏案写作、绘画。

他写的散文文笔慌乱破碎。他用入侵者的语言咒骂入侵者，这不是他的语言，但他让它爆炸了。卡斯蒂利亚的语言里经常会穿插着克丘亚语和艾马拉语的词汇，但是无论如何，因为印第安人，卡斯蒂利亚才成为卡斯蒂利亚，*没有印第安人你们的陛下一钱不值*。

今天瓜曼·波马·德·阿亚拉完成了写给西班牙国王的信。起初他打算写给菲利普二世，但当瓜曼还在写这封信时他就死了。现在他想把这封信亲手交到菲利普三世手上。这位朝觐者走过一座座村庄，*作者翻越白雪皑皑的山脉*，如果有吃的就吃点东西，背上总是背着他的手稿，里面的图画和文字与日俱增。*作者从尘世回来……他穿过尘世，一路上哭泣不已*。最终他到达利马。他计划从这里出发去西班牙。

---

[1] 塔基全称是Taqui Unquy，是印第安人举行的一种宗教活动。

怎么去？他不知道。这重要吗？没有人认识瓜曼，没有人听他说话，而君王遥不可及，高高在上；但瓜曼手握羽毛笔，把他看作一个平起平坐的人，以"你"称呼他，向他解释什么是他应该做的。

尽管瓜曼被轻视，被赤身裸体地赶出他的家乡，他仍坚定地宣称自己是亚罗维尔加王朝和印加王国的继承人，他自封为国王的顾问，第一位印第安编年史家、王子、第二领导人。他出身于瓦努科的古老贵族，他选了他祖辈的家族徽章上的游隼和美洲狮来作为自己的名字，他的祖先早在印加人和西班牙人之前就统治着秘鲁的北部地区，正是基于这种骄傲他写下了这封长信。

"写这封信就是哭泣。"话语、图画、愤怒的眼泪。"印第安人是这个王国的天然主人，西班牙人是西班牙的天然主人，在这个王国，西班牙人是外人。"圣徒雅各穿着军装踩在一位倒地的土著人身上。宴会上，盘子里装满了小型的女人。赶骡人的篮子里装满了神父的混血儿。水银和白银矿上许多印第安人死去也是上帝的惩罚。在整个秘鲁，那里曾有一百个印第安纳税人，现在不到十个。印加王问："你吃这个黄金吗？"征服者回答："这个黄金我们吃。"

今天瓜曼写完了他的信。他一生为这封信而活。他花了半个世纪来写这封信、画这封信。大约有一千二百页。今天瓜曼完成了他的信，然后死了。

不管是菲利普三世，还是其他任何一个国王都永远不会看到这封信。在之后的三个世纪里，这封信将会在这个世上消失。

（124，125，179）

1616年：马德里

塞万提斯

"关于我们的父亲，你带来了什么消息？"

"主人，他躺在那里，人们流着泪，祈祷着。他浑身浮肿，面如死灰。在公证员和神父面前，他的灵魂已经安息。哭丧妇等候在那。"

"我要是有斐埃拉布拉的香脂……就两口！他很快就会好的。"

"他已近七十岁，而且奄奄一息，能行吗？他嘴里就剩六颗牙，只有一只手能用，能行吗？他浑身都是战争的伤疤，受过惩罚和监禁，能行吗？那个丑陋的香脂球毫无用处。"

"我不是说两口！而是两滴！"

"那也迟了。"

"你说他已经死了吗？"

"他正在慢慢死去。"

"脱帽，桑乔。你，罗西南特，低下头。啊！武器王子！文字之王！"

"主人，没有他，我们将怎么办？"

"我们不应该做任何不向他致敬的事情。"

"我们这么孤单，将在何处停留呢？"

"我们去他曾想去但却没去成的地方。"

"去哪儿，主人？"

"去卡塔赫纳的海边，去拉帕斯的洼地，去索科努斯科森林匡扶正义。"

"那我们的脊梁骨会被打断的。"

"桑乔，我一路上的兄弟，你得知道在西印度，光荣在等待着游侠骑士，等待着渴望正义和名誉的游侠骑士……"

"因为棍棒抽打得还太少了。"

"……作为补偿，随从人员会获得从未开垦的大片领地。"

"在更近的地方没有领地吗？"

"你，罗西南特，你得知道：在西印度，马打着银掌，咬的是黄金。它们被看作神明之物。"

"挨了一千下棒打还不够，还要一千零一下。"

"闭嘴，桑乔。"

"我们的父亲不是对我们说过美洲是恶棍们的避难所，是妓女们的圣地吗？"

"我叫你闭嘴！"

"他说过，乘船去西印度的人在码头上就放弃了良知。"

"那么我们去那里吧，去清洗他的名誉，他在狱中给了我们自由。"

"我们能在这里为他哭泣吗？"

"你把这种背叛称为致敬？啊！无耻之徒！我们回去继续旅程！如果他创造我们是为了留在世界上，我们就要带他一起去周游世界。把头盔递给我！桑乔，给我胳膊防护罩！长矛！"

（46）

1616年：波多西
一次宗教游行特写

神奇的波多西山：这片环境恶劣的荒芜高地，赋予人类的除了孤寂和寒冷别无他物，但这里却冒出了世界上人口最多的城市。

高高的银制十字架走在游行队伍的最前面，旁边是两列扛着旗帜和手持长剑的队伍。白银铺成的大街上，银制的马蹄铁踢踏作响，马匹装扮豪华，身披天鹅绒，套着珍珠装饰辔头。为了确立下令之人的威信，为了安慰那些服从的人，白银列队前进，耀眼夺目，掷地有声，它确信不管是在人间抑或天堂已经没有它不能买到的地方了。

城市披上了节日的盛装，阳台上挂起了帷幔和纹章，从一片沙沙作响的丝绸海洋里，在花边的泡沫中，在珍珠的瀑布里，女士们注视着、观赏着踏着震天鼓声、笛鸣和低沉的铜鼓声前进的车队。有几位骑手一只眼睛上贴着黑色的膏药，前额有疙瘩和伤口，这不是战争的疤痕，而是梅毒的印记。但是飞吻和调情的话儿漫天飞舞，从阳台飞到街上，从街上飞到阳台。

利益和贪婪戴着面具开路。贪婪戴着蝰蛇的面具，当他的坐骑跳跃时，他唱道：

> *他们叫我万恶之源*
>
> *不满足欲望*
>
> *是我的胜利。*

利益穿着黑色裤子，镶着金边的黑色坎肩，插满羽毛的黑色帽子下戴着黑色面具，他回答道：

> *如果我战胜了爱情，*
>
> *而爱情战胜了死亡，*
>
> *那么我比所有一切都强大。*

主教率领由神父和风帽罩脸的苦行者们组成的长长队伍缓缓走来，他们拿着高高的大蜡烛，捧着银制的枝形烛台，随后信使们的小号超过了铃铛的叮当声，宣告瓜达卢佩圣母的到来，圣母是等待之光，是正义之镜，是犯罪之人的庇护者，是饱受折磨的人的安慰，是绿色的棕榈树，是鲜花绽放的枝条，是闪闪发光的宝石。她由五十名印第安人扛着，在一片黄金和珍珠贝的簇拥中来了，她脖子上缀满了珠宝，几近窒息，她睁着惊恐的双眼看着银制翅膀的天使们四处喧闹，看着崇拜她的人围拢过来的壮观场景。燃烧之剑的骑士骑着白色战马冲破人群，后面跟着许多穿着白色服装的侍童和仆役。骑士把他的帽子扔得很远，为圣母唱道：

> *我的女士，尽管你肤色黝黑*
>
> *你是多么美貌*
>
> *令天空和大地惊叹。*

身着紫色服装的仆役和侍童跑在圣爱骑士后面，圣爱骑士是罗马骑士，他骑马一路小跑而来，紫色的丝绸袍衣下摆在风中飘逸。他在圣母前屈膝跪下，低下了他戴着桂冠的前额，但是当他挺起胸膛准备唱歌时，爆炸声起，冒出硫磺烟气。恶魔们的车已经侵占了街道，没有人再去关注圣爱骑士。

穆罕默德的崇拜者——冥府王子张开了他的蝙蝠羽翼，冥后一袭长发，长着蛇一样的尾巴，站在高处诅咒上帝，并发出恶魔宫廷欢庆时的哈哈大笑声。突然，在某个角落响起了耶稣的名字，地狱之车砰的一声爆炸了。冥府王子和冥后跳跃着穿过烟雾和火焰，像俘虏一样滚到上帝之母的脚下。

大街上到处都是小天使、光环和闪闪发光的银制翅膀；低音提琴、吉他、古弦琴和笛子琴瑟和鸣，愉悦欢庆。乐师们穿着少女的服装恭迎波多西四大优雅女神的到来，她们是慈悲、正义、和平与真理，她们安坐在天鹅绒装饰的银制扶手椅上。拉车的马匹有着印第安人的头和胸脯。

之后大蛇席卷而来。这条庞大的蛇虫游走过印第安人的上千条腿，张开大嘴吐着火焰，在朝圣游行上喷火，恐怖不已，在圣母脚下挑衅并攻击。当士兵们用斧头和利剑一下子砍去它的头时，它的骄傲散成碎片，从蛇的肠子里钻出了印加王。太阳之子拖拽着令人惊奇的衣袍，跪在光亮之神面前。光亮圣母穿着黄金、红宝石和鹰嘴豆大的珍珠装饰的披风，闪闪发亮，在她惊讶的双眸上面，皇冠上的黄金十字架比以往任何时候都闪亮。

后面跟随着普通民众。各行各业的手工艺者、无赖以及能够从玻璃眼睛里挤出眼泪的乞丐——梅斯蒂索人，强暴而生的孩子们，他们不是奴仆也不是贵族，他们步行。法律禁止他们拥有马匹和武器，就像法律禁止穆拉托人使用阳伞一样，这样没有人能遮掩污染血统的烙印，直到第六代。与梅斯蒂索人和穆拉托人一起来的还有有四分之一西班牙血统的混血儿，桑博人和其他各类混血人种——猎手与俘获的女人生下的各种肤色的人。

游行队伍的最后是一群印第安人，他们扛着水果、鲜花和装有热气腾腾的食物的大盘子，在圣母面前，印第安人请求原谅和安慰。

在更远处，几名黑人在清扫所有走过去的人留下来的垃圾。

(21，157)

1616年：圣地亚哥-帕帕斯基亚罗

主人们的上帝，也是奴仆们的上帝吗？

一位年老的印第安先知谈到自由的生活。他穿着传统服装，在沙漠和山间四处走动，尘土飞扬，在空树干奏出的忧伤旋律中，他歌唱先辈的功绩和失去的自由。这位老者向那些夺走印第安人土地和神明的人宣战，那些人让印第安人在萨卡特卡斯银矿矿井里心肺破裂。他宣布，那些在这场必要的战争中死去的人们将复活，那些在战斗中死去的老人将会重生，变成年轻而敏捷的人。

特佩瓦内斯人偷走了火枪，制作并藏匿了许多弓箭，因为他们是像弓箭之神——启明星一样技术娴熟的弓箭手。他们偷走并杀死了许多马和骡子，以吃掉马的敏捷和骡子的力量。

反抗在杜兰戈北部的圣地亚哥-帕帕斯基亚罗爆发。特佩瓦内斯人——这个地区最早皈依基督教、最信仰基督的印第安人，踩踏了圣体。当神父贝尔纳多·西斯内罗斯请求宽恕时，他们回答："上帝保佑你！"在南部的梅斯基塔尔地区，印第安人用大刀砍碎了圣母的脸，用圣杯喝酒。在萨佩村，印第安人穿着耶稣会的教士服，戴着教士帽，在树林里追击逃跑的西班牙人。在圣卡塔利娜，他们用粗木棒打神父埃尔南多·德尔·托瓦尔，并对他说："看看上帝是否救你。"神父胡安·德尔·巴耶最终躺在地上，浑身赤裸，一只手举在空中画着十字，另一只手罩着他从没使用过的性器官。

但是造反持续时间很短。在卡卡利亚平原地区，殖民者的军队开枪射击印第安人。红色的雨洒落在死人身上。雨穿过尘土弥漫的空气，凝结成红色的泥弹，把死人打得千疮百孔。

在萨卡特卡斯钟鸣不断，在召集举行庆功会。矿山的主人们舒了一口气。矿坑里将不会缺劳动力。没有什么能够中断这个王国的繁荣。他们将能继续在银制的小便盆里平静地小便，没有人能够阻止他们的夫人在上百名仆人和二十名侍女的陪同下去做弥撒。

(30)

1617年：伦敦
伦敦雾里的弗吉尼亚烟气

剧中人物：

国王（英格兰的詹姆士一世，苏格兰的詹姆士六世），他写道：*烟草把人的内脏变成了一个厨房，用一种油腻、油脂多的烟垢弄脏它或毒害它。* 他还写道：*抽烟的人模仿那些不信仰上帝、野蛮卑贱的印第安人的粗鲁而野蛮的方式。*

约翰·罗尔夫：弗吉尼亚公司的英国殖民者。是"被上帝的手指钦点并选定的人"——罗尔夫自己这么定义他的人——之中最杰出的成员之一。他把种子从特立尼达岛带到弗吉尼亚，在他的种植园里已经做了很好的烟草杂交。三年前，他在伊丽莎白号船的酒窖里装了满满四木桶的烟叶，发往伦敦，从而开启了与英格兰的烟草贸易，尽管刚刚起步却已收益斐然。可以肯定地说，约翰·罗尔夫已经把烟草看作具有绝对权力的作物之王，安放在弗吉尼亚的宝座上。去年他与戴尔总督来到伦敦，为弗尼吉亚公司寻找新的殖民者和新的投资，他们向股东承诺了难以置信的利润，因为烟草在弗吉尼亚的地位就像白银在秘鲁的地位一样。他还带着他的妻子面见了詹姆士国王，他的妻子是印第安公主波卡洪塔斯，受洗名为吕蓓卡。

托马斯·戴尔先生：去年之前一直担任弗吉尼亚总督。他批准了约翰·罗尔夫与波卡洪塔斯公主的婚礼，这是弗吉尼亚历史上第一场英国人与印第安人的婚姻，可以理解为这是一次高层的政治协约行为，将会促使印第安部落的人和平地提供粮食和劳动力。但是，约翰·罗尔夫在递交结婚申请时并没有提及这个方面。他也没有谈及爱情，尽管他确实忙于坚决否认对他的十八岁的美丽新娘有任何"放任的欲望"。罗尔夫说他愿意与那位教养粗俗、举止粗鲁、同代人都被惩罚的异教徒结婚是为了这个种植园的利益，是为了我们国家的荣誉，是为了上帝的荣光，是为了实现自我救赎，是为了让不信教的人真正地认识上帝和耶稣。

波卡洪塔斯：当她与印第安人生活在一起时也叫玛托阿卡，是伟大首领波瓦坦宠爱的女儿。自从与约翰·罗尔夫结婚后，她就放弃了偶像崇拜的信仰，改名为吕蓓卡，穿上英国的服饰遮身蔽体。她戴着高顶礼帽，脖颈那围着高高的花边，光彩照人地来到伦敦，受到王室的接见。她像英国人一样说话，她认为自己是英国人，她虔诚地分担她丈夫的加尔文主义的信仰，她被认为是最有能力且具异域风情的弗吉尼亚烟草的推广者，而这对占据伦敦市场必不可少。她死于英国病。在今年，也就是1617年的3月份，她从泰晤士河启程回弗吉尼亚，当船在格雷夫桑德等待顺风时，波卡洪塔斯在约翰·罗尔夫的臂弯里呼出了最后一口气。享年不到二十一岁。

欧佩坎卡诺：波卡洪塔斯的伯父，是伟大首领波瓦坦的哥哥。三年前在詹姆斯敦的新教教堂里，是欧佩坎卡诺把新娘交给了新郎，那是一座由树干搭建的简陋教堂。在婚礼仪式上、仪式前和仪式后他始终一言不发，但是波卡洪塔斯对约翰·罗尔夫讲述了她伯父的故事。欧佩坎卡诺曾居住在西班牙和墨西哥，他曾是天主教徒，曾叫路易斯·德·贝拉斯科，但当他刚被送还到故乡后不久，他就把十字架、披风和皱褶领扔到火堆里，砍断了陪同他的神父的脖颈，恢复了欧佩坎卡诺这个名字。在阿尔冈昆人[1]的语言里，这个名字意思是 *"有着纯洁心灵的人"*。

莎士比亚时代的环球剧院的某个演员收集了这个故事的资料，现在他对着一大杯啤酒，自问该怎么处理这些资料。写一部爱情悲剧或者一部关于烟草和其危害力的伦理剧？抑或可以写一部以征服美洲为题材的化装舞会剧？毫无疑问这部作品将会大获成功，因为整个伦敦都在谈论波卡洪塔斯公主和她在这里的短暂停留。那个女人……她独自一人就是一群女眷，整个伦敦都梦见她赤身裸体地出现在树林里，头发上戴着芳香的鲜花。哪位复仇的天使用无形的利剑刺穿了她？她

---

[1] 美国北部和加拿大地区的印第安人。

是否已经为她的异教徒的部落偿还了罪孽？抑或她的死亡是上帝对她丈夫的一个警告？烟草是冥后普罗塞尔皮娜和酒神巴克斯的私生子……撒旦不保护那个植物与火之间的神秘协定吗？撒旦不吐出迷晕道德高尚之人的烟吗？清教徒约翰·罗尔夫隐藏的淫欲……欧佩坎卡诺的过去，之前曾叫路易斯·德·贝拉斯科，是叛徒或者复仇者……欧佩坎卡诺挽着公主走进教堂……高大，挺立，静默……

"不，不。"这位冒失的故事猎手付了啤酒钱，走到大街上，做出决定："这个故事太好写了。正如印第安人的诗人，文雅的席尔瓦经常说的：如果我把它写出来，我还剩下什么去跟我的朋友讲述呢？"

(36，159，207)

1618年：利马
微小的世界

法维亚娜·克里奥亚的主人死了。在他的遗嘱里，他降低了她赎买自由身的价格，从二百比索降到一百五十比索。

法维亚娜一整夜都没睡，一直在想着她那装满肉桂粉末的愈疮木木匣会值多少钱。她不会算数，因此她不能计算她来到世上这半个世纪里用工作已经买到的自由，也不知道计算他们让她怀孕并夺走的孩子们的价格。

天刚拂晓，鸟儿就用尖嘴来敲窗户。每天，同一只鸟来通知该起床了，该走了。

法维亚娜打着哈欠，坐在垫子上，盯着她磨损的双脚。

(31)

1618年：罗安达
装船

他们被捕猎者们的网抓住，脖子用绳索连环套着，朝着海岸边走去，与此同时村庄里响起了悲痛的鼓声。

在非洲海岸，一个奴隶值四十串玻璃项链，或者一个带链子的哨子，或者两把手枪或者一把子弹。火枪、短刀、烧酒、中国的丝绸、印度的细棉布都用贩卖人口来交易。

一位神父穿梭于罗安达港口中心广场上的俘虏队伍里。每一位奴隶的舌头上接到一小口的盐，头顶上接到一滴圣水，还接受了一个基督徒的名字。翻译们翻译布道词：*现在你们是上帝的子民……*祭司命令他们不要想念他们即将离开的土地，不要吃狗肉，也不要吃老鼠和马。他要他们谨记圣保禄写给以弗所人的书信（*奴仆人，效忠于你们的主人！*），还让他们记住诺亚对含的儿子们的诅咒，含的儿子们许多世纪以来一直是黑人。

他们第一次看见大海，那个咆哮的巨大猛兽让他们害怕。他们以为白人要把他们带到一个遥远的屠宰场去，要吃掉他们，榨他们的油，抽他们的脂肪。河马皮做的鞭子敦促着他们爬上载他们穿过礁石的大独木船。在大船上，从船头到船尾他们都受到枪筒的威胁，枪筒的引线一直在燃烧。脚镣和链子阻止他们跳进大海。

很多人将死在路途上。幸存的人将在美洲的市场上售卖，再一次被烧红的铁块打上烙印。

他们永远不会忘记他们的神祇。奥萨拉，雌雄同体的神，将化身为圣哲罗姆和圣芭芭拉。奥巴塔拉神将是耶稣。感性和淡水女神奥顺将会变为圣烛节、圣灵受孕节上的圣母玛利亚，仁慈圣母或愉悦圣母，在特立尼达岛上她则是圣安娜。在圣乔治，圣安东尼奥或者圣米歇尔的身后，将会冒出战神奥贡锻造的铁器。在圣拉匝禄的体内，巴巴鲁将唱歌。可怕的尚戈神的雷鸣和火焰将会化身为圣施洗约翰和圣芭芭拉。在古巴埃雷古阿神将继续拥有两个面庞：生和死，在巴西南部，埃舒神将有两个头：神的头和恶魔的头，给予他的信徒们安慰，也鼓励他们复仇。

（68，127，129，160）

1618年：利马

深色皮肤的门房

两个朋友把他们破烂的披风扔到地上，用帽子扫了扫地面。相互行了鞠躬礼后，相互恭维起来：

"你那个残肢，真是奇迹啊！"

"那你的溃疡呢？太可怕了。"

他们俩一起穿过空地，苍蝇一路追随。

他俩一边背着风撒尿一边聊天。

"很久不见了。"

"我就像苍蝇一样四处跑。受罪啊受罪。"

"哎。"

"壁虎"从袋子里拿出一块硬面包，吹了吹，擦了擦，然后邀请皮得潘[1]一起吃。他们坐在一块石头上，欣赏着矢车菊。

皮得潘用他的三颗牙咀嚼着，说道：

"在审讯庭，有不错的施舍……那是利马最好的地方。但是门房把我赶出来了。他把我踢出来了。"

"是那个胡安·奥乔亚吗？"

"撒旦，应该叫他撒旦。在那里上帝知道我对他什么也没做。"

"胡安·奥乔亚已经不在那儿了。"

"真的吗？"

---

[1] 原文pidepán是一个合成词，由pide和pan组成，意为"求面包""求面包的人"。这里采用音译。

"他们像赶狗一样把他赶出来了。他已经不是审讯庭的门房了，什么都不是了。"

皮得潘笑了，像报了仇一般。他伸了伸赤裸的脚指头。

"因为他行为恶劣，一定是。"

"不是那样的。"

"因为他愚蠢，才把他赶走了？"

"不，不是。因为他是穆拉托人的儿子，是黑人的孙子。就因为这个。"

（31）

1620年：马德里
恶魔的舞蹈来自美洲

感谢圣依西多禄[1]的尸体，最近几晚他一直睡在菲利普三世的身边，国王感觉好多了。这天中午他用了午膳，吃喝时都没有噎着。他喜爱的佳肴点燃了他的双眼，他一口气喝光了一杯酒。

现在他把手指放进水盆里洗手，侍童跪地端着水盆。司膳把餐巾递给周执事，周执事把它递给总管，总管弯腰立在乌塞达公爵面前。公爵拿起餐巾，低下前额，把餐巾呈给国王。当国王擦手的时候，侍者抖去了他衣服上的面包屑，祭司送上了感谢上帝的祷告。

菲利普打了个哈欠，摘下高高的花边领，询问有什么新闻。

公爵讲到医院委员会的人已经来觐见。他们申诉自从国王禁止舞蹈之后，公众就拒绝去剧院，而医院则靠露天剧场的收入生存。委员会的人对公爵说："先生，自从禁止舞蹈以来就没有门票收入了。病人们快要死了。我们没有买绷带的钱，也没钱给医生。"演员们朗诵着洛佩·德·维加歌颂美洲印第安人的诗句：

---

[1] 圣依西多禄（1070—1130）是马德里虔诚的信徒，1622年被列为圣品，是马德里的保护神。

塔基当，米塔纳库尼，
西班牙人从这里到了那里。
……在西班牙没有爱，
我是这样认为的：
在那里利益统治一切，
在这里爱是万物之主。

但是观众要求听来自美洲的诙谐歌谣，看那种往最正直的人身上点火的舞蹈。演员们让石头哭泣、让死人发笑的表演一钱不值，甚至变化背景、让纸板做的云发出闪电也不行。委员会的人叹息道："如果还是没有人去剧院，医院肯定得关门了。"

公爵说："我答复他们说陛下将会做出裁决。"

菲利普挠了挠下巴，审视着他的指甲。

"如果殿下不改变主意……已经禁止的，就得禁止，得严令禁止。"

萨拉班达舞和恰空舞让生殖器在黑暗里发光。马里亚纳神父检举了这些舞蹈，称它们是"黑人和美洲野蛮人的发明，在言语上和身体晃动上都像地狱般邪恶"。甚至在宗教游行里能听到赞颂罪行的谣曲，当小铃鼓和响板打出淫荡的节奏时，修道院里的修女们就无法控制她们的双腿，恶魔的呵痒刺激了她们臀部和肚子。

国王的眼睛盯着一只肥胖的苍蝇，它正在残羹冷炙上慵懒地飞来飞去。

"你，你怎么看？"国王问苍蝇。

公爵以为是在问他：

"正如陛下所说，那些小丑的舞蹈是巫师们的音乐，而女巫们则应该待在大广场的火堆里。"

桌上的食物已经被撤走了，但空气中仍留着黏黏的香气。

国王含混不清地命令苍蝇："你决定吧。"

"哪怕是最坏的敌人也不能指责陛下不容异见。"公爵坚持，"陛下是非常宽容的。您父亲在位时，愿上帝让他荣光……"

"下命令的人不是你吗？"菲利普嘟囔着。

"……谁要是敢跳萨拉班达舞，将会受到其他奖励。两百鞭刑并去大帆船上划桨！"

"你，我说的是你。"国王喃喃道，闭上了眼睛。

"你。"一个泡沫似的水泡从他的唇间冒出来，他的嘴里总是口水太多。

公爵提出一个异议，立刻就闭嘴，踮着脚尖退下了。

菲利普昏昏欲睡，眼皮发沉，他做梦梦见一个肥胖的妇人，赤身裸体，在吞吃纸牌。

(186)

1622年：塞维利亚
老鼠

神父安东尼奥·巴斯克斯·德·埃斯皮诺萨刚刚从美洲回来，是贵宾。

当仆人们端出酱烧火鸡块时，白茫茫的浩瀚大海被暴风雨吹得海浪滔天，泡沫飞溅；当填馅鸡被端上来时，热带地区的雨水喷洒了整个桌面。安东尼奥神父讲道，在加勒比海边，雨是这么下的，在等待雨停的时候，妇女们怀孕了，并生下了孩子，当雨过天晴时，孩子们已经长大成人。

其他受邀的宾客认真地听着故事，静静地享用佳肴，不说话；神父的嘴里塞满了话，忘记了食物。妇女和孩子们坐在地上的大坐垫上，像听弥撒一样地听神父说话。

从洪都拉斯的特鲁西略港口到圣卢卡尔-德-巴拉梅达[1]之间的航行是一次壮举。航船在大风暴里上下颠簸，饱受折磨；好几艘船被凶猛的大海吞没了，许多海员被鲨鱼吞吃了。但是没有什么比这更糟了，神父安东尼奥压低嗓门说，没有什么比鼠灾更糟糕了。

---

[1] 是西班牙南部加的斯地区的一个海边小镇。

　　为了惩戒人们在美洲犯下的许多罪过，还因为没有人在登船前按照要求去忏悔和领圣餐，上帝在航船上播撒了老鼠。他把老鼠放进仓库里、粮食里和上层后甲板下，放在船尾舱里、客舱里，甚至放在舵手的椅子里面。那么多的老鼠，那么硕大的老鼠，让人害怕，让人惊讶。老鼠们从神父睡觉的船舱里偷走了四百磅的面包，还偷走了放在舱口下的饼干。它们啃食放在船尾舱口的舱门间里的火腿和腌肉。当口渴的人去找水喝时，发现许多老鼠漂在水桶里，淹死了。当饥饿的人去到鸡窝时，除了骨头和羽毛别的什么也找不到，还有一些母鸡躺在地上，双腿都被吃了。甚至于笼子里的鹦鹉也不能避免遭受这些攻击。海员们日夜看护剩下的水和粮食，他们手持木棍和刀子，但是老鼠攻击他们，啃食他们的手指，相互之间也咬来咬去。

　　在吃橄榄和水果的时候，讲到了老鼠。餐后甜点原封未动，也没有人喝一滴酒。

　　"你们想听我写的新祷告词吗？因为原来的祈祷词不能熄灭上帝的怒火……"

　　没有人回答。

　　男士们把餐巾拿到嘴边咳嗽。走来走去负责用膳的妇女们一个也没留下来。坐在地上聆听的妇女们斜着眼、张着嘴。小孩子们看见安东尼奥神父的长鼻子、可怕的牙齿和胡子，都扭转脖子到桌子下面去找他的尾巴。

（201）

1624年：利马
售卖人口

　　"走一下！"
　　"跑一跑！"
　　"唱歌！"

"他有什么毛病吗?"

"张开嘴!"

"他酗酒吗或者爱吵架吗?"

"先生,您想给多少钱?"

"有病吗?"

"确实值双倍的钱。"

"跑一跑!"

"您别骗我,要不然就把他退回来。"

"狗,跳起来!"

"这样的物件可便宜不了!"

"让他抬起胳膊!"

"让他大声唱!"

"那个黑女人,有婴儿还是没有婴儿?"

"来看看牙齿!"

他们被牵着耳朵拽走。他们的脸上或额头上将被刻上购买者的名字,他们将是种植园里、渔场和矿山上的劳动工具,是战场上的战争武器。他们将是给人生命的接生婆和保姆,也将是夺人性命的刽子手和掘墓人。他们将是流浪艺人,是床上的肉体。

奴隶们的交易市场在利马的正中心,但是市政府刚刚表决通过了搬迁决议。供挑选的黑人们将住在利马可河的另一边的棚屋里,紧挨着圣拉匝禄屠宰场。那里他们将离城市相当远,这样风就能吹走他们身上的腐烂气息和传染病菌。

(31,160)

1624年:利马
黑人鞭打黑人

三名非洲的奴隶在利马的街道上游街示众,他们双手被捆着,脖子上套着绳索。行刑者，也是黑人，走在他们的后面。每走几步，就抽一鞭子，直到一百下，当他们跌倒在地时的抽打不计在内。

市长已经颁布命令。奴隶们把纸牌放进大教堂的墓地里，把墓地变成了游戏厅，以石碑为桌；市长清楚地知道一般情况下惩罚惩罚黑人没有什么损失，因为他们人数众多，傲慢无礼，而且特别吵闹。

现在，被惩罚的人躺在他们的主人家的院子里，背上皮开肉绽。当用尿和烧酒冲洗他们的伤口时，他们号叫不已。

主人咒骂着市长，挥舞着拳头，发誓要报仇。不能这么玩弄别人的财产。

(31)

1624年：利马

"化装魔鬼狂欢会"[1]

月光洒下银辉，教堂的钟声敲响，是一点钟，堂胡安·德·莫格罗维霍·德拉·塞尔达走出酒馆，踏入利马的夜色中，空气中弥漫着柑橘花的馨香。

当他走到协议大街的路口时，听到了奇怪的声音抑或回声，他停下了脚步，竖起了耳朵。

一个阿斯莫德[2]的恶魔正在说，自从他的船队从塞维利亚出发以来他已经更换了好几次住所。到了波托韦洛之后他附身在几位商人身上，这些商人把圈套称为协议，把赃物当作利润，把撬锁工具说成量尺。在巴拿马，他换了住所，继而住到一个伪造姓名的虚伪骑士身上，他谙熟公爵们的行为举止，侯爵们的日程表和伯爵们的连祷词……

---

[1] 这是圣烛节期间的一种宗教游行，人们穿上鲜艳的服装，背上大大的铃铛，化装成魔鬼去街上游行。

[2] 阿斯莫德，又称阿斯蒙蒂斯、阿斯摩太，是基督徒眼中的地狱之王、恶魔之王，也是七宗罪中代表色欲的魔王。

"阿斯莫德，告诉我，那个家伙遵守现代骑士的训令吗?"

"所有的都遵守，阿莫尼奥。他撒谎，不偿还债务，也不理会第六条训令;他总是起得很晚，做弥撒时说话，任何时候都感到寒冷，这样看起来就很高雅。你看在巴拿马是很难感觉冷的，这里像我们地狱里渴望的那样炎热。在巴拿马石头都出汗，人们说，你赶紧喝汤，要不就该热了。"

这位冒失的堂胡安·德·莫格罗维霍·德拉·塞尔达看不到阿斯莫德和阿莫尼奥，因为他们在远处说话，但是他只要知道这些名字没有出现在《圣徒列传》里就行了，即使他听不清这么有说服力的谈话内容，但只要闻到已侵入空气、确定无疑的硫磺怪味就行了。堂胡安背靠着协议大街街角高耸的十字架，十字架的影子落在街上，阻挡阿莫尼奥和阿斯莫德靠近。他画着十字，立刻呼唤着所有的圣徒来保护他，来拯救他。但是他不能祈祷，因为他想继续听。他不会漏过这些话。

阿斯莫德说他离开了那位骑士的身体，又进入了一位改变信仰的教士身体，之后又去了秘鲁，进驻在一位专卖女孩的修女肚子里。

"我就这样来到了利马，在这座迷宫里，你的警告将为我指路。告诉我这些大省城里的故事吧……这里钱好挣吗?"

"要是好挣的话，地狱就会空闲很多。"

"我应该把那些商人引到哪条道上?"

"尽量让他们上道，然后抛弃他们。"

"那些长官呢，让他们在这里拥有爱情还是尊重?"

"恐惧。"

"那么想要获得奖励的人该怎么做?"

"不值得。"

堂胡安祈求阿托查圣母，四处找早已遗落的念珠，紧握着剑柄，而同时对秘鲁的询问调查仍在继续，阿莫尼奥则快速回答。

"我问你，那些自认为温文尔雅的人穿着打扮好不好。"

"他们本该穿得不错的，因为他们整年都让裁缝做衣服。"

"牢骚怨言很多吗?"

"所以啊,在利马无时无刻不在批评。"

"那现在你告诉我,为什么他们叫弗朗西斯科为潘乔,叫路易斯是路乔,叫伊莎贝拉是查贝拉……"

"首先是因为他们不说实话,其次是因为他们不想叫圣徒的名字。"

这时候堂胡安突然不合时宜地咳嗽起来。他听到尖叫声:"我们逃啊,快逃!"在一阵长久的寂静之后,他离开了保护他的十字架。他双腿颤抖着走到商人大街上,走到省政府的大门口。而那两个聊天的早已无影无踪。

(57)

1624年:塞维利亚
《骗子生平》[1]的最后一章

河水映照出向它质问的人的影子。

"我把那个骗子送到哪去呢?我该让他死吗?"

歪脚跟的长筒靴从石头码头上伸出去,在瓜达基维尔河上跳舞。这个男人在思考时,习惯晃动双脚。

"我得做决定。是我让这个理发师和女巫的儿子诞生的,是我让这个乞丐的侄子诞生的,是我把他任命为虱子、乞丐和被绞刑者的王国里的骗子王子。"

他的夹鼻眼镜在碧绿的水面上闪闪发光,他盯着河底询问,不停地询问:

"我怎么办?我教会他偷鸡,我教会他借耶稣的伤口来祈求施舍。从我这里他学会了掷骰子、玩纸牌和击剑的精湛技艺。用我的技巧他成为了向修女们献殷勤的登徒子、臭名昭著的小丑。"

---

[1] 《骗子生平》是西班牙作家弗朗西斯科·德·克维多(1580—1645)创作的著名流浪汉小说,1644年在塞维利亚完成小说的最后一部分。

弗朗西斯科·德·克维多皱了皱鼻子，让眼镜更舒适一些。

"我得做决定。还有什么其他法子呢！在文学史上还从见过哪本小说没有最后一章的。"

他伸了伸脖子，朝着正向码头驶来的大帆船，船帆徐徐落下。

"没有人像我一样与他一起受折磨。当他的肠子饿得咕咕叫时，当探险者们在他的脸上找不到眼睛时，我不也和他一起饥肠辘辘吗？如果堂巴布罗斯必须得死的话，我就该杀死他。他像我一样，是火焰燃烧余下的灰烬。"

远处，一个衣衫褴褛的小孩看着这位绅士搓着头、弯腰对着河水。"是个老妖。"小孩想。他还想："这个老妖疯了。他想不用鱼钩就钓到鱼。"

克维多想："杀死他？难道打破镜子会带来厄运的说法不是人所皆知的吗？杀死他。假如因为他作恶多端我公正处罚他呢？对于宗教裁判所的法官和检察官来说该是多小的愉悦啊！只要一想想他们高兴的样子，我的肠子就翻滚。"

这时，海鸥腾地飞起来。一艘美洲的大船正在抛锚停船。突然，克维多走起来。小孩跟着他，学他内八字式地走路。

作家容光焕发。在码头上他为他的人物找到了合适的归宿。他将把堂巴布罗斯，那个骗子送到西印度去。除了美洲，他还能在哪儿结束他的生命呢？他的小说已经有了结局，克维多心不在焉地走进塞维利亚城，在这座城市里，男人们梦想着去航行，女人们则盼着归航。

（183）

1624年：墨西哥城
怒流

人群占领了整个大广场和邻近的街道，他们朝总督府咒骂、扔石头。小石子和"叛徒，小偷，狗，犹大"的叫嚷声爆炸般地飞向总督府的大门和窗户，但是门窗关得严严实实。对副王总督的辱骂声中掺杂着对大主教的欢呼声，大主教已经把副王总督逐出教会，因为他对该城的面包进行投机倒卖。许久以来，副王总督就把所有的玉米和小麦囤积在他的私人粮仓里，于是就任意调控价格。人群愤怒了。"绞死他吧！用棍子打！用棍子打死他吧！"有几个人请求砍去那位拖走大主教、亵渎教会的官员的项上人头；另一些人要求私刑绞死梅希亚，他出面代理副王总督的投机活动；所有人都希望把囤积居奇的副王总督放在油锅里煎烤。

长枪、木棍和钩戟出现了，四周响起了手枪和火枪的射击声。在总督府屋顶平台上看不见的手高擎着国王的旗幡，小号齐鸣寻求援助，但是没有人赶去保护被困的副王总督。这个总督区的达官要人都缩在自己的官邸，法官和官员们已经通过各个洞眼溜走了。没有一名士兵服从命令。

街角监狱的城墙不能抵御进攻。囚犯们加入到愤怒的人潮。总督府的大门倒下了，大火吞噬了大门，人们冲进大厅，像飓风一样卷走了帷幕，打破了箱箧，吞噬了碰到的一切。

副王总督伪装成修士模样，已经从密道逃走了，他逃到了圣弗朗西斯科修道院。

（72）

1625年：墨西哥城
您觉得这座城市怎么样？

神父托马斯·盖奇[1]刚刚到达此地，他在杨树林荫道上散心。他欣赏着那些从大树形成的隧道下飘过去的女士，眼神中仿佛要吃掉她

---

[1] 英国神职人员，(1597—1656)，出生于天主教家庭，多明我修士，1625年从西班牙前往墨西哥，1637年回到西班牙，1638年到英国，后改信新教。

们一样。为了能更好地显露摇曳的腰肢和优雅的步伐，没有一位女士腰部以下系着三角披巾或长巾；在每位女士的后面跟着一队由黑人和穆拉托人组成的女仆，她们快速地走着，胸脯抖动，快要从低胸衣里跳出来，这是玩火的引诱与游戏：她们的高跟鞋上戴着玫瑰花，前额系着的丝带上绣着绵绵情话。

一个印第安人把神父背到了总督府。

副王总督用菠萝蜜饯和热巧克力招待他，问他觉得这座城市怎么样。

正当他兴致高昂地盛赞墨西哥、女人、车辆和大街时，屋子的主人打断了他：

"您知道我因为一根头发而救了自己的命吗？就是秃子的头发……"

从总督的嘴里，一年前的哗变故事像飞瀑一样倾泻而出。

在经历了滚滚浓烟和遍地鲜血之后，在一小口一小口地喝完了两杯巧克力之后，盖奇神父得知副王总督已经在圣弗朗西斯科修道院躲藏了一年，现在仍然不敢走出总督府半步，怕被石子袭击。但是，那位作乱的大主教受到惩罚，正在贫瘠的偏僻小镇萨莫拉流放，好几位神父被惩罚去大帆船上划桨，只是绞死了三四名煽动者就压垮了民众的气焰。

"如果是我，我要绞死所有的人。"总督说道，他从座椅上起身站起来，宣布："所有的人，绞死整个该死的城市。"随后他又坐了下来。

"这是一片随时准备叛乱的土地。"他愤怒地喘着气，"我已经清洗了墨西哥道路上的土匪！"

他伸着脖子，神秘地补充说道：

"您知道吗？西班牙人的孩子们，那些出生在这里的孩子……您知道是谁走在动乱队伍的前头吗？是他们！克里奥人！他们认为这里是他们的祖国，他们想掌权……"

盖奇神父以神秘的眼神盯着吊在他头顶上的沉重的玻璃枝形烛台，评论道：

"他们严重冒犯了上帝。是第二座索多玛城……今天下午我目睹了一切。世俗的喜悦……"

总督点头肯定。

"他们如草快被割下，"神父做出裁定，"又如青菜快要枯干。"[1]

他喝下了最后一口巧克力。

"圣诗第37篇。"他总结道，轻轻地把杯子放在碟子里。

（72）

1625年：萨玛亚克
危地马拉取缔印第安舞蹈

修士们宣称在维拉帕斯地区已经不存在传统仪式和古老习俗的任何记忆和痕迹，但是街头公告员仍在各广场上扯着嗓子、接二连三地宣布禁令。

现在，王室检审庭的法官胡安·马尔多纳多在萨玛亚克村宣布新的命令，取缔所有对印第安人的意识有害、有悖于他们信奉的基督教法令的舞蹈，因为这些舞蹈恢复了献牲和古老仪式的记忆，冒犯了我们的主。印第安人花费金钱在制作羽毛、服装和面具上，浪费许多时间去排练、去狂欢作乐，因此就不去他们的庄园劳作，不交税，不管理他们的房子。

凡是跳木鼓舞的人将会受到一百下的鞭笞。在木鼓舞里，印第安人与魔鬼签下协议。"tun"（木鼓舞）或者"Rabinal Achí"（拉维纳尔武士），是一种关于生育的舞蹈，配有面具和许多话语；"tun"也是中空的树干，它的敲击声伴着长长的小号发出的长音，构成了基切人的"武士"剧的配乐，剧中胜利者们载歌载舞，向伟大的战败者——拉维纳尔武士致敬，战败者庄重地与他的土地说再见，然后登上即将处决他的刑柱。

（3）

---

[1] 这句话出自《圣经·旧约·诗篇》第37篇。

234 / 火的记忆 I

1626年：波多西
惩罚人的上帝

湖水猛烈冲击，冲破了堤坝，侵入城市。许多事物被洪水冲成了碎片。

骡子们从泥泞中拽出四分五裂的人。公墓里混乱地停放着西班牙人，克里奥人，梅斯蒂索人，印第安人。波多西的房子看起来也像破碎的尸体一样。

卡里卡里湖的怒火一直没有平息，直到神父们抬着真十字架基督像出来游行。看到基督来临，洪水退却了。

在整个秘鲁的布道坛上，这几日可以听到同样的布道词：

"罪人们！你们玩弄上帝的仁慈要到何时？上帝耐心地容忍。要到何时，罪人们？那些通告和惩罚难道还不够吗？"

在这些膨胀的、富裕的王国里，波多西的湖水崩裂并不是什么新鲜的事情。

四十五年前，一块巨石突然塌落到一个印第安巫师们的村落，在阿乔卡亚，离拉帕斯城几里格远的地方。陷落的村镇里只有酋长幸存下来，他成了哑巴，打着手势讲述这个故事。不久之后，另一块巨石埋葬了印第安异教徒们的一个村落，在亚诺阿卡，离库斯科很近。第二年，大地裂开，吞掉了阿雷基帕的人和房子。由于该城没有引以为戒，不久之后大地再次张开大口，吞掉了一切，只剩下圣弗朗西斯科修道院。1586年大海淹没了阿里卡的圣马科斯城，以及它所有的港口和海滩。

新世纪诞生时，乌比纳斯火山喷发。它的怒火如此之大，在陆地上火山灰翻越了科迪勒拉山脉，在海洋上，火山灰到达尼加拉瓜海岸。

1617年两颗警告之星出现在这片天空，它们不肯离去。最终，整个秘鲁的虔诚女教徒们连续五次不停地进行九日斋祈祷，献上牲祭、许下承诺，它们才走远了。

(141)

1628年：恰帕斯
主教与巧克力

　　他没有像肝脏畏寒的人那样撒上黑胡椒。他没有放玉米，因为玉米胀气。他撒了很多肉桂粉，因为肉桂利尿、明目、强心。他也毫不吝啬地撒了许多磨得很细的辣椒粉。他添了柑橘花水、白糖，为了颜色好看，加了一点胭脂树红。他从不会忘记加一把茴芹，两把香草和亚历山大地区的玫瑰花粉。

　　托马斯·盖奇修士酷爱精心准备的泡沫丰富的巧克力。那些甜食甚至是杏仁糖糕，如果不在巧克力里泡一泡，都没味儿。上午他需要一杯巧克力来继续路程，午饭后需要另一杯才能从桌子上起身，为了熬夜、消除睡梦还需要一杯。

　　但自从他到了恰帕斯之后，他尝都没尝巧克力。他的肚子抗议，但是托马斯修士宁可头晕眼花、昏昏沉沉地艰难度日，只要能避免遭遇贝尔纳多·德·萨拉萨尔主教被杀的不幸。

　　直到不久之前，这座城中的贵妇们在侍童和女仆等随从的陪同下去做弥撒时，她们不仅带了祈祷坐的天鹅绒跪垫，还带了火炉、小锅和杯子用以准备巧克力。由于贵妇们肠胃柔弱，如果没有一些热的灵丹妙药她们不能坚持一个祷告弥撒的时间，更不能坚持做完一个大弥撒。但是这给教堂造成了许多混乱与嘈杂，主教贝尔纳多·德·萨拉萨尔决定禁止这一习惯。

　　贵妇们报复了。一天早上，主教被发现死在他的书房里。在他的脚边找到了巧克力杯子的碎片，这是有人给他端来的。

　　　　　　　　　　　　　　　　　　　　　　　（72）

1628年：马德里
出售贵族身份

　　在古巴的马当萨斯海岸前，西班牙船队落入海盗皮埃特·海恩之手。所有从墨西哥和秘鲁运来的白银将被运到荷兰去。在阿姆斯特丹，海恩被晋升为海军大将，并为他准备了一场国家英雄的欢迎会。荷兰的小孩子们将会永远歌唱他：

> 皮埃特·海恩，皮埃特·海恩，
>
> 你的名字很渺小
>
> 但是你做的一切很伟大。

马德里则挠首头疼，王室的宝库只剩下一个窟窿。

在其他紧急措施之外，国王决定出售新的贵族头衔。功勋卓著的人将被授予贵族身份。还有什么功勋比用金钱来买贵族身份更卓著的呢？以四千金币作为交换，任何一位平民清晨醒来就变成了古老世家的贵族，一夜之间就变得血统纯正，而在前一夜他还是犹太人的儿子或者穆斯林的孙子。

但是二手的称号更便宜。在卡斯蒂利亚贵族过剩，如果不是他们的披肩罩住，他们的屁股都得露在外面。他们是虚假圆桌的骑士，他们以抖掉皮夹克和胡须上看不见的面包屑生活：他们给出价最高者使用"堂"的权利，而这是他们唯一剩下的东西。

那些逐渐没落的人与乘坐银制华丽马车的贵族相比，他们唯一的共同点是拥有荣誉感，怀念荣光，害怕工作——乞讨还没那么无耻——讨厌洗澡，因为洗澡是摩尔人的习惯，是与天主教不同的习惯，被宗教裁判所仇视的习惯。

(64, 218)

去西印度挣钱的人的谣曲，在西班牙传唱

去龙达摘梨

去阿尔格纳莱斯摘苹果

去西印度挣钱

去山上唱山歌

我的丈夫去了西印度
为了增加他的财富
他带回来的说着多
数着少

我的丈夫去了西印度
给我带来一把刀
刀上写着：
"想要吃饭的话，工作吧。"

男人们去了西印度
为了挣钱，去了西印度
这儿就有西印度
只要他们想工作

（19）

1629年：拉斯坎格雷赫拉斯

巴斯库尼安

　　头咯吱咯吱作响，很疼。弗朗西斯科·努涅斯·德·皮内达·伊·巴斯库尼安[1]躺在沼泽地里，周围是成堆的尸体，他睁开眼。世界一片

---

[1] Francisco Núñez de Pineda y Bascuñán（1607—1680/1682?），出生在智利，其父是西班牙征服现今智利地区的总参谋长阿尔瓦多·努涅斯。在耶稣会学习了八年后，弗朗西斯科入伍参加消灭智利原住民马普切人（又称阿劳坎人）战斗。1629年5月15日在拉斯坎格雷赫拉斯战斗中被毛里坎率领的马普切人打败，成为毛里坎的俘虏，11月29日在双方交换俘虏后回到西班牙军营。1673年，他根据自身六个多月的俘虏经历写了纪实报道《幸福的囚禁》（El cautiverio feliz），详细地描述了马普切人的生活习惯，同时也为马普切人的权利辩护。

混乱，到处是血和泥，被雨水滴得千疮百孔，整个世界在旋转、翻转、打湿又旋转。

印第安人扑到他身上，剥去了他的胸甲和铁头盔，头盔上有一块凹陷，那是把他打倒的重击所致。他们撕扯着把他脱得精光。在被绑到树上之前，弗朗西斯科努力画了一个十字。

暴风雨抽打着他的脸颊。世界不再摇晃。一个内心底处的声音，穿过阿劳坎人的叫喊声对他说："你在奇廉地区的一个河滩上，在你的智利领地里。这场雨就是淋湿你的火药的雨。这阵风是熄灭你的导火线的风。你失败了。你听听吧，印第安人在讨论你的死。"

弗朗西斯科轻声地做了最后一次祈祷。

突然，一阵彩色羽毛的疾风穿过雨帘。一匹白色的马闯进来，鼻子喷火，嘴里冒着泡沫，阿劳坎人给它让路。骑手戴着头盔，猛地抽打一鞭子。马前腿站立起来，立在战斗的胜利者毛里坎面前。所有人都吓得不敢作声。

"他是刽子手。"弗朗西斯科想，"现在，一切都完了。"

这位戴着羽饰的骑手弯下身，对毛里坎说了些话。除了雨声和风声，弗朗西斯科什么也没听见。但是当骑手掉转马头消失后，毛里坎给他的俘虏松绑，脱下披风给他罩上。

后来，马儿们朝着南方疾驰。

（26）

1629年：比奥比奥河畔
普塔皮纯

走了没多久，他们看到从遥远的山地走来一群人。毛里坎用脚后跟踹了一下马，上前去迎接普塔皮纯酋长。

山里来的人也带着一名俘虏，那个人脖子上系着绳索，在马队里跌跌撞撞地走着。

在一个光秃秃的小山丘，普塔皮纯插下了他的三尖长矛。他下令给俘虏松绑，朝俘虏的脚边扔了一根树枝。

"说出你的军队里最勇猛的指挥官。"

"我不认识。"士兵结结巴巴地说。

"说出一个。"普塔皮纯命令道。

"我不记得了。"

"说一个！"

他说出了弗朗西斯科神父的名字。

"再说一个。"

他又说了一个。每说一个名字，他就得折断一节树枝。弗朗西斯科紧闭着牙关观看了整个仪式。士兵说出了十二名指挥官的名字。手上有十二节小树枝。

"现在，挖一个坑。"

俘虏把那些树枝一根根地扔到坑里，嘴里重复着他们的名字。

"填上土。盖住它们。"

于是，普塔皮纯宣判：

"十二名勇猛的指挥官已经被埋葬了。"

行刑者朝俘虏砸下布满钉子的木棍。

他们取出他的心脏，邀请毛里坎饮下第一口血。当心脏在每个人的手里传递时，烟草的烟雾在空中弥漫。

之后，战斗中身手敏捷、说话却很缓慢的普塔皮纯对毛里坎说：

"我们是来买你带来的那个指挥官的。我们知道他是阿尔瓦罗的儿子，就是那个让我们的大地震颤的伟大指挥官的儿子。"

他献上了自己的一个女儿，一百头卡斯蒂利亚的绵羊，五只羊驼，三匹配有马鞍的马，几串宝石项链，他说："用所有这些，可以买十个西班牙人，绰绰有余。"

弗朗西斯科咽了咽口水。毛里坎看着地面。须臾，他说道：

"首先，我得把他带给我的父亲和我的雷波库拉地区的其他首领看一看。我想向他们展示一下我的勇气的证物。"

"我们等着。"普塔皮纯同意了。

"我从一个火坑跳到了另一个火坑。"弗朗西斯科想。他的耳朵嗡嗡作响。

（26）

1629年：因佩里亚尔河畔
毛里坎

"你在河里洗过澡了吗？离火近点。你在发抖。坐下来喝点东西。来吧，长官，你是哑巴了吗？你要是像我们中的人一样说我们的语言……吃吧，喝吧。还有很长的路在等着我们呢。你不喜欢喝我们的奇恰酒吗？你不喜欢我们的不撒盐的肉吗？我们的鼓声也不能让你的脚跳舞。你很幸运，小长官。你们用铁块在俘虏的脸上打下不能抹去的烙印。你运气太差了，小长官。现在你的自由是我的。我同情你。喝吧，喝吧，把你内心的恐惧赶出来吧。那些愤怒地四处找你的人不会找到你，我将把你藏起来。我永远不会卖了你。你的命运掌握在世界和人类的主人的手里。他很公正。就这样，喝吧。还要点吗？在太阳出来之前，我们要出发去雷波库拉。我要去见我的父亲，为他庆祝。我的父亲年纪大了。很快他的灵魂就要去很远的雪山顶上吃黑土豆。你听到了黑夜走路的脚步声吗？我们的身体已经洁净，精力充沛，准备好启程。马儿在等着我们。我的心在激烈地跳动，小长官。你听到了我心脏扑通扑通的鼓声吗？你听到了我喜悦的音乐声吗？"

（26）

1629年：雷波库拉地区
为了说再见

一个月亮接着一个月亮，时间一天天地过去。在被监禁的这几个月里，弗朗西斯科听到了许多也学到了许多。他知道了智利这场持久战争的另一个版本，有一天他会写下来：这是印第安人进行的正义之战，反对那些欺骗、侮辱他们的人，那些人对待他们如奴隶，甚至更差。

在树林里，弗朗西斯科跪在一个由爱神木树枝做的十字架前，做感恩的祈祷。今天晚上他将启程去纳西米恩托堡垒。在那里他将与被囚禁的三名阿劳坎人的首领交换。他将由一百名持长矛的人保护着。

现在他朝扎营地走去。在茂密的树枝下，穿着破旧斗篷、满面泥土的人围成一圈在等他。他们一个接着一个地轮替着喝小果子[1]或苹果做的奇恰酒。

德高望重的特雷乌皮利亚接过代表语言的肉桂树枝，高举着它，向每一位在场的酋长都致以一段很长的颂扬。之后他赞美毛里坎，称他为桀骜的勇士，战斗中不仅俘获了一位很有价值的敌人，而且知道让他活下来。

特雷乌皮利亚说："冷血地剥夺生命不是心肠高尚的人。当我们拿起武器去抵抗那些追捕我们、凌辱我们的西班牙暴君们时，只有在战场上我才不同情他们。但是之后，当我看见他们被囚禁时，他们让我感到巨大的痛苦和难过，让我心痛，因为事实上我们不仇恨他们这些人本身。我们恨的是他们的贪婪，他们的残忍，他们的狂妄。"

他转过身对着弗朗西斯科，说：

"你——长官，朋友、伙伴，你将要离开我们，你让我们很难过、很伤心，找不到安慰。你别忘了我们。"

特雷乌皮利亚把肉桂树枝扔在人们围成的圆圈中央，阿劳坎人跺脚唤醒大地。

（26）

---

[1] 此处小果子指的是前文提到的智利草莓。

1630年：莫托辛特
他们不背叛他们的死人

在将近两年的时间里，弗朗西斯科·布拉沃修士一直在莫托辛特这个村落布道。

一天，他向印第安人宣布西班牙召唤他回去。他说他很想回到危地马拉，永远地留在这里，与他亲爱的教徒们在一起，但是西班牙那边的上级领导不会同意。

"只有黄金可能说服他们。"弗朗西斯科修士提醒道。

"黄金我们没有啊。"印第安人说。

"是的，你们有。"神父戳穿他们的谎言，"我知道在莫托辛特藏着一个金矿床。"

"那些黄金不属于我们。"他们解释道，"那些黄金是我们的先辈的。我们只能守护它。如果少了一点，当他们回到世间时我们怎么对他们交代呢？"

"我只知道我在西班牙的上级会说什么。他们会说：如果你愿意留下的那个村落的印第安人那么喜欢你，那你怎么这么穷呢？"

印第安人集中起来召开大会商议这件事。

一个周日，在做完弥撒之后，他们蒙住了弗朗西斯科修士的眼睛，让他转圈直到转晕为止。所有人都跟在他的身后，从老人到襁褓中的婴儿。当他们到达一个岩洞的深处时，他们去掉了蒙眼睛的布带。神父眨了眨眼睛，黄金的亮光刺得眼睛疼，黄金多得比一千零一夜的所有金库里的黄金还要多，他双手颤抖，不知道该从哪开始。他把教士服变成了布袋子，尽可能地装。之后他以上帝和福音圣徒的名义宣誓将永不泄露这个秘密，他接过了为他旅途准备的一头骡子和玉米饼。

不久，弗朗西斯科神父在韦拉克鲁斯港口写的一封信到了危地马拉的检审庭。司祭承受着心灵的巨大痛苦完成了他的使命，用完成重要、卓越的事情来效忠于国王。他告知了黄金可能的方位："我想我只是走到离村子不远的地方，左手边有溪水潺潺声……”他寄了几块金块的样品，并承诺将把剩下的黄金献给马拉加的一位圣徒。

现在检审庭的法官和士兵们骑着马闯进了莫托辛特。法官胡安·马尔多纳多穿着红色法衣，胸前挂着一根白色魔杖，他规劝印第安人交出黄金。

他承诺并保证给他们很好的待遇。

他用严厉的措施和惩罚来威胁他们。

他把几个人关进牢房。

他给一些人戴上脚镣，折磨他们。

他让另一些人走上了绞刑架的台阶。

他什么也没得到。

（71）

1630年：利马
喜剧剧团的主妇玛丽娅

“每天我遇到越来越多的问题，拥有越来越少的丈夫。”玛丽娅·德·卡斯蒂略略叹着气。在她的脚边，布景员、提醒台词的人和主角女演员安慰着她，并给她扇扇子。

暮色沉沉，宗教裁判所的宪警从玛丽娅的臂弯里拖走了胡安，把他投进了监狱，因为毒舌们说在听福音时他说了这句话：“哎呀！除了生死已别无他物！”

几个小时前，在大广场和通往商人角的四条大街上，黑人拉匝禄已经当众宣布了副王总督颁布的关于露天剧场的新指令。

副王总督——钦琼伯爵下令修建一道泥砖墙，把剧院里的男观众和女观众分开，谁要是侵入对方的领域将受到监禁和罚款的处罚。他还命令戏剧表演尽早结束，在祈祷钟声响起时结束，男女观众分别从不同的门进场和离场，这样就不会在漆黑的街道上继续严重冒犯我们的主上帝。更甚之，副王总督还决定降低门票价格。

"他永远也不能拥有我！"玛丽娅喊叫道，"不管他对我发动多少围攻，他也永远不能拥有我！"

玛丽娅·德·卡斯蒂略是利马喜剧演员们的领头羊，她以风趣和美貌著称，她已六十高龄，但仍风趣依然，风姿不减，她仍然笑话那些用纱巾遮住一只眼睛的女人。因为她的双眸很美，她露着脸颊去看，去诱惑，去吓唬人。当她选择这个魔术师般的职业时她几乎还是个小孩，半个世纪以来，她站在利马的舞台上让人们神魂颠倒。她解释道，即使她想，她也不能把剧院换成修道院，因为在经历了三段如此享乐的婚姻之后，上帝是不愿娶她为妻的。

不管现在宗教裁判所的人怎么让她没有丈夫，也不管政府的敕令怎么试图驱赶观众，玛丽娅发誓她不会钻上副王总督的床。

"永不，绝不！"

迎着风、逆着潮流，她孑然一人，她将继续在圣奥古斯丁修道院后面的、她自己的露天剧场里孤独地排演斗篷与剑的演出。不久之后，她将重排西班牙杰出天才胡安·佩雷斯·德·蒙塔尔万的作品《修女少尉》，她还会上演两部调动气氛的新剧，让这座从没发生任何事件的城市里的所有人都激情地跳舞、唱歌、摇摆，这座城市极度无聊，在打哈欠的时间里就能死两位大妈。

(122)

1631年：古危地马拉城
康塞普西翁修道院里的午后音乐会

在修道院的花园里，胡安娜一边弹奏诗琴一边唱歌。绿色的光，绿色的树，绿色的微风，在她用歌声和音乐触碰之前，空气一片死寂。

胡安娜是马尔多纳多法官的女儿，马尔多纳多负责分配危地马拉的印第安人去田地、矿山和手工作坊。一千金币是他把女儿嫁给耶稣的嫁妆，在修道院里有六名黑人奴隶伺候她。当胡安娜唱着她自创的歌曲或是别人的歌时，女奴们远远地站着、倾听着、等待着。

主教坐在修女的面前，不能控制他的表情。他看着倚靠着琴颈的胡安娜的头，光滑的脖子，张开的双唇，光彩照人。他命令自己保持镇静。众所周知，他总是面无表情，无论是在亲吻时还是在吊唁时，但是现在他无动于衷的脸颊皱起来了，嘴唇扭曲，眼皮愤怒地抽动。他强有力的脉搏仿佛要挣脱这只捧着杯子、颤抖的手。

颂扬上帝、感怀世俗的音乐声飘荡在绿叶间。远处矗立着绿色的水火山，主教很想集中精力在那些玉米地、小麦田和山坡上闪耀的泉水里。

那个火山关押着水。谁要是靠近，就能听到压力锅里的沸腾声。最近一次的喷发至少是在一个世纪前，它淹没了佩德罗·德·阿尔瓦拉多在火山脚下创建的城市。这里，每年夏天大地就摇晃，预示着愤怒；城市惶恐不安地生活在两座可以切断其呼吸的火山之间，一座火山用洪水来威胁，另一座，是用地狱。

在主教的身后，水火山的对面耸立着火火山。火山口喷出的火焰让人在一里格地以外，在漆黑的夜里可以看清信件。时不时地发出大炮般的轰响，火山用石头来轰击世界，它喷出的巨石大得二十头骡子都不能拖动，天空中灰烬弥漫，空气中充满了硫黄的气味。

姑娘的声音在回旋。

主教看着地面，想数数蚂蚁，但是他的眼睛游走到胡安娜时隐时现的双脚处，他用眼神打量着在白色衣袍下颤动的、匀称的整个身体，突然他的记忆被唤醒，把他带到童年。主教回忆起他在做弥撒的中途一次次难以遏制地想吃圣饼的欲望，他想起了他担心圣饼流血的恐惧，之后他在一片没有说出的话语、没有写下的信函和没有讲述的梦境的海洋里漫游。

在长久的噤声之后，寂静发声了。主教突然注意到胡安娜停止弹唱已经有一会儿了。诗琴躺在她的双膝，她微笑着看着主教，用连她自己都羞愧的双眼看着他。绿色的微风拂过她的身边。

主教一阵咳嗽。茴芹落在地上，他的双手鼓掌鼓起了泡。

"我要让你当修道院院长。"他叫道，"我让你当女修道院的院长。"

（72）

沉默爱着的人的通俗谣曲

我想说，但什么也没说
我在说，却没说一个字。
我想爱，我不想爱
我在爱，我无意在爱。

我很疼，不知道哪里疼
我不知道疼从何来。
我不知道什么时候能痊愈
如果我知道的人来给我诊治的话。

每一次你看着我
我看着你的时候，
我用眼神告诉你
我没对你说的话。
由于我没找到你
我看着你，沉默不语。

（196）

1633年：皮诺拉

荣耀归于主

穿皮潜蚤比跳蚤小，但却猛于虎。它从脚上钻入，能击倒挠痒的人。它不攻击印第安人，但对外来人毫不留情。

托马斯·盖奇神父已经卧床与之抗争了两个月，当他庆祝战胜了穿皮潜蚤时，他衡量了一下他在危地马拉的生活。如果不是因为穿皮潜蚤，他不会有丝毫的抱怨。每个村落的人都吹着小号，在鲜花绿树的阴凉地里欢迎他。他有他想要的奴仆，有一个为他牵马的马夫。

他按时收到俸禄，有白银、小麦、玉米、可可和母鸡。在皮诺拉这里和米克斯科主持的弥撒另外付费，另付费的还有主持受洗礼、婚礼和葬礼，根据请求为祛除蝗虫、瘟疫或避免地震所做的祈祷。如果把他负责的圣徒——有很多圣徒——的祭品、平安夜和圣周的祭品也算在内，盖奇神父一年有两千多金盾[1]的收入，这是净收入，此外他饮的酒、穿的教士服都是免费的。

神父的薪俸来自印第安人上缴给堂·胡安·德·古斯曼的贡赋，古斯曼是这里的居民和土地的主人。由于只有结了婚的人才需要缴税，而且印第安人很快就会意识到问题并会提出质疑，官员们就强迫十二三岁的孩子结婚，在他们还在长身体时，神父就让他们结婚了。

（72，135）

1634年：马德里
谁曾藏在你妻子的摇篮下面？

宗教裁判所的最高委员会维护血统的纯正，决定今后在他们的官员结婚之前，要进行详尽的调查。

所有为宗教裁判所服务的人员，从门房到检察官，从刑讯人到行刑者，从医生到厨房伙夫都必须上交一份他们未婚妻的家族的两个世纪家谱，为的是避免他们与不纯洁的人结婚。

---

[1] 此处的金盾原文是埃斯库多（escudo），escudo的原意是"盾"，这是西班牙殖民地流通的一种金币。

不纯洁的人，换言之就是：带有几升或几滴印第安血液或黑人血液的人，或者其高祖信仰犹太教或伊斯兰教或其他任何异端的人。

（115）

1636年：基多

第三个一半

在长达二十年的时间里他一直是基多王国里的权贵，是政府的统帅，是爱情之王，是纸牌和弥撒之王。其他所有人都跟着他坐骑的步伐走路或奔跑。

在马德里，西印度事务委员会已经宣布他因为五十六项恶劣行径而犯罪，但是这个坏消息还没有飞越重洋。他将为二十年来开设在检审庭内、售卖他走私而来的中国丝绸和塔夫绸的商店交罚款；他得为与已婚妇女、寡妇和处女们的数不清的丑闻而交罚款；他还要为开在他家刺绣厅里、在他每天领圣餐的私人小教堂的旁边的赌场交罚款。纸牌的翻转让堂安东尼奥·德·莫尔加有了二十万比索的门票收益，这还不算他娴熟欺骗的手指的业绩。（许多印第安人因为欠十比索的债务，堂安东尼奥惩罚他们，让他们在作坊的纺车前度过余生。）

但是西印度事务委员会的决议还没有传到基多。让堂安东尼奥担忧的不是那件事。

他站在厅里，光着身子站在纯金打制的镜子面前，他看见了另一个他。他在寻找他像斗牛一样健壮的身躯，但是没有找到。在松弛的肚囊下面，在瘦削的双腿之间，静静地悬着那把已经熟练开启所有女人的锁孔的钥匙。

他寻找他的心灵，但镜子里没有。是谁偷走了这位训诫修士、比主教还虔诚的人的另一半慈悲心灵？神秘主义的双眼里的光芒去哪了？在白白的胡须上方只有黑斑和皱纹。

堂安东尼奥·德·莫尔加向前走几步，抚摸着镜子寻找他的第三个一半。应该有这么一席之地，让他梦过的梦想和遗忘的梦想前去寻找庇护。应该有这么一隅，让看千帆过尽的双眼能够保存世界的颜色，让几乎失聪的双耳能够保存美妙的旋律。他寻找某种不败的气味，某种没有消散的香气，某种仍残留在手心的温暖。

他没有认出任何安然无恙、值得留存下来的东西。镜子只是还给他一个空壳的老人，一个今夜即将死去的老人。

(176)

1637年：苏克雷河河口
迭吉略

几天前，神父托马斯·盖奇学会了如何逃脱宽吻鳄的追击。如果走之字形逃跑，宽吻鳄就会不知所措。它们只知道走笔直的路线。

另外，没有人教他如何逃脱海盗的袭击。但是难道有人知道乘坐着不配载大炮、行驶缓慢的护卫舰，逃脱两艘荷兰快船追击的方法吗？

护卫舰刚刚离开加勒比海，就降下船帆投降了。

盖奇神父的心跌落在地，比船帆更泄气。随他一起航行的有他过去十二年里存下的所有钱财，这些年他在美洲拯救了许多渎圣者，把许多死人拽出了地狱。

划艇来来往往。海盗们拿走了腌肉、面粉、蜂蜜、母鸡、油脂和皮革，也拿走了神父带着的几乎所有的黄金珠宝。不是所有的，因为他们没拿走他的床，而他把很大一部分财产缝在了床垫里。

海盗们的船长是一位魁梧的穆拉托人，他在他的客舱里接待了神父。他没有伸出手，但却给神父一个座位和一罐胡椒朗姆酒。一股冷汗从神父的脖颈里冒出来，流到后背上。他赶紧喝了一口酒。他听说过迭戈·格里略船长，知道他以前在可怕的"木制假腿"[1]手下做海盗，现在他获得了荷兰的私掠许可，独立门户了。听说迭吉略[2]杀人从不失手。

神父哀求着，结结巴巴地说他已经一无所有，只剩下身上穿的教士服了。海盗一边给他斟满酒，对他的话充耳不闻，眼睛也不眨一下，一边讲述他在坎佩切总督手下做奴隶时曾经遭受的虐待。

"我的母亲仍在哈瓦那做奴隶。你不认识我的母亲吗？她是多么善良啊，可怜的人，让人感到羞愧。"

"我不是西班牙人。"神父抽泣着说，"我是英国人。"他徒劳地重复着："我的国家不是你们国家的敌人。英格兰和荷兰不是很好的朋友吗？"

"今天我赢了，明天我就输了。"海盗说着，含了一口酒在嘴里，然后一点一点地送到喉咙里。

"你看！"他下令，然后脱去外面的短衫，露出了后背，后背上有鞭笞留下的许多伤疤。

甲板上的喧闹声传了进来。神父非常感激，因为喧闹声掩盖了他失控心脏的狂跳声。

"我是英国人……"

盖奇神父的额头上一条血管在绝望地抽动。口水拒绝从咽喉通过。

"请把我带到荷兰去吧。我求您了，先生，把我带到荷兰去吧。求您了！您这样慷慨的人不能这么抛下我，身无分文，一无……"

船长猛扯一下，从神父纠缠着的手里抽出胳膊。

他用手杖敲击地面，两个人进来了。

"把他带走！"

他背过身去，以示送客，眼睛看着镜子。

"如果你从哈瓦那经过的话，"他说，"别忘了去看我的母亲。替

[1] 荷兰海盗科内利斯·约尔（Cornelis Jol, 1597—1641）的绰号。

[2] 是迭戈·格里略的缩合Diego Grillo—Dieguillo。

我问候她，告诉她……告诉她我一切都好。"

当盖奇神父回到他的护卫舰上时，他肚子疼得痉挛起来。起风浪了，神父咒骂着十二年前在赫雷斯－德拉弗龙特拉那里对他说这句话的人：美洲遍地都是黄金和白银，但你走路得小心，别绊到钻石。

(72)

1637年：马萨诸塞湾
"上帝是英国人"

好几年前，灵魂的牧人、虔诚的约翰·艾尔默说："上帝是英国人。"马萨诸塞湾殖民地的缔造者约翰·温斯罗普肯定地说英国人可以像亚伯拉罕在索多玛人中一样合法地拥有印第安人的领土：所有人共有的东西就不属于任何人。这个荒蛮的族群统治着这片广袤的土地，没有任何的封号，也没有财产。温斯罗普是四年前乘坐"阿贝拉"号到达的清教徒们的领袖。他与他的七个儿子一起来的。受人尊敬的约翰·科顿告别南安普顿码头上的朝圣者们，肯定地对他们说上帝将像一只雄鹰展翅飞翔在他们头顶，指引他们从不公正之地——古老的英格兰一直到达应许之地。

为了在山巅建立新的耶路撒冷城[1]，清教徒们来了。在阿尔贝拉号到达的十年前，"五月花"号到达普利茅斯，同时，另一群渴求黄金的英国人早已到达南部的弗吉尼亚海岸。许多清教徒家庭逃离了他们的国王和主教，把赋税、战争、饥饿和瘟疫抛在了身后。他们也逃过了旧体制中变革的威胁。正如这位出身贵族的剑桥律师温斯罗普所说：万能的上帝，在他最神圣最智慧的天意中已经对所有时期里人的命运做出了安排，有些人富裕有些人贫穷；有些人享有很高的权力和尊严；有些人碌碌无为，屈从臣服。

---

[1] 约翰·温斯罗普著名的布道词《基督教仁爱的典范》中提出了创建"山巅之城"的构想。

印第安人第一次看见移动的岛屿。桅杆是一棵树，船帆是白色的云朵。当小岛停下来时，印第安人乘坐着独木舟靠近过去，准备采摘草莓。他们没有摘到草莓，而是天花。

天花打垮了印第安人的群落，腾空了领地来献给上帝的信使，上帝的选民——迦南沙漠上的以色列人民。那些三千多年以来一直居住在这里的人像苍蝇一样死去。温斯罗普说，天花是上帝派来的，是来迫使英国殖民者们占领这片居民被瘟疫驱逐的土地。

(35，153，204)

1637年：神秘堡垒
摘自康涅狄格的清教徒约翰·昂德希尔关于屠杀佩克特印第安人的证词

他们完全不知道我们的到来。我们接近堡垒，乞求上帝保护，并请求他参与这场如此艰难的事业……

我们的士兵不太会使用武器，进行了一次非常密集的排枪射击，就像上帝的手指用燧石点燃导火索一样，之后我们只能期盼着神佑我们。破晓时分，舷炮齐发，让熟睡中的印第安人惊恐万分，我们听到了最令人心惊的惨叫声。假如上帝没有把我们的心锻炼好为他服务的话，我们会产生怜悯之心。但是上帝已经夺去了我们的仁慈，我们准备好冷酷地完成使命，认为印第安人流血是因为他们野蛮地对待并杀死了我们三十多名同胞。我们右手持剑，左手端着卡宾枪或火枪，进攻堡垒……

很多人烧死在堡垒里……另一些人被迫逃出，但是我们的士兵用剑尖迎接他们。男人、女人、孩子们倒下了；那些从我们手上逃走的人落到了与我们联盟的印第安人手上，他们在后方等待。据佩克特印第安人说，在那个堡垒里有四百人左右，从我们手上逃走的人不到五个。对于那些从没上过战场的年轻士兵来说，血淋淋的场景是非常震撼、惨烈的，许多人躺在地上即将断气，有些地方人堆积成山，难以通过。

可能要问：为什么这么愤怒？（正如有人这么说。）基督徒不是应该拥有更多仁慈和同情心吗？我以回忆大卫之战来回答。当一个族群嗜血成性，反对上帝，且罪大恶极，大卫没有尊重那些人，而是挥舞利剑撕裂他们，把他们切成碎片，以最可怕的方式杀死他们。有时候《圣经》宣称妇女儿童应该与孩子的父亲在一起死亡。有时候，情况不一样，但是现在我们不去讨论这个问题。从《福音书》上我们为我们的行为获得了足够的光。

（204）

1639年：利马

马丁·德·波雷斯

圣多明我会的教堂敲响了丧钟。在烛光下，马丁·德·波雷斯全身冷汗淋漓，在圣母玛利亚、殉教圣女卡塔琳娜的帮助下与恶魔进行了许久的斗争后，交出了他的灵魂。他死在他的床上，石头充当枕头，旁边搁着一个头盖骨。利马的副王总督跪在床边，亲吻着他的手，请他去说说情，为其在天堂留出一席之地。

马丁·德·波雷斯是黑人女奴隶与她的主人的孩子，主人是一位血统纯正、世袭的西班牙绅士，他让黑人女奴隶怀孕并不是把她当作一个物件一样去玩弄，而是遵循基督徒的原则：在床上，所有的女人在上帝面前都是平等的。

十五岁的时候，马丁被送到多明我修士们的修道院。在这里他工作，创造了许多奇迹。因为他是穆拉托人，从来没有被任命为司祭，但是他每天都满怀爱意地握着扫帚，清扫厅堂、回廊、医务室和教堂。他拿着折刀为修道院里的两百名神父们修面，照顾病人，分发洗干净的散发着迷迭香味的衣服。

当他知道修道院资金不足时，他站到院长面前："万福玛利亚。"

"完全免费。"

"请把你们的恩惠卖给这个狗一样的穆拉托人吧。"他主动申请。

他让大街上浑身溃疡的乞丐睡在他的床上，整夜地跪地祈祷。神奇之光把他变得像雪一样白；当他半夜穿过回廊时，他的脸上冒出白光，这道神圣的闪光朝着他孤寂的房间飞去。他穿过上锁的门，有时候远离地面、跪在空中祈祷；天使们手上拿着灯、唱着经陪他。他不用离开利马，也能安慰远在阿尔及尔的俘虏，拯救菲律宾、中国和日本的灵魂；他不走出自己的房间，就能敲到奉告祈祷钟。他把衣服放在黑公鸡血和蟾蜍灰里蘸湿，口中念着从他母亲那里学来的咒语，医治垂死的人。他手指触碰牙齿，就能消除疼痛，让新开的伤口结痂；他把红糖变成白糖，用眼神灭火。主教不得不要求他在未经许可的情况下，禁止创造奇迹。

在每天的早祷之后，他脱光衣服，用打满许多大结的牛筋鞭抽打自己的后背，当鲜血淋漓时他叫道：

"卑鄙的狗一样的穆拉托人！你这负罪的一生要到何时？"

他满眼泪水，哀求着，总是请求原谅。天主教无比洁白的圣徒列传中第一位深肤色的圣人已经从世间经过。

(216)

1639年：圣米格尔-德图库曼[1]

摘自一封检举图库曼主教的检举信，寄往利马的宗教裁判所法庭

对至高神圣的法庭，必须诚恳、真实地说话，我检举图库曼受人尊敬的主教，梅尔乔·马尔多纳多·德·萨维德拉修士，关于他，我听说了严重怀疑我们神圣的天主教信仰的事情，这些事在整个主教区传得沸沸扬扬。据说在萨尔塔，正在施坚信礼时，来了一位相貌姣好的

---

[1] 阿根廷最小的省份图库曼的首府。

姑娘，他对她说：您的恩惠更适合被占有，而不是被施坚信礼。在科尔多瓦，去年——1638年，另一个姑娘来了，在众目睽睽下，他撩起了她的裙子，说："天啊！我不应该从上往下来施坚信礼，而应该是从下往上。"他与第一个姑娘，公开同居了……

（140）

1639年：波多西
商人的遗嘱

幕帘之间，露出了公证人的脸。卧室弥漫着蜡烛的气味和死亡的气息。在唯——盏蜡烛的烛光中，可以隐约看见垂死之人皮肤下的头盖骨。

"你等什么呢，老秃鹫[1]？"

商人没有睁开眼，但是他的声音听起来很坚定。

"我的影子和我已经商议过了，做出了决定。"他说。他叹了口气，命令公证人：

"你不可以增减任何内容。听见了吗？我将付给你二百比索的鸟，这样你就可以带着它们的羽毛和你用来写字的羽毛飞到地狱去。你在听我说话吗？啊！我过的每一天都是租来的。每过一天租金就更贵。写啊，写！快点写！我决定用我留下的四分之一的银子，在桥边的小广场上修建几个大厕所，让波多西的贵族们和平民们每天都在那里向我致敬，怀念我。我的金锭和钱币的另四分之一得埋在我这个房子的庭院里，门口安放四只最凶猛的狗，用铁链拴着，给最好的吃食，让它们来看守这个宝藏。"

他的舌头不打结，没有喘口气就继续说：

"用我的财富的另四分之一，烹饪出最精美可口的食物，放在我的

---

[1] 此处秃鹫比喻人贪得无厌。

银制盘子里，与我的食品储藏室的所有食物一起塞进一条深沟里，因为我想让那些将要狼吞虎咽地吃掉我的虫子饱餐一顿。我决定……"

他摇了摇食指，在白色墙面上投下了棍状的影子。

"我决定……任何人都不要去参加我自己的葬礼，而是让波多西能找到的所有驴子陪伴着我的身体，它们要穿着极为豪华的衣服，佩戴着最好的首饰，用我剩下的钱来装饰它们吧。"

(21)

印第安人说：

土地有主人吗？怎么是这样的呢？怎么必须得卖呢？怎么必须得买呢？如果土地不属于我们，那么又怎么样呢？我们是属于土地的。我们是她的子女。一直都是，永远都是。土地是活的。她哺育小虫子，也一样地哺育我们。她有血有肉。她有奶，她给我们奶喝。她有头发、牧草、稻草、树。她知道如何生出土豆。她让房子诞生。她让人诞生。她照顾我们，我们照顾她。她喝奇恰酒，接受我们的宴请。我们是她的子女。怎么必须得卖呢？怎么必须得买呢？

(15，84)

1640年：巴伊亚的圣萨尔瓦多
维埃拉

他的嘴冒着火星，喷出像军队一样武装的词语。巴西最危险的布道者是一位在巴伊亚长大的葡萄牙司祭，他内心深处就是巴伊亚人。

荷兰人曾入侵了这片土地，耶稣会修士安东尼奥·维埃拉问殖民地的绅士们：与荷兰人相比我们的肤色是不是更深一些，就像印第安人的肤色比我们深一些一样。站在布道坛上，词语的主人严厉训斥土地和人的主人：

"因为我出生离太阳更远一些我就得是主人，而另一些人因为出生时离太阳更近一些就得做奴隶吗？人与人之间不能再有更多的理解上的不尊重，也不能再有更多的判断错误！"

在巴西最古老的圣母堂里，安东尼奥·维埃拉也指责上帝是帮助荷兰入侵者的罪人：

"尽管我们是有罪之人，但是我的上帝啊，今天你一定是那个后悔的人。"

（33，171，226）

1641年：利马
阿维拉

他已经审讯了成千上万个印第安人，没有找到一个不是异教徒的人。他已经摧毁了印第安人的偶像和庙宇，已经焚毁了木乃伊干尸，他剃光了他们的头发，鞭笞他们的后背，伤其体肤。随着他的步伐，基督教信仰之风已经净化了秘鲁。

司祭弗朗西斯科·德·阿维拉年届六十五，他感到体力衰退，耳背，甚至连衣服都让他疼痛，他决定在没有得到他自年轻时一直就想要的东西之前不能离开人世。于是，他申请加入耶稣会。

"不行。"耶稣会的会长安东尼奥·巴斯克斯回答。

"不行，尽管弗朗西斯科·德·阿维拉说他非常博学，通晓多种语言，但他是梅斯蒂索人。"

（14）

1641年：姆博罗雷
传教团驻地

那些马穆鲁克[1]来自圣保罗地区，他们是逮捕印第安人的猎手，是土地的吞噬者：他们敲着鼓、扛着旗、列着军队的队形前进，他们是穿过巴拉圭而来的战争之雷、战争之风。他们携带配有颈镣的长绳，用于捆绑抓到的印第安人，然后把他们卖到巴西种植园做奴隶。

几年来，那些马穆鲁克或者巴西的探险者毁坏了耶稣会的许多传教团驻地。瓜伊拉地区的十三个驻地，只剩下一堆石头和灰炭。离开这里，在巴拉纳河的下游又建立了新的传教区，但是进攻仍然持续不断。在传教团驻地，蛇找到了聚在一起、肥胖的小鸟群，成千上万的被训练成劳动能手、被教化得纯真无辜的印第安人没有武器，很容易就被抓获了。在司祭们的监护下，瓜拉尼人共同过着严格管制的生活，没有私人财产，没有货币也没有死刑，不奢华也不贫困，他们伴着笛声唱着歌一起去劳作。他们用禾秆做的箭完全不能抵抗马穆鲁克的火绳枪，那些马穆鲁克把婴孩劈成两半来试刀口的钢刃，作为奖励，他们带走了撕成碎布条的教士服和一队队的奴隶。

但是这一次，有一场突袭在等待着入侵者。这些地区边境线的不堪一击让西班牙国王害怕，他下令给瓜拉尼人发放火器。那些马穆鲁克仓皇逃窜了。

从房子里冒出了烟柱和颂扬上帝的歌声。那不是纵火的烟而是从烟囱里冒出来的，庆祝胜利的烟。

(143)

---

[1] 马穆鲁克（mamelucos, mamelukes）指的是中世纪服务于阿拉伯哈里发的奴隶兵。

1641年：马德里
永恒对抗历史

奥利瓦雷斯伯爵-公爵咬着他的拳头非常生气，小声地咒骂着。在朝堂之上摸爬滚打了二十年之后他的权威是很大的，但是上帝比他更强大。

神学会刚刚否决了在塔霍河和曼萨纳雷斯河之间开凿运河的计划，这计划将会对卡斯蒂利亚荒原非常有利。那些河流将会保持上帝创造它们之初的模样，而卡尔杜齐和马特里工程师绘制的图纸将会停留在档案柜里。

法国宣布即将开凿连接地中海和加龙河谷地的朗格多克大运河。与此同时，在已经征服了美洲的西班牙，神学会认为：天意因为不可知的原因让一些事物不完美，谁试图改善它，就是冒犯天意。假如上帝希望那两条河通航，他早就让它们通航了。

(128)

1644年：詹姆斯敦
欧佩坎卡诺

在英国士兵从背后开枪打死他之前，欧佩坎卡诺首领自问："我的旅途中看不见的守护者在哪里啊？谁偷走了我的影子？"

他年届百岁时被打败了。他是乘坐轿子去战场的。

八十多年前，海军司令佩德罗·梅嫩德斯·德·阿维莱斯把他带到加的斯。带他去觐见菲利普二世：这是佛罗里达的美貌的印第安王子。他们给他穿上裤子、紧身坎肩和皱褶领。在塞维利亚的一个多明我修道院里，他们教他卡斯蒂利亚人的语言和宗教。之后在墨西哥，副王总督把他的名字赠送给他，欧佩坎卡诺更名为路易斯·德·贝拉斯科。后来他回到他父母的领地，做耶稣会修士们的翻译和向导。他们的人以为他起死回生。他进行基督教的布道，后来，他脱去衣裳，砍去了耶稣会教士们的头，重又叫他以前的名字。

从那时候开始，他杀了很多人，也见了很多事。他看见在这片被英国人称之为弗吉尼亚——纪念一位精神圣洁的女王——的土地上，大火吞噬了村庄和田地，他看见自己的兄弟姐妹被卖给出价最高的人。他看见天花吃人，看见烟草气势逼人，侵占了许多土地。他看见这儿曾经有的二十八个部族中的十七个怎么从地图上被抹去，他看见其他的部族如何被迫在迁徙和战争之间抉择。1607年一个凉爽的早晨，三万名印第安人欢迎那些到达切萨皮克湾的英国航行者。现在只有三千人幸存下来。

(36, 207)

1645年：基多
玛丽亚娜·德·耶稣

这是这座城市的灾难年。每一扇门上都系着黑带子。无形的麻疹和白喉大军已经入侵，正在肆虐。天一破晓黑夜顷刻退散，"白雪之王"皮钦查火山喷发了：大量的熔岩和火焰落到田地里，火山灰像飓风一样扫过城市。

"罪人，罪人！"

像火山一样，神父阿隆索·德·罗哈斯嘴里也喷着火焰。阿隆索神父站在耶稣会教堂——黄金做的教堂——闪闪发光的布道坛上捶胸，发出一阵阵轰鸣声，与此同时他哭泣、叫嚷、呼喊：

"天主啊，接受你的子民们最卑微的献祭。让我的血、我的肉来赎基多的罪孽。"

这时，一位姑娘站到布道坛下，冷静地说：

"我。"

在挤满教堂的众人面前，玛丽亚娜宣布她是被选中的人。她将平息上帝的愤怒之火。她将承担她的城市该承担的所有惩罚。

玛丽亚娜从来没有假装过得幸福，也从来没有梦到自己过得幸福，她睡觉从来没有超过四小时。唯一一次一个男人摸了她的手，她就生病了，持续发烧一个星期。从很小时候开始她就决定成为上帝的妻子，她没有把她的爱献给修道院，而是给了大街和田野：她不在修道院里平静地刺绣或者制作甜食和果酱，而是跪在棘刺和石头上祈祷，为贫穷的人找面包，为生病的人找药，为黑暗之中的不知神法的人寻找光。

有时候，玛丽亚娜感到自己受到雨点声和火焰爆炸声的召唤，但是上帝的雷声总是更加响亮：那个狂怒的上帝，有着蛇的下巴，闪电的眼神，赤身裸体地出现在她的梦里，考验她。

玛丽亚娜回到家里，躺在床上，准备替所有人去死。她抵偿上帝的宽恕。她献上自己的肉体让上帝吃，献上她的鲜血和眼泪，让上帝喝醉并忘却。

如此，天灾将会停止，火山将会平静，大地将会停止颤抖。

（176）

1645年：波多西
波多西罪妇艾斯特法妮娅的故事
（巴托洛梅·阿尔桑斯·德·奥尔苏亚·伊·贝拉撰写的纪事之缩略版）

艾斯特法妮娅出生在这座皇家市镇，美到极致，造物主已无法让她更美。

十四岁时，美貌的小姑娘听从其他一些堕落女人的劝告离开了家，她的母亲知道她女儿离开她是一个可怕的决定，几天之后母亲郁郁而终。

她并没有因此而改邪归正，因为她早已经失去了童贞这笔极为宝贵的财富，她穿着有失体统，成为臭名远扬的可耻罪人。

她的哥哥见她声名如此狼藉，就把她叫到家里对她说："尽管你不愿意但你必须得听我说，你要是再犯死罪，你就是上帝的敌人，恶魔的奴隶，除此之外，你还玷污了你的贵族身份，让整个家族蒙羞。妹妹，你看看你做了什么吧，走出那堆烂泥巴，敬畏上帝，忏悔吧。"对此，艾斯特法妮娅回答道："你对我有什么需求吗，伪君子？"当她的哥哥训斥她时，她猛地拔出了挂在墙上的锋利短刀，残忍、凶猛地刺杀他，并说道："你的那些理由只配得到这个回答。"她让他倒在血泊之中，之后她穿上丧服，表现得极为悲痛，来掩盖她的罪行。

她年迈的父亲，因为善良儿子的死伤心不已，也为坏女儿的丑事而难过，于是他也试图用一些好的理由去说服她，这个无情的人耐着性子听着，但她不但不改正，反而厌烦这位令人尊敬的老人，半夜时分她往父亲家的屋顶放了一把火。惊慌失措的老人从床上跳起来，大声疾呼："着火了！着火了！"但是屋顶的横梁掉下来，就在那里，可怕的火把他烧死了。

艾斯特法妮娅感到自由了，她更加放纵，沉溺于更大的恶习和罪恶中。

那几日，一位来自西班牙王国的，乘坐大帆船到达秘鲁的最富裕的商人来到这座市镇，那位著名罪妇的美貌和优雅传到了他的耳中。他请求见她，当这两个有伤风化的人正在卿卿我我时，这位女士的一位旧情人全副武装出现了，他带着所有的武器（含两把手枪），决定为他所受的侮辱复仇。

当她独自一人时，旧情人找到了她，但是她用一些欺骗的话语阻止了他愤怒的情绪，当他的暴怒有所缓和时，她从衣袖里快速地抽出一把小刀，这个不幸的人倒地死了。

艾斯特法妮娅把这件事告诉了那位富商。几个月后，饱受嫉妒之苦的他用去司法处揭发她的杀人事实来威胁她。那几日里他们一起去塔拉帕亚湖游泳。她自己脱去了华美的服饰，露出了白里泛红的雪白肌体，赤条条地跳进水里。粗心的商人跟着她下水了，两人游到湖中间时，她用双臂所有的力气把这个不幸的人的头埋进水里。

不要认为她的恶行仅只这些。她曾一刀结束了一位血统高贵的骑士的生命；她在下午茶点中下毒毒死了两个人；她施以阴谋，让其他人比剑，利剑刺穿胸膛，而艾斯特法妮娅看到他们因为她而鲜血四溅则格外高兴。

如此这般，到了1645年，当罪妇听了弗朗西斯科·帕蒂尼奥神父——这个时候波多西正享受着上帝的令人赞叹的美德——的一次布道时，便请求上帝用他的天佑神光帮助她。艾斯特法妮娅痛苦万分，她开始哭成泪河，大口地抽泣、呜咽，好似已被夺走灵魂，当布道结束时，她扑到神父的脚边请求忏悔。

神父劝她忏悔，并宽恕了她，因为众所周知，妇女们从引诱亚当的蛇那里继承了缺点，满怀幸福地沉溺在蛇的手里。艾斯特法妮娅像另一位抹大拉的玛丽亚一样从告解神父的脚边站起来，当她走在回家的路上时，哦！多么幸运的罪妇！圣母玛利亚真该出现，对她说："孩子，你已经被原谅了。我替你向我儿子求过情了，因为你在孩提时代经常念诵我的玫瑰经。"

(21)

1647年：智利的圣地亚哥
智利取缔印第安人的游戏

马丁·德·穆希卡总司令通过喇叭和幡旗宣布禁止"楚艾卡"这项游戏。"楚艾卡"是阿劳坎人的游戏，根据传统，他们在一片被绿树环绕的宽阔平地上，用弯曲的木棍去击打一个球。

不遵守该禁令的印第安人将受到一百大鞭的惩罚；由于这个卑劣的楚艾卡游戏已经在克里奥士兵中间广泛传播，因此其他非印第安人违反禁令则要被罚款。

总司令的布告上说，颁布该禁令是"为了避免那些极度危害我们的天主荣誉的罪行"，因为印第安人通过传球为战争做准备：游戏产生混乱，而之后他们之间就会乱箭飞舞。布告上还说，这是有伤风化的事情，在玩楚艾卡时，男男女女们几乎都是赤身裸体，只穿戴着蕴藏着赢球运气的羽毛和兽皮。在球赛开始之时，他们乞求神灵保佑，保佑他们英勇无敌、快速奔跑，保佑他们赢球，球赛结束时，所有人拥抱在一起，大口大口地喝着奇恰酒。

(173)

1648年：奥林达
炮灰的美德

当他被带离非洲村落，在罗安达被押上船卖到累西腓时，他还是个孩子。当他逃离甘蔗地，躲避在帕尔马雷斯其中一座黑色堡垒中时他已经长大成人。

荷兰人刚刚进入巴西，葡萄牙人向那些愿意与入侵者作战的奴隶许诺给予自由。逃居在帕尔马雷斯的奴隶们认为这场战争与他们无关：无所谓是荷兰人还是葡萄牙人在甘蔗地和蔗糖厂里紧握皮鞭。但是他，亨里克·迪亚斯却自告奋勇地去了。从那时候开始，他指挥一个由黑人组成的兵团，在巴西的东北部为葡萄牙王室而战。葡萄牙人把他封为骑士贵族。

亨里克·迪亚斯统帅从奥林达向驻扎在累西腓的荷兰军队发出一封恐吓信。他警告说，他的部队——亨里克军团是由四种人组成的：米纳斯人、阿尔达斯人、安哥拉人和克里奥人。这些人非常恶毒，什么也不惧怕，什么也不会惧怕。米纳斯人非常勇猛，他们的名声征服了他们的手臂不能及的地方；阿尔达斯人炽热无比，他们希望一刀斩断一切；安哥拉人健硕无敌，什么工作也不会累垮他们。现在诸位考虑一下，有没有必要让破坏一切的人来破坏整个荷兰。

(69, 217)

1649年：休伦湖的圣玛丽
梦的语言

"可怜的人。"拉格纽神父心想，他正在看着休伦湖的印第安人围着一个男人献上各种礼物和仪式，这个男人昨夜做了一个神秘的梦。整个村社的人给他喂吃的，为他跳舞；姑娘们轻抚他，用灰烬擦他的身体。之后所有人围成一圈坐下，准备猜测他做的梦。他们纷纷射出图像或语言之箭去追逐那个梦，而他不停地说着"不，不是。"直到有个人说："河。"于是在所有人的帮助下他们抓住了那个梦：河，一条愤怒的水流，一位妇女独自坐在独木舟上，她已经失去了船桨，河水把她带走，女人没有尖叫，而是微笑着，看起来很幸福……"是我吗？"其中一位妇女问道。"是我吗？"另一个问。公社的人叫来那位双眼能够看见最隐秘欲望的女人，让她解释这个梦的寓意。那个通灵大师喝着一杯茶，召唤她看守的灵魂，缓缓解析这个信息。

休伦湖的人相信，就像易洛魁地区所有村落的人一样，他们都相信梦能改变最平凡的事物，在用欲望的指头触摸它们之后，就把它们变成了象征符号。他们认为梦是没有实现的愿望的语言，他们称醒着时忽略的、灵魂的神秘欲望为 *"ondinnonk"*，当身体睡觉时，灵魂四处游荡时，*"ondinnonk"* 就钻出来了。

"可怜的人。"拉格纽神父想。

对于休伦湖的人来说，谁要是不尊重梦说的一切就是犯下了滔天大罪。梦发出指令。如果做梦的人没有履行梦的指令，灵魂就会生气，就会让身体生病或杀死身体。易洛魁部族的所有村落都知道疾病可以源自战争或事故，或因为女巫把熊的牙齿或碎骨头塞进了身体，但是疾病也源自灵魂，当灵魂想要一样东西而没有得到时，身体就会生病。

拉格纽神父与在该区域布道的其他几位法国耶稣会修士们讨论，他为加拿大的印第安人辩护："那些纯粹的愚蠢之事很容易被认为是渎圣行为……"

有一些司祭看到撒旦从这些迷信活动中钻出头角来；他们非常愤慨，因为印第安人经常做梦梦见违反了十诫的第六条规定[1]，第二天他们通过纵欲醉酒来治疗。一般情况下，印第安人几乎全裸，他们互相看着，着魔般地相互自由抚摸，随心所欲地结婚、离婚；只要梦给出指令，他们就举行"andacwandat"纵情狂欢会，这永远是疯狂犯戒律的机会。拉格纽神父不否认在这个没有法官、没有警察、没有监狱、没有财产的社会中，恶魔能够找到温床，在这个社会里，女人和男人拥有一样的控制权，他们一起崇拜假的神灵。但是神父坚持认为这些未开化、仍不知道上帝法则的灵魂拥有纯真的内心。

耶稣会的其他修士们人心惶惶，因为这些日子的任何一夜里，都有一个易洛魁人能梦见神父杀人。拉格纽记得这事已经发生了很多次，因此只要让做梦的人撕碎一件教士服，这样他的梦就像是跳了一场没有伤害的哑剧舞。

"这是非常愚蠢的习惯。"拉格纽神父说，"但这不是犯罪的习惯。"

（153，222）

易洛魁人的故事

外面的世界在下雪，在大房子的中央，年长的讲述者面朝着篝火在讲述。所有人坐在兽皮上一边听着，一边在缝制衣服、修理武器。

"以前天上长着世上最大的一棵树。"老人说道，"它有四条长长的白色的根，向四个方向延伸。从那棵树上长出了世间万物……"

老人说，有一天大风把那棵树连根拔起。从天上打开的洞里掉落了伟大首领的女人，她手里带着一把种子。一只乌龟用龟壳给她运来土壤，让她种下这些种子，因此为我们提供食粮的第一批植物发芽了。后来那个女人生了一个女儿，女孩长大成人，做了西风的妻子。西风在她的耳边吹了一些话……

---

[1] 摩西十诫的第六条规定是：勿行邪淫。

这位优秀的讲述者讲述着故事，让这一切发生。现在，西风正在这座大房子的屋顶上呼啸，从烟囱里钻进来，烟雾模糊了所有人的面庞。

教会易洛魁人聚集和倾听的狼兄弟站在山岗上嚎叫。到睡觉的时间了。

某一个早上，年迈的讲述者将不再醒来。但是听过这些故事的他们中的一个人将会继续向其他人讲述。之后，这个人也会死去，但是那些故事将会继续存活下去，只要大房子还存在，人们还围在火堆旁。

（37）

易洛魁人歌声之歌

当我唱歌时
我能帮助她
是的！是的！我能！
歌声多么强大！
当我唱歌时
我能抱起她
是的！是的！我能！
歌声多么强大！
当我唱歌时
我扶直她的臂膀
是的！是的！我能！
歌声多么强大！
当我唱歌时
我能扶起她的身体
是的！是的！我能！
歌声多么强大！

（197）

1650年：墨西哥城
胜利者和战败者

家族的盾徽高高地立在铁门的榫眼上，非常壮观，像一个圣坛。房子的主人乘坐着桃花心木的华丽马车进了门，后面跟着穿着统一服装的随从和马匹。屋子里面，古钢琴的声音戛然而止，可以听到格罗格兰姆呢的布料和薄纱发出的簌簌声，到婚嫁年龄的女儿们的说话声，轻轻踩在地毯上的脚步声。之后，银制的小勺子在瓷器上发出叮叮当当的声音。

这座墨西哥城，到处都是宫殿的城市，是世界上最大的城市之一。尽管她离大海很远，这里停泊着西班牙的船队、中国的航船和北方的银制大马车。这个强大的商会与塞维利亚的商会一争高下。从这里，商品流向秘鲁、马尼拉和远东地区。

在特诺奇蒂特兰城的废墟上为胜利者们修建了这座城市的印第安人用独木舟运来粮食。整个白天他们可以在这里工作，但是夜幕降临时他们就被驱逐出去，受着鞭笞的惩罚，被驱逐到城墙另一面的郊区。

有些印第安人穿上了袜子和鞋，说卡斯蒂利亚语，看看是否能让他们留下来，是否因此可以逃避赋税和强制劳动。

（148）

摘自纳华特关于生命短暂的歌曲

我们的生命一次就陨落
某一天我们离去
某一夜我们降落到神秘地带
我们来到这里只是为了相互认识
我们仅在世间经过

让我们平静愉悦地度过生命
来吧，尽情享受吧！
希望那些生气的人不再生气
世界多么宽广
但愿能够永生
但愿永不死去

我们生活着，心灵破碎
在这里我们被窥探，在这里我们被追踪
但是尽管有这些不幸
尽管心灵受伤
也不应该白白活着！
但愿能够永生
但愿永不死去

（77）

1654年：瓦哈卡
医术和巫术

萨波特克印第安人在呱呱坠地之前是五彩斑斓、啼啭鸣叫的鸟，他们对贡萨洛·德·巴尔萨罗布雷讲了几个秘密。在与他们居住了一段时间，并了解了他们的宗教和医术上的神秘之处之后，贡萨洛正在瓦哈卡写一份详细的报告，准备呈送到墨西哥城。报告向宗教裁判所举报这些印第安人，请求他们惩罚那些神父和普通司法已经无力阻止的民间医术。之前，阿拉尔孔学士与科乌伊科印第安部族的人共同生活了九年。他认识了那些治病救人的圣草，之后他举报印第安人进行魔鬼的巫术。

然而在征服的初期，土著人的医术在欧洲引起了巨大的好奇，欧洲人认为美洲的植物非常神奇。贝纳迪诺·德·萨阿贡修士搜集和出版了阿兹特克八位医生的学识，菲利普二世曾把他的御医弗朗西斯科·埃尔南德斯派到墨西哥深入学习当地的医术。

对于印第安人来说，那些草说话、有性别、能治病。正是那些植物，在人类语言的帮助下，祛除了身体的疾病，揭示了神秘，匡正了命运，激发了爱或者产生了遗忘。地上的这些声音从地狱一直响彻到十七世纪西班牙的耳畔，当时的西班牙忙于宗教裁判所和驱除邪魔的事务，治病方面他们更加相信祈祷、咒语和附身符的魔力，而不是糖浆、泻药和放血的作用。

(4)

1655年：圣米格尔-德-内潘特拉
四岁的胡安娜

当胡安娜在水沟边走路时，她边走边说，她在与她内心的伴侣——心灵说话。她感到无比幸福，因为她正在打嗝儿，当胡安娜打嗝儿时她就在长大。她停下来，看着影子，影子也随着她长大，她的肚子每鼓动一下后，她就用树枝来测量影子。以前，当火山还是活着的时候，在没有被它自己喷发的火烧死之前，也是每打一次嗝儿就增长一点。仍然有两座火山在冒烟，但是已经不打嗝儿了，已经不增长了。胡安娜打嗝儿，所以她在长。她在长大。

相反，哭泣就会让人缩小。因此，老妪们和葬礼的哭丧妇们像蟑螂那么大。这一点，胡安娜读的爷爷的书上没有讲到，但是她知道。这是她总与心灵交谈而获知的事情。胡安娜也与云彩交谈。为了能与云彩交谈，必须爬到山顶上或者最高的树枝上。

"我是云。我们云有脸和手。我们没有脚。"

1656年：圣地亚哥–德拉维加

盖奇

英国圣公会的牧师托马斯·盖奇在牙买加逝世，死于挂在两棵棕榈树间的吊床上。

自他穿着天主教的修士服在美洲陆地上朝圣的过往岁月开始，他就梦想着做英国在墨西哥的第一任副王总督，那时候他四处布道、监视、享受着巧克力和甜美的番石榴。回到伦敦他改变教派，说服克伦威尔勋爵，认为有必要、也有可能组建一支优秀的舰队，去征服西班牙的殖民地。

去年，威廉·佩恩上将率军入侵了牙买加的这座岛屿。英格兰扯掉了西班牙美洲帝国的第一块布，哥伦布的继承者们，牙买加的侯爵们失去了他们收入中最好的部分。那时候托马斯·盖奇牧师站在圣地亚哥–德拉维加最大的教堂的布道坛上发表了一场爱国的、清教的布道，与此同时，西班牙的总督正被他的奴隶们押着前来交出佩剑。

（145）

1658年：圣米格尔–德–内潘特拉

七岁的胡安娜

从镜子里她看见妈妈进来了，她松开了手里的剑，剑跌落在地，发出炮轰一样的巨响，胡安娜吓得浑身颤抖，把整个脸都埋进大檐帽下。

"我不是在玩儿。"她很生气，妈妈却笑了。她从帽子里抬起头来，脸上带着烟灰画的小胡子。胡安娜的小腿塞在巨大的皮靴里，走路歪歪扭扭，她跌跌撞撞地倒在地上，然后她跺脚，感觉受到了羞辱，非常生气。妈妈则笑个不停。

"我不是在玩儿。"胡安娜抗议道，眼里噙着泪水，"我是男人！我要上大学，因为我是男的。"

母亲抚着她的头。

"我的疯女儿，我漂亮的胡安娜，你不懂规矩，我可得惩罚你啊。"

她坐在胡安娜身边，温柔地说："你要是生来就是傻子就好了，我可怜的博学的女儿。"她抚摸着，而胡安娜的眼泪浸湿了祖父宽大的披肩。

(16，75)

胡安娜的梦

她在梦市场里徘徊。商贩们已经把梦铺开摆放在地上的大毯子上。

胡安娜的爷爷来到市场，他非常伤心因为他已经很久没做梦了。胡安娜牵着他的手，帮他选梦，杏仁糖糕的梦或者棉花的梦，那是睡觉时飞翔的翅膀。他们两个带着许许多多的梦走了，没有哪个夜晚能做上那么多的梦。

1663年：古危地马拉城
印刷机引入

帕约·恩里克斯·德·里维拉主教是主张强制印第安人劳动的坚决拥护者。主教辩称，如果不对印第安人实行分派劳役制，谁来种田呢？如果没有人种田，谁来培植精神呢？

当主教正在就此事撰写一份报告时，他收到了从普埃布拉发到危地马拉的第一台印刷机。这个教区博学的精神领袖弄来了印刷机、印刷铅字盒、排印版式和所需的一切，为的是他能在这里印刷他的神学论文《护教辩》。

危地马拉出版的第一本书不是用玛雅语写的，也不是用卡斯蒂利亚语写的，而是用拉丁文写的。

(135)

1663年：帕拉伊巴河畔
自由

猎狗们的吠叫声和奴隶追捕者们的喇叭声已经远去许久了。

逃跑的人穿过了麦茬比他还高的留茬地，朝河边跑去。

他扑向草地，面朝下，四肢大张。他倾听着蟋蟀、蝉和雨蛙的和鸣声。"现在我不是一个物品了。我的历史也不再是物品史了。"他亲吻大地，啃咬土地。"我已经脱离了陷阱。我不是一个物品了。"他赤裸的身体紧贴着被夜露浸湿的大地，倾听着渴望生长的小植物们破土而出的声音。他饿疯了，第一次，饥饿让他感到高兴。他的身上布满刀痕，但他浑然不觉。他翻过身来，面朝天空，想要拥抱它。月亮升上高空，远远地洒下银辉，拍打了他，光线强烈地击打着他，那是满月之光和闪烁的星光的抽打。他站起来，寻找方向。

现在，朝着雨林。现在，走向巨大的绿色扇形地带。

"你也去帕尔马雷斯吗？"逃跑的人询问一只爬到他手上的蚂蚁，请求它：

"你给我带路吧。"

(43)

帕尔马雷斯之歌

休息吧，黑人
白人不会来到这里。
如果来了
恶魔会带走他。
休息吧，黑人
白人不会来到这里。
如果来了

他会被我们的棍棒赶走。

（69）

1663年：巴里加山
帕尔马雷斯

有一些夜晚，在闪电的照耀下，在阿拉戈亚海边可以看到这座山的白炽山峰。在这座山的山嘴，葡萄牙人已经灭绝了卡埃特斯印第安人，教皇也已经把他们永久地驱逐出教会，因为他们吃了巴西的第一位主教。而在这里，逃跑的黑人奴隶们找到了庇护，自许多年以来，他们一直躲藏在帕尔马雷斯这些隐避的村落里。

每个居民点都是一座堡垒。在那些高高的木栅栏和布满荆棘的陷阱之外，绵延着大片的庄稼地。劳作的人劳动时，把武器放在随手能够到的地方；每天晚上回到堡垒时，都要清点人数，看有没有少人。

这里每年玉米成熟两季，还种植菜豆、木薯、甘蔗、土豆、烟草、豆荚、水果；他们饲养猪和鸡。帕尔马雷斯的黑人们比海边的居民吃得好得多也多得多，海边，为欧洲种植的甘蔗贪婪地侵占了所有人的所有时间和所有空间。

与在安哥拉一样，棕榈树在这些黑人的社群中占据主角地位，他们用棕榈树的纤维编织衣服、背篓和蒲扇；棕榈叶用来搭房顶和床；果实肉可吃、可做酒、可榨取点灯的油；果核炼成煎炸用的油，做成烟斗。与在安哥拉一样，首领们都从事炼铁这一贵族的职业，煅造的锅炉占据了广场上人们举行大会的最荣耀的地方。

但是安哥拉是多种多样的，整个非洲更是如此。帕尔马雷斯的黑人来自上千个地区，说着上千种语言。他们唯一共同的语言就是他们从主人的嘴里听到的语言以及他们在贩奴船上和甘蔗地里听到的鞭笞命令。现在，星星点点地夹杂着一些非洲词汇和瓜拉尼语单词的葡萄牙语——以前曾侮辱他们的语言——让他们建立联系、相互交流。

Folga nêgo（休息吧，黑人）

Branco não vem ca（白人不会来到这里）

自从荷兰人被驱逐出伯南布哥之后，葡萄牙人已经对这片自由人的领地发动了二十多次的军事进攻。一位通报员从巴西向里斯本报道：*我们的军队能够驯服骄傲的荷兰，但是在对帕尔马雷斯进行了数次的进攻，且屡战屡败之后，对这些野蛮人的战争仍然没有取得任何结果……*

荷兰人的运气也不好一些。他们的远征也是无功而返。荷兰人和葡萄牙人焚烧了空无一人的村镇，在丛林里迷路了，顶着滂沱大雨，像疯子一样四处转圈。他们这两队人在与影子作战，影子咬人后逃走了；每一次他们都宣布自己赢了，唱着胜利之歌。他们两队人都没有成功打垮帕尔马雷斯，也没能阻止奴隶们逃走。尽管荷兰人把叛乱的黑人钉上十字架，葡萄牙人鞭打黑人、摧残他们，让他们恐惧、引以为戒，但是奴隶们还是纷纷逃走，让国王的制糖业和整个王宫都丧失了劳动力。

攻打帕尔马雷斯的一支葡萄牙远征军刚刚两手空空地回到累西腓。领头的是一位黑人将领——贡萨洛·雷维洛，他率领两百名黑人士兵。他们能够逮捕到的寥寥无几的黑人囚犯已经被斩首。

（69）

1665年：马德里

卡洛斯二世

新君王摇晃着、哭泣。身后，他们用背带系着他的腋下和腰部，从后面提住他。四岁，他还不会说话，也不会走路，他们从十四位奶妈的乳头上拽下他，把他安坐在西班牙的王位上。

他哭是因为罩住眼睛的王冠弄疼了他，还因为他想回去和调皮的精灵们一起玩，想吮吸仙女们温暖的汁水。

这个体弱多病的人奇迹般地幸存下来，或许要感谢他们从来没有给他洗澡，甚至在刚出生时也没给他洗，尽管他的头上和脖子上到处都是化脓的痂。（自从多明戈·森图里翁九年前死于感冒后，宫里再没有人洗澡。）

"啊——哦——哦"[1]，国王咿咿呀呀地说着，用他自己的脚去轻轻抚摸耳朵。

（201）

1666年：新阿姆斯特丹
纽约

在几轮炮轰之后，英国人打倒了飘扬在堡垒上方的旗帜，从荷兰人手里夺下了曼哈顿岛，之前，荷兰人花了六十弗罗林从特拉华印第安人手里买下了该岛。

特拉华印第安人回忆半个多世纪前荷兰人到来时的情景：那个高大的人只想要很小的一块地用来种做汤的蔬菜，很小的一块地，几乎不到一张牛皮就能覆盖的面积。我们那时候应该警惕他欺骗的灵魂。

新阿姆斯特丹，北美洲最重要的奴隶市场，现在要改名为纽约；华尔街[2]是那条防止黑人逃走、修建围墙而形成的街道的名称。

（136）

1666年：伦敦
白人奴仆

三艘载满白人奴仆的船沿着泰晤士河驶向大海。当它们在遥远的

---

[1] 催眠的调子。

[2] 华尔街英文是Wall Street，因管控非洲奴隶修建木板墙而得名。文中的纽约直译是"新约克郡"。

巴巴多斯岛打开闸门时，活着的人将会去甘蔗、棉花和烟草种植园，死去的人将被沉入海湾底部。

那些贩卖白人奴仆的人自称为"圣灵"，他们拥有超人的魔法，能够把人人间蒸发：他们向安的列斯群岛运送妓女、从伦敦下街区绑架而来的流浪汉、在爱尔兰和苏格兰捕获的天主教年轻人以及因为打死私人领地一只兔子而在布里斯托监狱等待绞刑的囚犯。在码头上被捕获的醉汉醒过来时发现自己被关押在船舱的酒窖里。与他们一起前往美洲的还有一些用糖果诱惑来的小孩，以及许多用一夜暴富的许诺欺骗来的冒险者。在巴巴多斯或牙买加或弗吉尼亚的种植园里，他们将被榨干骨髓，直到他们能够支付他们的售价和旅程的船票。

白人奴仆梦想着变成土地和黑人的主人。在经过许多年的艰难忏悔和无薪工作之后，他们一旦恢复自由，做的第一件事情是买一个黑人，给睡午觉的他们打扇。

在巴巴多斯有四万名非洲奴隶。出生人口登记在种植园的账目册上。出生的时候，一个黑人婴儿值半个英镑。

(11，224)

1666年：托尔图加岛
海盗们的祭坛装饰

让·戴维·诺，被称作欧罗内斯[1]，他洗劫了雷梅迪奥斯和马拉开波。他的大刀砍伤了许多西班牙人。回程时因为抢到的财宝很沉，他的护卫舰只能半速前进。

欧罗内斯下船了。他唯一的忠诚朋友在他的靴子边摇尾、吠叫，在他冒险和遭遇不幸时一直陪伴左右；在他身后出现了一群刚刚从船帆的蜘蛛网状绳索上解放的人，他们渴望酒馆、女人和脚下坚实的

---

[1] François l'Olonnais（1630—1671），法国海盗，以残暴著称。

土地。

在这片灼热得能够烤熟海龟蛋的沙地里，海盗们静静地站立着，忍受着一场长长的弥撒。他们的身体伤痕累累，硬硬的夹克衫上满是污垢，被岁月的尖刀削刻过的脸上留着先知一样的胡须，油腻发亮。如果有人在弥撒中胆敢咳嗽或笑，他们会一枪毙了他，然后手画十字。每个海盗都是一座军火库。他们的腰间佩戴着鳄鱼皮刀鞘的四把短刀和一把刺刀，两把裸枪，木鞘马刀轻碰着膝盖，胸前斜挎着火枪。

做完弥撒之后，分发战利品。首先是身体残缺的人。失去右臂的人会分到六百比索或者六个黑人奴隶。左臂值五百比索或五个奴隶，任何一条腿也值这个价。在古巴或者委内瑞拉海岸留下一只眼睛或者一根手指的人有权利收获一百比索或者一个奴隶。

然后他们畅快地痛饮黑胡椒调的朗姆酒，白天以烧烤海龟这台压轴戏达到高潮而结束。在沙子里，炭火正在慢慢地煎烤着装在龟壳里的伴着蛋黄和香料、切得很碎的龟肉，这是这些岛屿上最高级别的宴会餐。海盗们躺在沙地上抽着烟斗，随着缭绕烟雾陷入乡愁中。

夜幕降临时，他们把珍珠铺在一位穆拉托女人的身上，对她轻声讲述恐怖的故事或者奇迹，绞刑、接舷登船和财宝的故事，在她的耳边发誓最近将不会出海。他们亲热时也不脱去靴子，明天这些靴子将会蹭亮港口的石头，去寻找进行另一场突袭的船只。

(61，65)

1667年：墨西哥城
十六岁的胡安娜

在船上，钟声提醒海员们夜间换岗的时间。在矿井和甘蔗地里，钟声敦促印第安劳役和黑人奴隶们去劳动。在教堂里，钟声报时，并通告弥撒、死亡和节日。

但是在墨西哥副王总督府的钟楼上有一口哑钟。据说，不知道多少年前，宗教裁判所的审判官们把它从西班牙一座古老村镇的钟楼上卸下，除去了它的钟锤，把它流放到西印度。自从1530年罗德里格先生铸成这口钟以来，它的声音一直清亮、温顺。据说，它可以随着敲钟人的命令发出三百种音调，整个镇上的人都为它骄傲。直到有一天夜晚，长久、猛烈的连续钟声让所有人从床上跳起来。钟像是在预警，因为惊恐或者喜悦，谁知道是什么原因呢？第一次没有人理解它。钟声仍疯狂地响个不停，人们聚集在修道院的中庭，镇长和神父爬上钟楼，却发现那里空无一人，顿时吓得目瞪口呆。没有手在敲钟。当局求助于宗教裁判所。宗教法庭宣布那口钟连续鸣响是无效、无意义的，惩罚那口钟永远缄默，并将其流放到墨西哥。

胡安娜·伊内斯·德·阿斯巴赫离开了她的保护者——曼塞拉副王总督的王宫，穿过大广场，两位印第安侍从拎着她的箱子跟在后面。到达街角，她停下来回头朝着钟楼望去，像是受到那口无声大钟的召唤。她了解它的历史。她知道它因为独自鸣唱而受到惩罚。

胡安娜朝着古圣德肋撒修道院走去。她将不再是宫中的侍从女官。在修道院走廊的静谧灯光下，在清幽的小房间里，她将去寻找她在外面世界里难以找到的事物。她一直想去大学学习世界的奥秘，但是女人生来就被惩罚，只能拿绣花绷子，只能伺候为她们挑选好的丈夫。胡安娜·伊内斯·德·阿斯巴赫将成为加尔默罗会的赤足修女，她将称自己为索尔·胡安娜·伊内斯·德拉·克鲁斯。

(58, 213)

1668年：托尔图加岛

狗

在海地北边的这座小岛上已经没有印第安人。但是西班牙人带来追捕和惩罚印第安人的狗却活了下来。獒已经繁衍生殖，成群活动，吞食野猪，与法国海盗争夺这片土地的控制权。每天晚上都能听到从树林里传来的嗥叫声。围墙内，海盗们战栗着入睡。

托尔图加岛属于法国柯尔培尔大臣创建的进行奴隶贸易和海上劫掠的公司。公司任命贝尔特朗·德奥热隆为总督，这位绅士在抢夺西班牙船只的海盗和出没在安的列斯海域的海盗中享有很高的威望。

总督从法国运来了一船的毒药。他将会毒死好几匹马，将肚子里满是毒液的马的尸体撒遍小岛。他希望通过这种方式结束野狗们的威胁。

（65）

1669年：直布罗陀镇

世间的全部财富

亨利·摩根的手下一直在马拉开波湖的周围四处刨挖，搜寻欧罗内斯不能带走而埋藏起来的财宝。尽管欧罗内斯的海盗们日夜工作不停歇，但仍没有足够的时间，没有足够的船舱来带走所有的财宝。

在进行了一轮炮轰之后，他们登陆了。海盗们从登陆艇上跳下来，拔出马刀，冲进冒烟的村镇。

镇上空荡荡的，没有人，什么也没有。

在广场的中央，一个衣衫褴褛、蓬乱的男孩笑着迎接他们。巨大的檐帽遮住了他的眼睛，一边的帽檐破了，垂在肩上。

"秘密！秘密！"他叫道。他像转动风车架一样绕着自己胳膊，在驱赶想象中的苍蝇，一直笑个不停。

当刀尖划到他的喉咙时，他轻声说道："你别光着脚睡觉，因为蝙蝠会吃了你的脚。"

空气中弥漫着厚重的蒸汽、烟雾和灰尘，热得烧起来了。摩根热得像被煮沸了，暴躁不已。他们绑住了小男孩，问："他们把珠宝藏在哪儿了？"他们打他："黄金在哪里？"他们首先在他的脸上和胸口划开了几道口子。

"我是塞巴斯蒂安·桑切斯。"他吼道,"我是马拉开波的总督的弟弟!我是非常重要的人!"

他们削去了他半个耳朵。

他们拖着他。男孩带着海盗们穿过树林,来到一个岩洞前,展示了他自己的财宝。在树枝下面,隐藏着两个陶土盘子,一个生了锈的锚头,一个空贝壳,几根彩色的羽毛,几块彩色的石头,一把钥匙和三枚小硬币。

"我是塞巴斯蒂安·桑切斯!"当他们杀死他时,财宝的主人一直重复着这句话。

(65,117)

1669年:马拉开波
爆破

天刚破晓,摩根发现西班牙的舰队从黑夜中钻出来,封锁了湖口。

他决定出击。他站在他的船队前面,派出一只满帆的单桅帆船,用船头去撞击西班牙人的主舰。单桅帆船上战旗飘展,斗志昂扬,它载着摩根在马拉开波湖找到的所有树脂、沥青和硫黄,在每个角落都藏有几个炸药包。几位穿着衬衣戴着檐帽的木头人驾驶着小船。西班牙的上将堂阿隆索·德尔·坎波·伊·埃斯皮诺萨被炸到天上去了,他不知道他的大炮是朝着一个火药库开火。

随后,海盗们的整个船队发动猛攻。摩根的三桅战舰用大炮爆破了西班牙人的封锁,赢得了这片海域。他们满载着黄金、珠宝和奴隶归航。

在船帆的阴影下,亨利·摩根高高在上,他从头到脚都穿着在马拉开波赢得的战利品,挂着金制望远镜,脚蹬科尔多瓦皮制的黄靴子,外套上的扣子是阿姆斯特丹的珠宝商们镶嵌的祖母绿。风吹起了他白色丝绸衬衣的花边蕾丝，带来了远在牙买加等待摩根的那位女人的遥远的声音，那位喷火一样火暴的穆拉托女人在码头上送别他时，警告道："如果你死了，我杀死你。"

（65，117）

1667年：利马
"请你同情我们吧"

波多西矿山的印第安人曾不用语言对他说"请你同情我们吧"。去年，莱莫斯伯爵——秘鲁的副王总督向西班牙国王递呈："*世界上没有哪个民族的人们如此精疲力竭。我以我的良知向陛下坦陈：运到西班牙的不是白银，而是印第安人的血汗。*"

副王总督见过矿山怎么吃人。他们从各个群落里带来许多印第安人，用铁环和绳子把他们串成串。矿山吃的越多就越饿。村镇里已经没有人了。

向国王递交奏呈之后，莱莫斯伯爵下令禁止整星期在令人窒息的矿井里连续作业。鼓声震天，发布了黑色的街头布告：副王总督决定从今以后，印第安人日出而作日落而息，因为*他们不是在矿井巷道里过夜的奴隶*。

没人理睬他的规定。

现在，在他简陋的利马宫廷里，他收到了自马德里传来的西印度事务委员会的答复。委员会拒绝取消在白银和水银矿山的强制劳动。

（121）

1670年：圣胡安-阿蒂特兰[1]

圣坛的闯入者

上午半晌时分，马科斯·鲁伊斯神父由小毛驴驮着前往圣胡安-阿蒂特兰村。谁知道微风拂来的流水潺潺声和悦耳钟声是来自村镇还是来自梦境呢？修士不着急赶路，颠簸着昏昏欲睡，呵欠连天。

到圣胡安-阿蒂特兰这个坐落在崎岖不平的深山老林里的小镇，必须要走许多山路，拐许多弯。众所周知，印第安人在山林里最蜿蜒曲折的角落种植作物，为的是在这些隐秘之地向他们的异教神灵致敬。

在经过最初几座房屋时，马科斯神父开始清醒过来。整个村落空荡荡的，没有人出来迎接他。他到达教堂，看见到处挤满了人，他用力地眨了眨眼睛。当他得以拨开一条路，揉了揉眼睛看到正在发生的事情时，他吓了一跳，惊恐不已。在教堂里鲜花点缀、香气袭人，从未有过的隆重，印第安人正在跪拜村里的傻子。傻子坐在圣坛上，从头到脚披着祭祀的圣衣，流着口水、斜着眼睛，接受供香、水果和热腾腾的食物，在他周围是一片哭丧的祈祷声和夹杂的赞美歌声。没有人听到马科斯修士愤怒的叫嚷声，他跑着去找士兵。

这个场景让虔诚的司祭愤怒，但是他的惊奇没有持续很久。毕竟，从这些偶像崇拜者身上能期待什么呢？他们砍树时请求树的原谅，在没对土地做出解释前不打井。难道他们不会把神灵与任何一块小石头、溪流声或蒙蒙细雨弄混吗？难道他们不把肉体的罪称为"游戏"吗？

（71）

---

[1] 危地马拉西北部的一个市镇。

1670年：马萨亚 [1]
"埃尔-古埃古恩塞" [2]

太阳冲破云层钻出来，旋即又钻进去藏起来，像是后悔了，抑或被下面如此多闪亮的人群吓到了。大地上一片欢腾：舞蹈、对白、舞剧、音乐短剧，在话语的边缘，埃尔-古埃古恩塞释放了狂欢。所有人物戴着面具，讲着一种新语言，不是纳华特语也不是卡斯蒂利亚语，而是在尼加拉瓜的一种混合语言。它是由上千种口头语言滋养而成，人们在挑衅时发展了它，在说话时创造了它，它是人们嘲弄主人的想象里火辣的辣椒。

一位年长的印第安人，善于欺骗嘲弄、出言不逊，他占据舞台的中央。他就是埃尔-古埃古恩塞，又称作公老鼠，他是禁令的嘲弄者，他从来不说他说的，也不听他听到的，因此他得以避免受到权贵的压迫：无赖不能赢时他就把它变成平局，当不能达成平局时，他就搅乱它。

(9)

1670年：库斯科
痣老

大教堂的墙壁上铺满黄金而显得臃肿，压得圣母喘不过气来。这位黝黑的圣母形象简朴，黑色的披肩长发从草帽里倾泻而下，臂弯里燃烧着一簇小火苗。她像置身于一片黄金海洋，到处都是黄金饰品。库斯科大教堂很想从它富贵的肚子里吐出这位印第安圣母——无依无靠的圣母，就像不久之前，教堂的门房驱赶一位想进教堂的赤足老妪

---

[1] 尼加拉瓜的一座城市。

[2] 《埃尔-古埃古恩塞》（又名公老鼠）是一部讽刺剧，是尼加拉瓜文学史上第一部剧作，以西班牙文化与土著文化碰撞融合为主题，融戏剧、舞蹈和音乐为一体。作品名字取自剧中的主角"El Güegüence"，源于纳华特语"huehue"，意思是"老者"或"智者"。

一样。

"让她进来!"司祭在布道坛上大声说,"让那位印第安妇女进来,她是我母亲!"

司祭名叫胡安·德·埃斯皮诺萨·梅德拉诺,但是所有人都叫他"痣老",因为上帝在他的脸上撒了许多痣。

当痣老布道时,人们都赶去大教堂。秘鲁教会没有比他更好的讲道者了。此外,他在圣安东尼奥神学院讲授神学,编写剧本。《爱你自己的死亡》是用他父亲的语言——卡斯蒂利亚语写成的一部喜剧,这部作品很像他讲道的布道坛:浮夸的诗句像殖民地的教堂里上千的阿拉伯花饰,繁复雕琢、华丽铺张。与此同时,他用克丘亚语——他母亲的语言写了一部结构简单、措辞简洁的宗教寓言短剧。在这部讲述浪子回头的短剧中,恶魔是秘鲁的庄园主,酒是奇恰酒,《圣经》里的牛犊[1]则是一只肥猪。

(18)

1671年:巴拿马城
关于约会的准时性

两年多前,亨利·摩根坐着独木舟到达巴拿马,他率领一小撮的人,嘴里叼着匕首,跳过波托韦洛的城墙。在没有蛇炮也没有大炮的情况下,他用非常少的武力攻克了那座无懈可击的棱堡;由于没有焚毁堡垒,他收到成堆的黄金白银作为赎金。巴拿马总督被打败了,面对对方举世无双的战绩他失意绝望,派人向摩根请求给他一支在进攻时使用的手枪。

"让他保存着这支手枪一年。"海盗说道,"我会回来取的。"

---

[1]《圣经》中记载了一个在外闯荡多年的浪子,挥霍了钱财后绝望地回到家里,父亲非常高兴,命仆人宰杀一头肥壮的牛犊来款待他。此处的牛犊应源于此故事。

现在他进入巴拿马城，在一堆火焰中前行，一手擎着迎风飘展的英国旗，另一只手握着马刀。后面跟随着两千人和几台大炮。在漆黑的半夜，火光亮如白昼，另一个夏天战胜了这片海岸的永恒的夏天：火吞噬了房子和修道院、教堂和医院；这位大吼大叫的私掠船船长的嘴里也在喷火："我来这里是为了钱，不是为了祈祷！"

在一阵烧杀之后，他带着长长的、看不到头的驴队离开了，驴子身上驮着黄金、白银和宝石。

摩根向总督请求原谅，因为他的约定延期了。

(61, 65)

1672年：伦敦
白人的货物

英国国王的弟弟约克公爵九年前成立了皇家探险家公司。之前，安的列斯群岛的英国种植者们从荷兰奴隶贩子那里购买奴隶，英国王室不允许向外国人购买如此昂贵的货物。新成立的公司将与非洲建立贸易联系，它有许多有威望的股东：国王查理二世，三位公爵，八位伯爵，七位勋爵，一位伯爵夫人，二十七位绅士。为了向约克公爵致敬，船长们在每年运往巴巴多斯和牙买加的三千名奴隶的胸口烙上鲜红的字母"DY"。

现在，公司更名为皇家非洲公司。英国国王拥有最多的股份，他鼓励在殖民地进行奴隶贸易，因为价格是非洲时的六倍。

大鲨鱼们一直跟随在船队的后面到达海岛，等待着从船上扔下来的尸体。许多人死亡，因为没有足够的淡水，最强壮的人才喝得到少量的水，许多人死于痢疾或天花这些疾病。还有许多人死于忧郁，他们拒绝吃饭，没有办法撬开他们的牙齿。

他们一排排地躺着，相互挤压，鼻子能碰到上面的甲板。他们手腕上戴着手铐，脚镣磨破了踝骨。当大海上波涛汹涌时或下雨时，必须要关上小窗户，稀少的空气让人发热，但是小窗打开时，货舱里也弥漫着仇恨的气味，那种发酵的仇恨，比屠宰场里最难闻的恶臭还要难闻，而且地面总是湿滑的，到处都是鲜血、尿液和粪便。

海员们睡在甲板上，整个晚上都能听到从下面传来的持续不断的呻吟声，天亮时能听到做梦回到自己家里的人发出的尖叫声。

（127，160，224）

曼丁哥人的爱情鸟之歌

但是你让我吧，让我对鸟儿歌唱，
哦！迪阿姆贝雷！
你披着腰带，长长的饰带飘飘
鸟儿倾听了离去的公主的知心话
收到了她最后的秘密。
而你们，姑娘们，唱吧，唱吧
甜美地唱吧
"啦啦啦，啦啦啦"——美丽的鸟儿。
你，可怕的手枪的主人，
让我看看爱情鸟吧
我和我朋友都爱的鸟儿。
你让我吧，华丽法衣的主人，
比白昼之光
还耀眼的服装的主人，
你让我爱恋爱情鸟吧！

（134）

1674年：罗亚尔港
摩根

当他在布里斯托被卖给人贩子时，他还是个小孩子。把他带到安的列斯群岛的船长在巴巴多斯用他换了几枚硬币。

在这些岛屿上，他学会了如何一斧头砍断砸到他头上的任何树枝，他知道没有哪笔财富不让父亲犯罪，不让母亲声名狼藉。许多年来，他一直劫掠大帆船，让许多女人成为寡妇。他一刀砍下戴着金戒指的手指。他成为海盗们的首领。更正，是私掠者。私掠船的海军上将。在他癞蛤蟆一样的脖子上总是垂挂着私掠许可证，该证让他洗劫行为合法化，并避免被绞杀。

三年前，在洗劫巴拿马城之后，他被囚禁押解到伦敦。国王解开他的锁链，晋封他为宫廷的爵士，任命他为牙买加的代理总督。

哲学家约翰·洛克为妥善管理这座小岛撰写了管理指南，因为这座岛屿是英国私掠者们的大本营。摩根将会注意到，在逮捕逃走的黑人时，《圣经》和狗都不可或缺。每当他的国王决定与西班牙修好时，他就会绞死他的海盗兄弟。

亨利·摩根刚刚登陆罗亚尔港，他摘下羽饰檐帽，喝了一大口朗姆酒，然后以敬酒的方式把碗里的酒倒在有许多鬈曲的假发上。私掠者们尖叫着、唱着歌，挥舞着马刀。

载着摩根前往总督府的马戴着黄金马掌钉。

(11, 169)

1674年：波多西
女巫克劳迪娅

她用手移动云彩，释放或阻挡暴风雨。一眨眼工夫，她把人们从极为遥远的地方带过来，也把人们从死亡里拽回来。她让波尔科矿区的总管从镜子里看到了他的家乡马德里，她给来自乌特雷拉的堂佩德罗·德·阿亚蒙特端来了他家乡那边刚刚出炉的蛋糕。她能让沙漠里冒出花园，能把最精明的情人变成处女。她救助到她家寻求避难的被追捕的人，把他们变成狗或者猫。她说，天气糟糕时要微笑面对，饥肠辘辘时也要弹奏美妙的音乐：她演奏比维拉琴，摇着小铃鼓，因此唤醒了悲伤的人和死人。她能让哑巴张嘴说话，也能让话痨失语。她与一位皮肤黝黑的恶魔在荒郊野地里露天下做爱。子夜过后，她凌空飞舞。

她出生在图库曼，今天早上她死在波多西。弥留之际，她唤来了耶稣会教士，请他从一个抽屉里取出一些半身蜡像，去掉扎在蜡像身上的针，这样五位她令其生病的神父将会痊愈。

司祭让她忏悔，并献上神圣慈悲礼，但是她笑起来，她笑着死了。

(21)

1674年：约克镇
奥林匹斯山的骏马

约克镇的一位裁缝詹姆斯·布洛克向马修·斯莱德挑战，举行赛马比赛。该郡县的法院认为他自吹自擂，给予罚款的惩罚，并警告他说"赛马是绅士的运动，劳工参加赛马乃违法之举"。布洛克必须赔偿两百磅的桶装烟草。

平民步行，绅士骑马，贵族的光环是马蹄一路扬起的尘云。马蹄创造财富，亦毁灭之。为了每周六下午的赛马或者为了夜晚以马为谈资，烟草绅士们穿着绫罗绸缎，戴着最初的鬈曲假发，离开幽静的庄园，围坐在装着苹果酒或白兰地的罐子旁，当骰子在桌面上翻转时，他们讨论一番，押上赌注。他们以现金、烟草、黑奴或白人奴仆为赌注，白人奴仆指的是那些为偿还从英国来的旅费债务而付出经年劳动的人。只有在非常荣耀或者即将破产的夜晚他们才会以马为赌注。一匹宝马是衡量它的主人价值的尺码，弗吉尼亚的烟草贵族是在马上生活、指挥，而且将会在马上走向死亡，像风一样飞向天堂之门。

在弗吉尼亚没有时间做别的事情。三年前，总督威廉·伯克利能够骄傲地说："感谢上帝，这里没有免费的学校，也没有印刷机，我希望在未来的一百年里我们都不要有这些；因为教育给世间带来违抗、异端学说和其他教派，而印刷机会让这些东西四散传播。"

（35）

1676年：康涅狄格河谷
战争之斧

当第一场雪飘落时，万帕诺亚印第安人揭竿而起。他们不能容忍新英格兰的边界如此快速地向着南方、西方扩张，于是在冬末，印第安人已经夷平了康涅狄格河谷，攻打到离波士顿不足二十英里的地方。

马镫上绑着死于箭伤的骑手，马拖着他前行。被掠夺的人——迅猛的勇士们，英勇作战，消失了，于是入侵者们将逐渐拓展到几年前他们登陆的海岸线。

（153，204）

1676年：普利茅斯
梅塔科姆

半数的印第安人死于这场战争。英国人的十二个据点毁于灰烬。

夏末时分，英国人把梅塔科姆的头带到了普利茅斯。梅塔科姆，或者叫撒旦，是万帕诺亚人的首领，他努力想从清教徒殖民者的手里夺回天神赐给他们的土地。

普利茅斯最高法庭进行商议：我们怎么处置梅塔科姆的儿子？是

绞死他还是把他卖作奴隶呢？法官们参考了《申命记》（24.16）、《列王纪》Ⅰ（11，17）、《历代志》Ⅱ（25.4）和《诗篇》（137.8，9），决定把梅塔科姆九岁的儿子卖给安的列斯群岛的奴隶市场。

作为慷慨的又一证明，胜利者们给印第安人一小块他们以前曾经拥有的土地：今后，这个地区的所有印第安部落，不管有没有参与梅塔科姆的起义，都将被赶入马萨诸塞湾的四个保留地。

（153，204）

1677年：旧罗德镇
此岸死亡，彼岸重生

身体不知道这个，因为它知之甚少，呼吸的心灵也不知道，但是做梦的心灵知道，它知道的最多：在美洲自杀的黑人将会在非洲重生。在圣基茨这座岛屿上，许多奴隶以绝食来等死，或者只吃泥土、灰或石灰；另一些人则给脖子套上绳索。树林里，树枝低垂的高大树干上延伸的藤蔓间垂挂着许多奴隶，自杀不仅仅灭杀了他们痛苦的记忆，他们在自杀的同时，也乘坐着白色的独木舟，启程返回他们的出生地。

一个叫伯里奥的种植园园主在树林里散步，手上拿着砍刀，边走边砍去上吊的人的头。

"如果你们愿意你们就上吊吧！"他警告活着的人，"在那边的土地上，你们将没有脑袋，就看不见也听不见，不能说话，也不能吃饭！"

另一位业主克里普斯少校是最残酷的惩戒者，他推着推车进入树林，推车上有制糖的锅和粉磨机。他四处寻找，找到从他手下逃跑的奴隶，奴隶们已经聚在一起，正在打绳结，选择树枝，他对他们说："你们继续，继续。我将会与你们一起上吊。我陪你们一起。我已经在非洲买了一座巨大的甘蔗园，在那里你们将为我工作。"

克里普斯少校选了最大的一棵树，巨大的吉贝木，他把绳子缠绕到他的脖子上，打了一个活结。黑人们看着他，不知所措，但是他的脸罩在草帽下面只是一片黑影，黑影说："快走吧，各位！快点！在几内亚我需要劳力。"

（101）

1677年：卡尔武港
统帅承诺土地、奴隶和荣誉

清晨，军队从卡尔武港出发。自愿加入的和招募入伍的士兵们一路进发，去攻打帕尔马雷斯的自由黑人。自由的黑人们正在伯南布哥的南部到处焚烧甘蔗园。在弥撒之后，帕尔马雷斯之战的最高统帅费尔诺·卡里略做动员讲话：

"尽管敌人数量众多，但他们只是一群奴隶。天性让他们生来就是服从多于反抗。如果我们消灭了他们，我们将会有土地来修建我们的种植园，黑人来做我们的奴隶，并且将会光耀门庭。黑人们在做亡命反抗，而我们将像领主一样追捕他们！"

（69）

1678年：累西腓
冈加·祖巴

圣母堂的感恩弥撒上，伯南布哥的总督阿伊雷斯·德·索萨·德·卡斯特罗撩起他的绣花礼服的尾摆，跪在圣体座前。在他身旁，跪着身披红色丝绸的宽敞披肩的冈加·祖巴，他是帕尔马雷斯联邦的最高首领。

钟声洪亮，炮声隆隆，鼓声雷动，总督授予冈加·祖巴军团长的头衔，为了证明友谊，他收养了冈加·祖巴最小的两个孩子，他们都将姓索萨·德·卡斯特罗。葡萄牙国王的代表团与帕尔马雷斯的代表们在累西腓进行和平谈判之后，达成下列协议：帕尔马雷斯避难所将被清空，出生在那里的所有人被宣布是自由的，而身上带有烙铁印记的人将回到以前的主人名下。

"但是我不投降。"冈加·祖巴的侄子祖比说。

祖比留在了帕尔马雷斯的中心马卡科斯，对接连而来赦免他的各个团体都充耳不闻。

帕尔马雷斯三万居民，只有五千人追随冈加·祖巴走了。对于其他人来说，冈加·祖巴是一个该死并且被遗忘的叛徒。

"我不相信我敌人的话。"祖比说，"我的敌人们甚至彼此之间都不信任。"

（43，69）

约鲁巴人抗敌咒语

当他们想抓一只
垫子下的变色龙时，
变色龙变成了垫子的颜色
与它混在一起。
当他们想抓一只
河底的鳄鱼时，
鳄鱼变成了水的颜色
与水流混在一起。
当巫师想抓我时，
希望我能获得风的灵敏
一吹就逃走了。

（134）

1680年：圣达菲-新墨西哥
红十字架和白十字架

龙舌兰纤维绳上的结扣宣告革命，提示离起义还剩下多少时日。最机敏的信差拿着绳子走乡串户，走遍整个新墨西哥地区，直到愤怒的星期日来临。

二十四个部落的印第安人都起义反抗。他们是这片北部区域剩下来的印第安部落，早在征服者到来之时，这里曾有六十六个部落。西班牙人成功镇压了一个或者两个村落的起义。

"投降吧！"

"我宁可死！"

"你将会去地狱的。"

"我宁可去地狱。"

但是痛苦的复仇者们继续推进，摧毁了教堂和堡垒，几天之后他们成为整个地区的主人。为了洗去受洗的圣油，摆脱基督教的名字，印第安人跳入河里，用肥皂草擦洗身体。他们打扮成修士的模样，为庆祝收复他们的土地、恢复他们的神灵而畅饮。他们宣布将永不为他人劳作，所有地方将会长出葫芦，整个世界都将像下雪一样棉花漫天飞舞。

包围圈在圣达菲城周围收紧，该城是西班牙人在这片遥远地区的最后一个棱堡。印第安首领迅速到达城墙下。他佩戴着火绳枪、匕首和长剑，腰间系着他在一座修道院里找到的塔夫绸的束腰带。他向城墙根扔下两个十字架，一个白色的，一个红色的。

"红色十字架是抵抗，白色是投降。你们选哪个就举起哪个吧！"

然后他转身背对被困者，消失在一片尘雾中。

西班牙人进行抵抗。但是几天后他们竖起了白色十字架。许久之前，他们来到这里寻找传说中的锡沃拉的七座黄金城。而现在他们开始向南方撤退。

(88)

1681年：墨西哥城
三十岁的胡安娜

　　早祷和晨经之后，她把一只陀螺放在面粉上转，研究陀螺转出的圆圈。她研究水、光、空气和其他各种事物。为什么鸡蛋在热油里凝固，而在糖浆里就碎了呢？她在大别针的三角里寻找所罗门的戒指。她把一只眼睛贴在望远镜上，追捕星星。

　　他们用宗教裁判所来威胁她，禁止她打开书本，但是索尔·胡安娜·伊内斯·德拉·克鲁斯研究上帝培养的事物，对我来说这些事物是字母，整个宇宙机器充当书籍。

　　在圣爱和人爱之间，在她脖颈垂下的玫瑰经念珠的十五端奥迹和世界的奥秘之间，索尔·胡安娜在挣扎；当许多夜晚，她内心深处激情与理性之间永无休止的战争再次开始时，她就彻夜不眠不休，不停地祈祷、写字。每一次斗争结束时，第一缕晨光已照进哲罗姆修道院里索尔·胡安娜的房间，这让她想起了卢佩西奥·莱昂纳多的话：一个人既可以进行推理思考也可以做饭。她在桌子上创作诗歌，在厨房里做千层饼；文字和美味分别给心灵和嘴巴——两者都受到痛苦的守护神的惩罚——带来欢愉，就像大卫的竖琴之音不仅治愈了扫罗，也治愈了大卫一样。

　　"只有受苦才会让你配得上上帝。"告解神父说，并命令她烧毁她写的东西，装若不知、视而不见。

（55，58，190）

1681年：墨西哥城
斯古恩萨·伊·贡戈拉

　　自去年年末开始，一颗彗星点燃了墨西哥的天空。这个愤怒的先知预示着什么灾难？它将会带来什么痛苦？太阳会像上帝的巨拳一样，撞到地面吗？大海将会干涸，河流里将会一滴水不剩吗？

"没有任何理由认为彗星预示着晦气。"智者这么回答惊慌失措的人们。

卡洛斯·德·斯古恩萨·伊·贡戈拉发表了《关于消除彗星对胆小之人威慑力的哲学声明》，这是令人惊奇的抵抗迷信和恐惧的辩护词。在天文学和天象学之间，在人类的好奇和神的启示之间爆发了一场大论战。德国的耶稣会教士尤西比奥·弗朗西斯科·基诺正在这里游历，他援引《圣经》的六大基本原理来佐证：几乎所有的彗星都是邪恶、悲伤和不幸事件的先兆。基诺倨傲地想修正斯古恩萨·伊·贡戈拉的论调，而哥白尼、伽利略以及其他异教徒的子弟，智慧的克里奥人这么答复：

"您至少会承认在德国之外也有数学家吧，尽管他们被埋没在墨西哥湖的芦苇、香蒲丛里。"

科学院的首席宇宙学家斯古恩萨·伊·贡戈拉已经推测出重力定律，他认为其他的恒星也应该像太阳一样有行星围绕。通过计算日月食和彗星的周期，他成功确定了墨西哥印第安人历史的年代；地球和天空同属他的研究对象，所以他也确定了这座城市的经度（圣克鲁斯-德特内里费以西283°23′），绘制了这个地区的首幅完整地图，并把所有这些事件写成了诗歌和散文，所有这些作品顺应时代的潮流取了荒诞可笑的题名。

(83)

1682年：阿克拉
整个欧洲在贩卖人口

在离英国和丹麦的堡垒不远处，一颗子弹的距离，建起了普鲁士的新商号。一面新旗帜飘扬在这片海岸，飘扬在奴隶们的木头仓库的屋顶和满载货物离港的船只的桅杆上。通过非洲公司，德国人加入了这一时期最有利可图的贸易。

葡萄牙人通过几内亚公司逮捕和贩卖黑人。皇家非洲公司效力于英国王室。法国的国旗飘扬在塞内加尔公司的船上。荷兰西印度公司生意繁荣。丹麦专门从事奴隶贸易的公司也叫西印度公司。南海公司让瑞典人挣钱盈利。

西班牙没有任何一家贩卖黑奴的公司。但早在一个世纪前，塞维利亚的西印度贸易署曾向国王呈递资料翔实的报告，陈述奴隶是所有进入美洲的货物中最有利可图的；现在仍然是如此。为了获得在西班牙殖民地里贩卖奴隶的权利，外国公司得向皇家金库支付巨款。用这些资金修建了马德里和托莱多的城堡以及其他建筑。黑人理事会在西印度事务委员会的主厅里举行会议。

（127，129，160，224）

1682年：雷梅迪奥斯
奉恶魔之命

她颤抖、扭动、号叫、流口水。她让教堂的石头颤动。在她的四周，古巴红色的土地在冒烟。

"撒旦！狗东西！醉醺醺的狗东西！说话啊，不说我就对你撒尿！"宗教裁判所的审判官何塞·冈萨雷斯·德拉·克鲁斯威胁道，他是雷梅迪奥斯这个镇的教区神父。他把女黑人莱昂纳达推倒在主祭坛前，用脚踢她。公共公证人巴托洛梅·德尔·卡斯蒂略等待着，不敢喘气，他一手攥着一沓厚厚的纸，另一只手悬握着羽毛笔。

恶魔在黑人莱昂纳达迷人的身体里幸福地嬉笑玩闹。

审判官一脚踢翻了女奴，她脸朝下趴到地上，舔了一嘴灰，又弹起来，她从棋盘式的地砖上站立起来，转身，放着光，流着血，非常美丽。

"撒旦！路西法！黑鬼！快说，你这臭狗屎！"

从莱昂纳达的嘴里冒出了火和泡沫，也大声嚷嚷一些除了何塞神父无人听懂的话,神父翻译并口述给记录员:"她说她是路西法!她说在雷梅迪奥斯有八十万个恶魔!"

女黑人继续大骂。

"还有什么?还有什么?狗东西。"神父命令着,拽着莱昂纳达的头发,把她拎起来。

"说话啊,废物。"

他没有辱骂她的母亲,因为恶魔没有母亲。

在黑奴昏迷之前,神父叫嚷着,公证人记录:"她说雷梅迪奥斯将会塌陷!她正在坦白一切。我抓住她的脖子!她说大地将吞噬我们!"

他号叫着:"地狱之口!她说雷梅迪奥斯是地狱之口!"

所有人都叫嚷起来。雷梅迪奥斯所有的居民都跳起来,尖叫、呼喊。不止一个人晕倒了。

神父大汗淋漓,肤色透亮,嘴唇颤抖不已,他松开了压着莱昂纳达脖子的手指。女黑人昏倒了。

没有人给她扇扇子。

(161)

1682年:雷梅迪奥斯
但他们留下了

八十万个恶魔。这样,雷梅迪奥斯的空中恶魔比蚊子还多:每一千三百零五个魔鬼折磨一个居民。

自从众所周知的那次摔跤之后,恶魔们都是瘸子。他们长有山羊胡须、山羊角、蝙蝠的翅膀、老鼠的尾巴,皮肤黝黑。他们是黑人,所以他们非常惬意地在莱昂纳达的身体里任意走动。

莱昂纳达哭泣,绝食。

"如果上帝想让你清白,"何塞神父说,"他将会让你的皮肤变白。"

从饱受痛苦折磨的心灵深处传出了蝉和蟋蟀的怨鸣声。螃蟹是被惩罚歪扭着走路的罪犯。在沼泽地和河里居住着盗婴的幽灵。每当下雨时，洞窟和裂缝里能听到恶魔们的争吵声，他们非常生气，因为他们为燃烧天空而点燃的闪电和火光被淋湿了。癞蛤蟆在博克龙的裂缝里呱呱地叫，声音沙哑、带有鼻音，那是预示着要下雨还是诅咒呢？黑暗中闪烁的亮光是萤火虫发出的吗？那些眼睛是猫头鹰的吗？马哈蛇在朝谁嘶嘶作响呢？夜间活动的瞎子——蝙蝠发出嗡嗡声；如果它用翅膀触碰你，你将会去地狱，地狱在最底下，在雷梅迪奥斯的最底下，那里燃烧着大火，但却不发光，永不消融的冰让在地面上遭受炎热惩罚的恶人们浑身颤栗。

"你待在后面！"

作为最小的警告，神父一猛子扎进了圣洗池。

"撒旦，你待在后面！"

他用圣水洗莴笋，闭着嘴打哈欠。

"耶稣！耶稣！"居民们在胸前画十字。

没有哪一家的门上不挂着一串串的大蒜，也没有哪一处的空气里不浸润着罗勒的熏香。

"但愿他们有脚，却不碰到我；有铁却不伤害我；有结扣但却不捆绑我……"

但是他们留下了。没有人离开。没有人放弃雷梅迪奥斯镇。

(161)

1682年：雷梅迪奥斯
奉上帝之命

教堂的钟在空中投出剪影，鸣响着召集人们。

整个雷梅迪奥斯的居民都赶去集会。

书记员坐在祭坛右侧的位置上。人群拥挤，挤到敞开的门口那里。

传言说何塞神父将要倾听上帝的宣告。希望基督从十字架上松开被钉住的右手，发誓将会说实话，所有的实情，除了实情还是实情。

何塞神父走向主祭坛的圣龛，打开圣体龛。他举起圣杯和圣饼，跪在基督的身体和血面前，提出了他的请求。书记员做记录。上帝将会照亮雷梅迪奥斯的居民应该居住的地方。

如果恶魔借莱昂纳达之口说话，那莱昂纳多[1]就是恶魔不可战胜的敌人的翻译。

神父用绷带蒙住了莱昂纳多的眼睛。莱昂纳多是一个身高不及神父腰际的小男孩，他把手伸进一只银制的大圣器中，圣器里被打乱地放着几张写着地名的小纸条。

小男孩选了一个纸条。神父展开纸条，大声读出来："圣玛利亚-德-瓜达卢佩！书记员请做记录！"他又补充，得意扬扬："主怜悯我们！无限仁慈的主保护我们！起来吧，雷梅迪奥斯人！是时候出发了。"

然后他走了。

他朝身后看了看，少数的人跟随着他。

何塞神父带走了一切：圣杯和圣体，油灯和银制烛台，圣像和木雕。但是只有少量的女教徒和几个惊恐的人陪他去应许之地。

奴隶们和马匹扛着、拖着他们的财物。他们带走了家具和衣服，大米和菜豆、盐、油、糖、熏肉、烟草，还带走了走私进入古巴的从巴黎运来的书，鲁昂的棉花和梅赫伦的蕾丝花边。

到达圣玛利亚-德-瓜达卢佩的跋涉是漫长的。哈托-德-古佩伊位于那里。那片土地属于何塞神父，这些年里神父一直都没有找到购买这片土地的人。

（161）

---

[1] 在《奉恶魔之命》篇中，宗教裁判所的人认为恶魔借黑奴莱昂纳达之口宣布雷梅迪奥斯镇将会塌陷；在这篇中何塞神父将借一个名叫莱昂纳多小男孩来宣布上帝关于小镇迁址的决定。莱昂纳达这个女性名对应的男性名是莱昂纳多。

1688年：哈瓦那
奉国王之命

在整个古巴，人们不谈论其他话题。首都凡是聚众闲聊的地方，都在下赌注。

雷梅迪奥斯的人们会服从吗？

被信徒们抛弃的何塞神父已经孤独一人，不得不回到雷梅迪奥斯。但是他继续他的战斗，一场顽固的圣战，甚至引起了王室的回应。卡洛斯二世从马德里下令，要求雷梅迪奥斯的居民搬迁到圣玛利亚–德–瓜达卢佩的哈托–德–古佩伊地区。

哈瓦那政府的最高统帅和哈瓦那的主教通告，必须完全尊重国王的意愿。

忍耐已耗尽。

雷梅迪奥斯的居民继续置若罔闻。

(161)

1691年：雷梅迪奥斯
但是他们仍不离开这里

清晨，佩雷斯·德·莫拉莱斯上校率领四十名全副武装的人员从哈瓦那赶到了。

他们在教堂门口停下来。士兵们逐个地领受圣餐。何塞神父赐福保佑他们的滑膛枪和战斧。

他们准备火把。

中午时分，雷梅迪奥斯镇已是一片火海。在前往他的领地哈托–德–古佩伊的路上，何塞神父遥望着远处从燃烧的废墟上袅袅升起的蓝色烟雾。

夜幕降临时，在废墟附近，藏匿起来的人们从树林里走出来。

他们围坐成一圈，眼睛盯着仍在不停冒出的滚滚浓烟。他们咒骂着，回忆过往。海盗们曾不止一次地洗劫过这个市镇。几年前他们甚至拿走了至圣圣体的圣体匣，听说一位主教因此郁郁而终，幸好他的胸前还穿着无袖圣服。但是从来没有海盗放火焚烧雷梅迪奥斯。

月色中，吉贝木下，藏起的人举行了镇议会。他们——属于这片葱郁树林里红色土壤的开阔地——决定将重建雷梅迪奥斯。

妇女们把她们的孩子紧紧搂在怀里，像准备好跳跃的猛兽一样瞪着眼睛。

空气中弥漫着焚烧后的焦炭味儿。没有硫黄味儿，也没有魔鬼的粪便味儿。

空中响起了人们的商议声和一个新生婴儿请求奶水和名字的哭泣声。

(161)

1691年：墨西哥城
四十岁的胡安娜

一束白光，一束白炽光，撒在索尔·胡安娜·德拉·克鲁斯的身上，她跪在舞台的正中央。她背对着，仰望高处。在那上面，一个巨大的基督流着血，张开双臂，立在裹着黑色天鹅绒的高耸木板上，木板周围立着许多十字架、利剑和旗幡。站在舞台上，两名检察官进行指控。

一切都是黑色，检察官罩在脸上的头罩是黑色的。但是，其中一个人穿着修女服，从头罩下露出了假发套上的红色鬈发，他是普埃布拉的主教马努埃尔·费尔南德斯·德·圣克鲁斯，他扮演费罗特亚修女。另一个是安东尼奥·努涅斯·德·米兰达，他是索尔·胡安娜的告解神父，他扮演他自己。他的鹰钩鼻从头罩下凸出来，动来动去，仿佛很想脱离它的主人。

修女费罗特亚（正在绷子上绣花）：我主是神秘的。我问自己，为什么他要把男人的头脑安在胡安娜修女的身上呢？为的是让她忙于人间卑贱的事情吗？而对于《圣经》，她都不屑于看一眼。

告解神父（用木头十字架指着胡安娜修女）：忘恩负义的人！

索尔·胡安娜（双眼盯着检察官上方的基督）：确实，我难以报答上帝的慷慨。我做研究只是想知道通过研究我能不能少一点无知，我朝着神圣的神学顶峰迈出步伐，但是我研究了许多东西，却什么也没学到，几乎什么都没学到。神的真实离我很远，总是很远……有时候我感觉离它们很近，但我知道我离它们很远！自我还是小孩时起……在五六岁时，我就一直在我祖父的书籍里寻找那些钥匙，那些密码……我读书，一直读书。他们惩罚我，我就偷偷地读书，去寻找答案……

告解神父（面对费罗特亚修女）：她从来不接纳上帝的意志。现在，她甚至写字也像个男人。我看见过她的诗歌的手稿。

索尔·胡安娜：寻找……很早之前我就知道大学不是为女人开设的，一个女人如果知道的多于《天主经》就被认为是不知羞耻的。我拜无声的书籍为师，以墨水瓶为同学。当禁止我看书时，这家修道院里不止一次地禁止我看书，我就开始研究世间万物。甚至于烹调过程中也能发现大自然的秘密。

费罗特亚修女：油炸食品皇家宗座大学！校址就是一个平底锅！

索尔·胡安娜：除了厨房哲学，我们女人还能知道什么？如果亚里士多德懂得烹饪，他会写出更多的东西。这让您发笑，是吗？那么您笑吧，如果这让您愉悦的话。男人们总是认为他们非常智慧，仅仅因为他们是男人。基督也被戴上嘲笑之王的刺冠。

告解神父（抹去了脸上的微笑，用拳头敲打桌面）：您都看见了吧？她是卖弄学识的小修女！她会写点圣诞歌谣，就自喻为弥赛亚了。

索尔·胡安娜：基督也遭遇了这种忘恩负义的法则。因为他是他们的象征吗？所以他必须得死！他是被指定的吗？所以让他受折磨。

告解神父：你多么卑贱啊！

费罗特亚修女：来吧，孩子，你废话连篇的骄傲让上帝感到哗然……

索尔·胡安娜：我骄傲？（她伤心地笑了）时间早已耗尽了我的骄傲。

告解神父：人们庆祝她的诗歌，她就自认为她是宠儿。那些诗让这座上帝之家蒙羞，那是对肉体的称颂……（咳嗽）那是雄性动物的坏艺术……

索尔·胡安娜：我可怜的诗！是灰尘、阴影，一无是处。虚无的荣耀，所有的掌声……难道是我要的吗？哪一条神的启示禁止女人写作呢？出于天恩或诅咒，是上天让我成为诗人的。

告解神父（看着屋顶，举起双手，乞求着）：她玷污了信仰的纯洁，责任归咎于上天！

费罗特亚修女（把绣花绷子放在一边，交叉手指把手放在肚子上）：索尔·胡安娜歌颂了许多人性，却很少歌颂神性。

索尔·胡安娜：福音书不是告诉我们上天的一切都表现在人间吗？一股强大的力量推动我的手……

告解神父（晃动着木头十字架，像要远远地敲击索尔·胡安娜）：上帝的力量还是傲慢之王的力量？

索尔·胡安娜：……我将会继续写作，当我的身体投下阴影时我害怕。当我穿上修女服时我逃离了我自己，但是可怜的我啊，我随身带着我自己。

费罗特亚修女：她光身子洗澡。有证据。

索尔·胡安娜：主啊，熄灭我的才智之光吧！只留下足以遵守你的法律的慧光！在一个女人身上其他的不都是多余的吗？

告解神父（尖叫着、沙哑的乌鸦嗓音）：羞愧吧！折磨你的心吧，忘恩负义的人！

索尔·胡安娜：熄灭我吧，熄灭我吧，我的上帝！

表演继续进行，类似的对话持续到1693年。

（55，75）

1691年：普莱逊蒂亚

休伦湖印第安人首领阿达里奥对纽芬兰的法国殖民者拉翁唐男爵说的话

不，你们已经相当悲惨了，我不能想象你们更惨时会是什么样子。欧洲人属于什么样的人呢？是哪一类人呢？欧洲人只是被迫行善，除了害怕受到惩罚否则没有其他理由来阻止他们作恶……

你们现在居住的土地是谁给的？你们有什么权利占有这些土地？这些土地一直属于阿尔冈昆人。我亲爱的兄弟，我真心诚意地从内心深处为你感到难过。听我的建议，做休伦湖人吧。我清楚地看到了你的身份和我的身份的区别。我是我的主人，我的身份的主人。我是我自己的身体的主宰，我完全支配我自己，做我高兴的事情，我是我民族的第一个人也是最后一个人，我不害怕任何人，我只属于伟大的神灵。但是，你的身体和你的灵魂都已被判刑，隶属于伟大的统帅，副王总督支配你，你没有任何随心所欲的自由；你总是担心小偷、虚伪的证人和杀手；你必须听从在你上面的无数的人的命令。这是不是真的？

（136）

1692年：塞勒姆村

塞勒姆的女巫们

"基督知道这里有多少恶魔！"牧师大人塞缪尔·帕里斯咆哮着，他是塞勒姆村的牧师。他说的是犹大，坐在主耶稣桌子上的恶魔，他以三十块银钱——约合3.15英镑或一个女奴的低微身价——出卖了主。

牧师哭叫着说，在羊羔抵抗恶龙的战争里，没有任何可能的中立，也没有任何安全的庇护。恶魔们已经钻进他自己的家里：帕里斯牧师的一个女儿和一个侄女是最先受到魔鬼折磨的人，魔鬼大军已经袭击了这个清教徒的小村。小姑娘们摸了摸玻璃球想知道自己的命运，但却看见了死亡。自这件事发生之后，塞勒姆村里许多少女都感觉体内有地狱：恶毒的高烧在体内燃烧，她们扭曲、翻滚，在地上打滚，口吐着泡沫，尖叫着诅咒，骂出恶魔口授的污秽之语。

医生威廉·格里格斯诊断她们是中了巫术。他们向一只狗献上了一块用黑麦粉和着魔少女的尿液做的糕点，但是狗吃了蛋糕，感谢地摇了摇尾巴，就去安静地睡觉了。恶魔偏爱住在人体里。

在一次次的抽搐的间歇，受害者们揭发指控。

最先被处以绞刑的是妇女，贫穷的妇女。两名白人妇女和一名黑人妇女：莎拉·奥斯本是一位身体衰弱的老妪，很多年前她大声叫醒睡在牛棚的爱尔兰仆人，并在自己的床上给他匀出一块地儿；莎拉·古德是一个捣乱的乞丐，用烟斗抽烟，当别人给她施舍时，她还骂骂咧咧地抱怨；提图巴是安的列斯群岛来的黑奴，她爱上了一个满身毛发的长鼻子魔鬼。莎拉·古德的女儿是年仅四岁的小女巫，她被关押在波士顿的监狱里，脚上套着脚镣。

但是塞勒姆的少女们极度痛苦的尖叫声仍没停止，对女巫的指控和惩罚越来越多。逮捕女巫的行动从塞勒姆村的周边扩展到塞勒姆镇的中心，从镇里延伸到港口，从受诅咒的人到强权显贵，甚至总督的妻子也没有避开指责她有罪的手指。被判绞刑的有富足的农场主和商人，与伦敦做贸易的船主，享有领取圣餐权利以及其他特权的教会成员。

将会有场硫黄雨降落在塞勒姆镇，在这个马萨诸塞湾第二港口，魔鬼比以往任何时候都卖力，他四处向清教徒承诺黄金城和法国鞋。

(34)

1692年：瓜普罗
殖民艺术的民族化

在位于基多城背面的瓜普罗村里的圣殿里，米格尔·德·圣地亚哥首次展示他的画布。

为了向经常显现圣迹的本地圣母致敬，米格尔·德·圣地亚哥献上了这座山脉和这片平原，这个山系和这片天空，假如穿越这些地方的人们——本地的人，或集体或单独在这片地区走动——不点燃它们，这些风景就不会这般生机勃勃。艺术家已经不再复制从马德里或罗马传来的关于圣奥古斯丁生活的模板。现在他绘画被火山包围的辉煌的基多城，这里的教堂塔楼，普希里印第安人，马昌加拉的大炮，贝拉维斯塔山和瓜普罗谷地，隐藏在山间的太阳，炊烟一样袅袅升起的烟云，从未停止歌唱的雾气笼罩的河流都是属于这里的。

不仅仅米格尔·德·圣地亚哥这么做。土著或梅斯蒂索的艺匠们用他们无名的双手夹带私货般地悄悄把火焰放在了圣诞组画里，取代了骆驼，把菠萝、棕榈树、玉米穗和鳄梨融入教堂正门上的繁复装饰里，甚至在接近祭台的地方画上系着头巾的太阳。到处都是怀孕的圣母和基督，他们像人们、这里的人们一样悲伤，因为这片土地上的不幸而悲伤。

(215)

1693年：墨西哥城
四十二岁的胡安娜

整个一生的泪水，从时间和悲伤中奔涌而出，浸透了她的脸颊。她深邃、悲伤地看着乌云密布的世界，她被打败了，她与世界告别。

她已经花了好几天的时间来忏悔她整个一生中的罪过，对着无动于衷的、毫不留情的神父安东尼奥·努涅斯·德·米兰达忏悔，剩下的时间将都是她的忏悔。她用自己的鲜血写了一封信，呈交给宗教法庭，请求原谅。

她轻柔的船帆和沉重的龙骨将不会在诗歌的海洋里航行。索尔·胡安娜·伊内斯·德拉·克鲁斯放弃了人文研究，放弃了文学。她请求上帝赐予她忘却一切，她选择沉默，或者接受沉默，这样美洲失去了她最好的诗人。

在心灵的自杀后，身体没有幸存很久。愿让我存在如此之久的生活感到羞愧……

（16，55，58）

1693年：新墨西哥的圣达菲
独立持续了十三年

自从新墨西哥的圣达菲的钟疯狂鸣响，庆祝基督徒们的上帝和他的母亲玛利亚死亡以来，十三年过去了。

西班牙人花了十三年的时间来收复北方这片桀骜之地。在停战的独立时期，印第安人重获自由，恢复了他们的名字、宗教和习俗，但他们也把犁、轮子和西班牙人带来的其他工具引进了他们的社群。

对于殖民者的军队来说，收复失地绝非易事。新墨西哥的每一个村落都是一个巨大的、几层楼高的、守卫严密的堡垒，四周修建了宽阔的石头和泥砖围墙。格兰德河河谷居住着不习惯于屈从和奴役劳作的人。

（88）

新墨西哥印第安人的歌谣，歌唱从沙子里消失的肖像画

为了我能痊愈，
巫师在沙漠里

画出你的肖像：

你的眼睛是金沙，

红色的沙子现在是你的嘴唇，

蓝色的沙子是你的头发，

而我的泪水是白色的沙子。

他画了整整一天。

你像女神一样增大

在浩瀚的黄色画布上。

夜风将吹散你的影子

和你影子的色彩。

根据古法，我将一无所有，

什么也没有，除了我剩余的眼泪，

银色的沙子。

（63）

1694年：马卡科斯
对帕尔马雷斯的最后一次远征

这位印第安人的追捕者杀死的印第安人绵延许多里格，但他是印第安母亲所生。他说瓜拉尼语，几乎不说葡萄牙语。多明戈斯·霍尔赫·韦略是圣保罗的马穆鲁克兵的统帅。这支混血人种组成的军队以殖民地领主的名义已经在大半个巴西播撒恐惧，为的是对身体里的另一半血液进行残忍的驱魔。

在过去的六年里，多明戈斯司令为葡萄牙王室效力，围剿在伯南布哥腹地和北部的格兰德河地区起义的杭杜依姆印第安人。在长期的大屠杀之后，他胜利到达累西腓，在那里他们与他签订了捣毁帕尔马雷斯的契约。他们献上优厚的战利品：土地、可在里约热内卢和布宜诺斯艾利斯贩卖的黑人，此外他们还承诺无限制的大赦，四套圣职服和三十个军衔，让他分发给他的手下。

多明戈斯司令胸前没有任何防护，油腻腻的夹克衫敞开着，子弹带上挎着望远镜，他骑马率队行进在累西腓的大街上，后面跟着他的混血人种的军官和屠杀印第安人的印第安士兵。他骑马穿行，尘土飞扬，空气中弥漫着火药味和烧酒味，所到之处都有欢呼声和挥舞的白手帕：这位弥赛亚将会拯救我们，让我们免受造反的黑人们的威胁。人们相信或者希望如此，他们坚决认为那些逃居山野的黑奴是导致甘蔗园里缺乏劳动力的罪魁祸首，也得为西北部的破坏性干旱和瘟疫负责，因为只要帕尔马雷斯的闹剧不停止，上帝就不会派送健康和雨水。

伟大的讨伐圣战被组织起来。从四面八方赶来了自愿者，他们受饥饿的驱使，来谋求稳定的定量口粮。监狱里已经空无一人：甚至连囚犯们都加入了现在聚集在巴西的最庞大的军队。

印第安侦察兵做开路先锋，黑人搬运工殿后。九千人穿过雨林，到达山地，爬到耸立着马卡科斯堡垒的顶峰。这一次他们扛了大炮。

围困持续了好几天。大炮摧毁了木头和石头搭建的三重围墙。他们在悬崖上进行肉搏战。尸体多得都无处堆放，荆棘丛里杀戮仍在继续。许多黑人想逃跑，从绝壁上滑下跌入虚空；许多人选择了悬崖，纵身跳下。

大火吞噬了帕尔马雷斯的首府。从遥远的卡尔武港口都能看到彻夜燃烧的巨大火焰的熊熊火光。直到烧掉记忆。捕猎的号角响个不停，宣告胜利。

受伤的祖比首领成功逃脱了。他从高耸的山尖逃到雨林。他在绿色的隧道四处奔走，在茂密的丛林里寻找他的人。

（38，43，69）

阿赞德人的悲痛

孩子死了；
让我们用白色的土
盖住我们的脸。
我生育了四个孩子，
在我夫君的茅屋里。
只有第四个活了。
我想哭泣，
但在这个村庄里
悲伤是被禁止的。

(134)

1695年：兄弟山
祖比

密林的深处，心灵的深处。祖比拿着烟斗抽烟，眼神迷离地看着高高的红色岩石和如伤口裂开的岩洞，他没有看到一缕仇恨之光开启了新的一天，也没看到鸟儿受到惊吓成群地飞走了。

他没有看到叛徒接近。他看到了他的同志安东尼奥·索阿雷斯来了，他站起身来拥抱他。安东尼奥·索阿雷斯用匕首刺入他的后背，连刺好几下。

士兵们用长矛的矛尖戳着他的头，把它带到累西腓，让其在广场上腐烂，这样奴隶们就知道祖比不是不死之神。

帕尔马雷斯已不再呼吸。立于殖民美洲的这片广阔的自由之地已经存在了一个世纪，已经抵御了四十多次的入侵。风已经吹走了马卡科斯、苏布皮拉、达姆布拉邦加、奥本加、塔波卡斯和阿罗提雷内这些黑人棱堡的灰烬。对于胜利者来说，帕尔马雷斯的一个世纪都浓缩在刺杀祖比的那一时刻。夜晚即将降临，冷冷的星辰下将什么也不会存留。但是，与梦的所知相比，醒着的人知道什么呢？

被征服的人梦见了祖比，梦知道在这片土地上当一个人是另一个人的主人时，他的幽灵就会走路。祖比将会瘸着腿走路，因为他被子弹打伤了一只腿，他将在时间长河里上下求索，他将瘸着腿，在这片棕榈树林里，在整个巴西的土地上继续战斗。持续不断的黑人起义的首领们都将叫祖比。

（69）

1695年：巴伊亚的圣萨尔瓦多
巴西的首都

在这个光芒四射的城市，一年里的每一天都有一个教堂，每一天都是一个节日。熠熠生辉的塔楼、钟铃和高高的棕榈树，闪闪发光的身体，浸润着棕榈油的湿热空气，今天为一个圣徒庆祝，明天为所有的圣徒和非圣徒们在巴伊亚的情人庆祝。副王总督和大主教居住的巴伊亚的圣萨尔瓦多是继里斯本之后居住人口最多的葡萄牙城市，里斯本羡慕它拥有宏伟的修道院、黄金建的教堂、惹火的女人、节日、化装舞会和游行。在这里到处都是装扮成女王的穆拉托妓女，奴隶们用轿子抬着他们的主人在枝叶繁茂的林荫道上散步，穿过与这片疯狂之地相称的宏伟宫殿。格雷戈里奥·德·马托斯出生于巴伊亚，他是这么描述糖料种植园的贵族绅士们的：

> *在巴西绅士们*
> *并不都出身名门望族*
> *也不是都受过良好的教育：*
> *那么他们能在哪里？*
> *在一堆钱上……*

黑人奴隶是这些城堡的基石。站在大教堂的布道坛上，安东尼奥·维埃拉神父要求感谢安哥拉，因为没有安哥拉就没有巴西，没有巴西就没有葡萄牙，*所以有充分的理由认为巴西拥有美洲的身体，非洲的心灵*：安哥拉贩卖班图黑奴和象牙，正如维埃拉神父在布道词中宣布，安哥拉用她悲伤的血液、黑色但愉快的心灵，*滋养了巴西，让巴西变得生机勃勃、坚强忍耐、忠心服从、善于防御*。

九十岁高龄时，这位耶稣会的司祭仍然是宗教裁判所最坏的敌人，是为被奴役的印第安人和犹太人辩护的律师，是被殖民地领主们一直指控且指控最多的人。领主们认为劳动是畜牲干的活儿，他们朝供养他们的手上吐唾沫。

(33，226)

1696年：雷格拉

黑人圣母，黑人女神

圣母来到了哈瓦那的穷亲戚——雷格拉的码头上，她来这里是要安顿下来。这座雪松木雕来自马德里，她被裹在一个袋子里，由她的信徒佩德罗·阿兰达抱着。今天，9月8号，这座由手工业者和海员组成、总是弥漫着海鲜味和沥青味的小镇子像过节一样地欢天喜地，人们享用肉、玉米、菜豆和木薯这些美食，有古巴菜、非洲菜，还有艾克、奥雷勒、艾柯露、吉姆波波和福富这些佳肴，与此同时，多得像河水一样的朗姆酒、惊天动地的鼓声在欢迎黑人圣母的到来，这个小黑人，是哈瓦那海湾的保护神。

海面上铺满了可可的果壳和罗勒枝，当夜幕降临时，飘来一阵歌声：

Opa ule, opa ule,

opa é, opa é,

opa opa, Yemaya

雷格拉的黑人圣母也是非洲人的耶玛亚[1]，掌管海洋的银装女神，鱼类的母亲，她是风流成性、惹是生非的勇士尚戈神的恋人。

(68，82)

1697年：法兰西角[2]
杜卡斯

流通的埃斯库多金盾，多布隆金币[3]，双倍的多布隆金币，达官要人的黄金，普通贵族的黄金，黄金的首饰和餐具，圣杯、圣母和圣徒王冠的黄金，让-巴普提斯特·杜卡斯的大帆船载满了黄金到达了，杜卡斯是海地的总督，安的列斯地区法国私掠者们的首领。杜卡斯用炮火攻下了西印度的卡塔赫纳，粉碎了建在悬崖峭壁上的防御工事、立在大海上的巨大的石头狮子，他还打得教堂没有钟铃、总督没有戒指。

在西班牙殖民地劫掠的黄金被运往法国。杜卡斯从凡尔赛接受了海军司令的头衔和一项国王级别的鬈发浓密的白色假发套。

在成为海地的总督和皇家海军的司令之前，杜卡斯为自己工作，偷盗荷兰贩奴船上的奴隶，截获西班牙的大帆船船队的财宝。自1691年开始，他为路易十四效力。

(11，61)

1699年：马德里
被施了妖术的人

尽管传令官的小号还没有宣布这个消息，但是马德里的大街小

---

[1] 约鲁巴人信奉的掌管海洋和生育的女神。

[2] 法兰西角（Cap Français），后更名为海地角。

[3] 多布隆金币（el doblón）是西班牙1497—1849年期间发行的一种金币，价值两个埃斯库多金盾。

巷里已经传得沸沸扬扬。宗教裁判所的审判官们已经发现给国王卡洛斯施展巫术的罪魁祸首。女巫伊莎贝尔将在马约尔大广场被活活烧死。

整个西班牙都在为卡洛斯二世祈祷。早上醒来，国王喝下蝰蛇灰的汤药，这是确切可靠的强健药方，但是却毫无作用。他的阴茎还是麻木的，没有能力生孩子，从国王的嘴里仍然吐出许多泡沫和恶臭的气息，仍然说着胡话。

诅咒不像坎加斯的女巫们所说的来自某一杯搀着被绞刑者的睾丸粉末的巧克力，也不像驱魔修士毛罗认为的源自国王戴在自己脖子上的护身符。有人说国王是被他的母亲用美洲的烟草或安息药片施了妖术，甚至传闻说王宫的餐厅侍者总管卡斯特弗洛瑞特公爵给宫廷的餐桌上端了一份火腿，火腿里搀着被宗教裁判所烧死的一位摩尔女人或犹太女人的指甲。

最终，宗教裁判所的审判官们找到了一堆乱针、发夹、樱桃核以及他们陛下的金黄色头发，女巫伊莎贝尔把这些东西藏在国王寝宫的附近。

鼻子耷拉着，嘴唇耷拉着，下巴耷拉着，但是现在国王已经被解除了诅咒，他的眼神看起来有了一点神采。一位侏儒高举着蜡烛想让他欣赏许多年前卡雷尼奥为他画的肖像。

与此同时，在宫廷之外，物资匮乏，没有面包没有酒，没有肉没有鱼，马德里仿佛是一座被围困的城市。

(64, 201)

1699年：马可乌巴[1]
现身说法

为了让他的奴隶们能在这片让人昏昏欲睡、呆滞迟缓的土地上努

---

[1] 是法国海外大区、位于安的列斯群岛的马提尼克岛上的一个村镇。

力工作，让-巴普提斯特·拉巴特神父告诉他们，他在来马提尼克岛之前，也是一个黑人，由于他非常勤劳、忠诚地为他法国的主人效力，上帝为了奖励他，把他变成了白人。

教堂的黑人木匠正在雕刻一个大梁上的复杂榫接的榫头，但是找不到合适的倾斜角度。拉巴特神父用尺子和圆规画了几条线，然后命令道："从这切断。"

切口的角度非常精确。

"现在我相信你了。"他的奴隶盯着他的眼睛说，"没有哪个白人能做这个。"

（101）

1700年：奥鲁-普莱多
整个巴西朝着南方

很久以前，地图上显示，巴伊亚离波多西新发现的银矿非常近，大总督向葡萄牙呈报：*巴西的土地和秘鲁是完整的一片*。为了把巴拉纳比亚卡巴山脉变成安第斯山系，葡萄牙人带了两百只羊驼到圣保罗，驻扎下来等待金银冒出来。

一个半世纪后，黄金出现了。在埃斯皮尼亚苏山的山麓，河床和溪水里堆满了闪闪发光的石头。圣保罗的马穆鲁克士兵在四处追捕卡塔瓜斯印第安人时，找到了金子。

风把这个消息吹遍了整个巴西，招来了一大批人，要想得到米纳斯-吉拉斯地区的黄金，只要抓起一把沙子或者拔起一把草摇一摇就行了。

随着黄金一起到来的还有饥饿。营地里，一只猫或一只狗价值一百一十五克黄金，而这是一个奴隶工作两天的酬劳。

（33，38）

1700年：圣托马斯岛
让物品说话的人

悲哀的钟声和忧郁的鼓声正在安的列斯群岛的这座丹麦小岛——走私和海上劫掠的中心——鸣响，一个奴隶正走向火刑场。最高统帅范博尔判处他死刑，因为这个黑人每当愿意时就跪在三个橙子前呼风唤雨；因为这个黑人有一个陶土的偶像，偶像回答他所有的问题，解释他所有的疑惑。

被判处死刑的人咧着嘴笑着前进，他的双眼紧盯着四周堆满木柴的柱子。范博尔出来截住他："这样你就不会再和你的泥偶说话了，你这个黑鬼神汉！"

奴隶没有看他，轻声地回答："我能让你的手杖说话。"

"停下！"范博尔对卫兵大声叫道，"给他松绑！"

在所有等待的人群面前，他把手杖扔给了他。

"你来吧。"他说。

黑人跪下，用手扇了扇插在地上的手杖，围着它转了几圈，复又跪下，抚摸它。

"我想知道，"他的主人说，"应该来的大帆船是否已经出发。什么时候到？有哪些人？发生了什么事？……"

奴隶往后退了几步。

"先生，您靠近点。"他建议道，"它会告诉您的。"

范博尔把耳朵贴在手杖上，听到不久之前船队已经从丹麦的赫尔辛格出发，但到了热带，暴风雨吹断了小中帆，卷走了后桅。范博尔的粗脖子像蟾蜍的肚子颤抖着。旁观的人看着他的脸色变得惨白。

"我什么也没听到。"范博尔说，与此同时，手杖正在逐个地说出船长和海员们的名字。

"什么也没听到！"他尖叫着。

手杖悄悄地告诉他："三天内船将到达。它的货物将会让你高兴。"范博尔爆发了，扯去发套，大声叫道："烧死那个黑鬼！"

他咆哮着："烧死他！"

他怒吼："烧死那个神汉！"

（101）

班图人的火之歌

人们夜里看着的火，

在深夜里

燃而不烧的火，

你闪烁但不燃烧

火，你飞翔，没有身体

火，你没有心，不认识家

也没有茅屋。

棕榈树叶的透明之火，

一个人在召唤你，毫无畏惧

巫师们的火，你的父亲，他在哪？

你的母亲，她在哪？

谁养育了你？

你是你的父亲，你是你的母亲。

你经过，不留下一丝痕迹

干柴没有生育你

你也没有把灰烬当作闺女

你死了，你没死。

流浪的灵魂变成你，

而无人知道。

巫师们的火，

下面的水和上面的空气的精灵。

闪烁的火，萤火虫你照亮了

沼泽。
没有翅膀的鸟，没有身体的物品，
火的力量的精灵。
听我说：
一个人在召唤你
毫无畏惧。

（134）

1700年：马德里
秋日的昏暗

他从来不能自己穿衣服，不能流利地阅读，也不能自己站起来。四十岁时他已是一个没有子嗣的小老头，他躺在那里奄奄一息，身边围着告解神父、驱魔法师、朝臣和使节，他们在为王位争论。

医生们被打败了，从他身上挪走了刚刚死去的鸽子和雄羊羔的内脏。水蛭不再叮着他的身体。他们不给他喝烧酒，也不给他喝从马拉加来的生命之水，因为除了等待把他拽离尘世的痉挛，再无什么可做的。在火把的映照下，一个血迹斑斑的基督从床头那里目睹了最后的仪式。红衣主教用牛膝草的枝叶洒了圣水。寝宫里散发着蜡味、焚香气和污秽的臭味。风吹打着宫殿的门窗，绳子系得不牢，咣当作响。

他们将他运到埃斯科里亚宫的陵寝，在那里刻有他名字的大理石灵柩已经等了他好几年。去那里是他最喜欢的旅行，但是他已经很久没有去看自己的坟墓，也没有上过街。马德里到处都是坑洞、垃圾和武装的流浪汉，士兵们依靠修道院里的清汤寡水艰难度日，但仍然坚守岗位，保护国王。最后几次他斗胆出宫，曼萨纳雷斯河边的洗衣妇们和街上的小混混们追着銮驾，朝他乱扔石头，肆意辱骂。

卡洛斯二世眼睛红红的、凸出来，他颤抖着，胡言乱语，在床单上耗尽的他只是一小块黄色肉块，与他一起耗尽的还有这个世纪，从此征服美洲的王朝终结。

（201，211）

（《火的记忆》第一卷终）

参考文献

1. Abbad y Lasierra, Agustín Iñigo, *Historia geográfica civil y natural de la isla de San Juan Bautista de Puerto Rico*, Río Piedras, Universidad, 1979.

2. Acosta Saignes, Miguel, *Vida de los esclavos negros en Venezuela*, La Habana, Casa de las Américas, 1978.

3. Acuña, René, *Introducción al estudio del Rabinal Achí*. México, UNAM, 1975.

4. Aguirre Beltrán, Gonzalo, *Medicina y magia. El proceso de aculturación en la estructura colonial*, México, Instituto Nacional Indigenista, 1980.

5. Alegría, Fernando, *Lautaro, joven libertador de Arauco*, Santiago de Chile, Zig-Zag, 1978.

6. Alemán, Mateo, *Guzmán de Alfarache* (Ed.de Benito Brancaforte), Madrid, Cátedra, 1979.

7. Alonso, Dámaso, *Cancionero y romancero español*, Estella, Salvat, 1970.

8. Alvarado, Pedro de, *Cartas de relación*, BAE, tomo XXII, Madrid, M.Rivadeneyra, 1863.

9. Álvarez Lejarza, Emilio (Versión), *El Güegüence*, Managua, Distribuidora Cultural, 1977.

10. Amaral, Álvaro do, *O Padre José de Anchieta e a fundação de São Paulo*, San Pablo, Secretaría de Cultura, 1971.

11. Arciniegas, Germán, *Biografía del Caribe*, Buenos Aires, Sudamericana, 1951.

12. —*Amerigo y el Nuevo Mundo*, México, Hermes, 1955.

13. —*El Caballero de El Dorado*, Madrid, Revista de Occidente, 1969.

14. Arguedas, José María (Versión. Incluye texto de Pierre Duviols), *Dioses y hombres de Huarochirí*, México, Siglo XXI, 1975.

15. —(Con F.Izquierdo), *Mitos, leyendas y cuentos peruanos*, Lima, Casa de la Cultura, 1970.

16. Arias de la Canal, Fredo, *Intento de psicoanálisis de Juana Inés*, México, Frente de Afirmación Hispanista, 1972.

17. Armellada, Cesáreo de, y Carmela Bentivenga de Napolitano, *Literaturas indígenas venezolanas*, Caracas, Monte Ávila, 1975.

18. Arrom, José Juan, *El teatro hispanoamericano en la época colonial*, La Habana, Anuario Bibliográfico Cubano, 1956.

19. —*Certidumbre de América*, La Habana, Anuario Bibliográfico Cubano, 1959.

20. Arteche, José de, *Elcano*, Madrid, Espasa−Calpe, 1972.

21. Arzáns de Orsúa y Vela, Bartolomé, *Historia de la Villa Imperial de Potosí* (Ed.de Lewis Hanke y Gunnar Mendoza), Providence, Brown University, 1965.

22. Asturias, Miguel Ángel, *Leyendas de Guatemala*, Madrid, Salvat, 1970.

23. Balboa, Silvestre de, *Espejo de paciencia* (Prólogo de Cintio Vitier), La Habana, Arte y Literatura, 1975.

24. Ballesteros Gaibrois, Manuel, *Vida y obra de fray Bernardino de Sahagún*, León, Inst.Sahagún, 1973.

25. Barrera Vázquez, Alfredo, y Silvia Rendón (Versión e introducción), *El Libro de los Libros de Chilam Balam*, México, Fondo de Cultura Económica, 1978.

26. Bascuñán, Francisco Núñez de Pineda y, *Cautiverio feliz*, Santiago de Chile, Editorial Universitaria, 1973.

27. Bataillon, Marcel, y André Saint−Lu, *El Padre Las Casas y la defensa de los indios*, Barcelona, Ariel, 1976.

28. Benítez, Fernando, *Los primeros mexicanos.La vida criolla en el siglo XVI*, México, Era, 1962.

29. — *La ruta de Hernán Cortés*, México, FCE, 1974.

30. — *Los indios de México* (tomo v), México, Era, 1980.

31. Bowser, Frederick P., *El esclavo africano en el perú colonial* (*1524/1650*), México, Siglo XXI, 1977.

32. Boxer, C.R., *Race relations in the Portuguese colonial empire* (*1415/1825*), Oxford, Clarendon, 1963.

33. —*The golden age of Brazil* (*1695/1750*), Berkeley, University of California, 1969.

34. Boyer, Paul, y Stephen Nissenbaum, *Salem possessed. The social origins of witchcraft*, Cambridge, Harvard University, 1978.

35. Breen, T.H., *Puritans and adventurers. Change and persistence in early America*, Nueva York/Oxford, Oxford University, 1980.

36. Bridenbaugh, Carl, *Jamestown 1544/1699*, Nueva York/Oxford, Oxford University, 1980.

37. Bruchac, Joseph, *Stone giants and flying heads*, Nueva York, The Crossing, 1979.

38. Buarque de Holanda, Sérgio, 《A época colonial》, en la *História Geral da Civilização Brasileira* (*I*), Río de Janeiro/San Pablo, Difel, 1977.

39. Cabeza de Vaca, Álvar Núñez, *Naufragios y comentarios*, Madrid, EspasaCalpe, 1971.

40. Cadogan, León (Versión), *La literatura de los guaraníes*, México, Joaquín Mortiz, 1965.

41. Carande, Ramón, *Carlos V y sus banqueros*, Barcelona, Crítica, 1977.

42. Cardenal, Ernesto, *Antología de poesía primitiva*, Madrid, Alianza, 1979.

43. Carneiro, Edison, *O quilombo dos Palmares*, Río de Janeiro, Civilização Brasileira, 1966.

44. Carpentier, Alejo, *El arpa y la sombra*, Madrid, Siglo XXI, 1979.

45. Carvajal, Gaspar de, *Relación del nuevo descubrimiento del famoso río Grande de las Amazonas*, México, FCE, 1955.

46. Cervantes Saavedra, Miguel de, *El ingenioso hidalgo don Quijote de la Mancha*, Barcelona, Sopena, 1978.

47. Cieza de León, Pedro de, *La crónica del Perú*, BAE, tomo XXVI, Madrid, M. Rivadeneyra, 1879.

48. Civrieux, Marc de, *Watunna.Mitología makiritare*, Caracas, Monte Ávila, 1970.

49. Colón, Cristóbal, *Diario del descubrimiento* (Anotado por Manuel Alvar), Las Palmas, Cabildo de Gran Canaria, 1976.

50. —*Los cuatro viajes del Almirante y su testamento*, Madrid, EspasaCalpe, 1977.

51. Cora, María Manuela de, *Kuai—Mare.Mitos aborígenes de Venezuela*, Caracas, Monte Ávila, 1972.

52. Corona Núñez, José, *Mitología tarasca*, México, FCE, 1957.

53. Cossío del Pomar, Felipe, *El mundo de los incas*, México, FCE, 1975.

54. Cortés, Hernán, *Cartas de relación*, BAE, tomo XXII, Madrid, M. Rivadeneyra, 1863.

55. Cruz, Juana Inés de la, *Páginas escogidas* (Selección de Fina García Marruz), La Habana, Casa de las Américas, 1978.

56. Chacón Torres, Mario, *Arte virreinal en Potosí*, Sevilla, Escuela de Estudios Hispanoamericanos, 1973.

57. Chang—Rodríguez, Raquel, *Prosa hispanoamericana virreinal* (Incluye texto de Mogrovejo de la Cerda), Barcelona, Hispam, 1978.

58. Chávez, Ezequiel A., *Ensayo de psicología de Sor Juana Inés de la Cruz*, Barcelona, Araluce, 1931.

59. D'Ans, André Marcel, *La verdadera Biblia de los cashinahua*, Lima, Mosca Azul, 1975.

60. Davies, Nigel, *Los aztecas*, Barcelona, Destino, 1977.

61. Deschamps, Hubert, *Piratas y filibusteros*, Barcelona, Salvat, 1956.

62. Díaz del Castillo, Bernal, *Verdadera historia de los sucesos de la conquista de la Nueva España*, BAE, tomo XXVI, Madrid, M.Rivadeneyra, 1879.

63. Di Nola, Alfonso M., *Canti erotici dei primitivi*, Roma, Lato Side, 1980.

64. Elliott, J.H., *La España imperial*, Barcelona, V.Vices, 1978.

65. Exquemelin, Alexandre O., *Piratas de América*, Barcelona, Barral, s/f.

66. Eyzaguirre, Jaime, *Historia de Chile*, Santiago, Zig—Zag, 1977.

67. —*Ventura de Pedro de Valdivia*, Madrid, Espasa—Calpe, 1967.

68. Franco, José Luciano, *La diáspora africana en el Nuevo Mundo*, La Habana, Ciencias Sociales, 1975.

69. Freitas, Decio, *Palmares, la guerrilla negra*, Montevideo, Nuestta América, 1971.

70. Friede, Juan, *Bartolomé de las Casas:precursor del anticolonialismo*, México, Siglo XXI, 1976.

71. Fuentes y Guzmán, Francisco Antonio de, *Obras históricas*, Madrid, BAE, 1969 y 1972.

72. Gage, Thomas, *Viajes en la Nueva España*, La Habana, Casa de las Amécas, 1980.

73. Gandía, Enrique de, *Indios y conquistadores en el Paraguay*, Buenos Aires, García Santos, 1932.

74. —*Historia de la conquista del río de la Plata y del Paraguay* (*1535/1556*), Buenos Aires, García Santos, 1932.

75. Garcés, Jesús Juan, *Vida y poesía de Sor Juana Inés de la Cruz*, Madrid, Cultura Hispánica, 1953.

76. Garcilaso de la Vega, Inca, *Comentarios reales de los incas*, Madrid, BAE, 1960.

77. Garibay K., Ángel María (Selección y versiones), *Poesía indígena de la altiplanicie*, México, UNAM, 1972.

78. Gerbi, Antonello, *La naturaleza de las Indias Nuevas*, México, FCE, 1978.

79. Gibson, Charles, *Los aztecas bajo el dominio español* (*1519/1810*), México, Siglo XXI, 1977.

80. Godoy, Diego, *Relación a Hernán Cortés*, BAE, tomo XXII, Madrid, M. Rivadeneyra, 1863.

81. Gómara, Francisco López de, *Primera y segunda parte de la Historia General de las Indias*, BAE, tomo XXII, Madrid, M.Rivadeneyra, 1863.

82. Gómez Luaces, Eduardo, *Historia de Nuestra Señora de Regla* (Folleto), La Habana, Valcayo, 1945.

83. Gortari, Eli de, *La ciencia en la historia de México*, México, FCE, 1963.

84. Gow, Rosalind, y Bernabé Condori: *Kay Pacha*, Cuzco, Centro de Estudios Rurales Andinos, 1976.

85. Graham, R.B.Cunningham, *Pedro de Valdivia*, Buenos Aires, InterAmericana, 1943.

86. Granada, Daniel, *Supersticiones del río de la Plata*, Buenos Aires, Guillermo

Kraft, 1947.

87. Gridley, Marion E., *The story of the Haida*, Nueva York, Putnam's, 1972.

88. Hackett, Charles Wilson, 《The revolt of the Pueblo Indians of New Mexico in 1680》, en *The Quarterly of the Texas State Historical Association*, vol.xv, núm.2, octubre de 1911.

89. Hammond, George P., y Agapito Rey, *The rediscovery of New Mexico (1580/1594)*, Alburquerque, University of New Mexico, 1966.

90. Hanke, Lewis, *Bartolomé de Las Casas*, Buenos Aires, EUDEBA, 1968.

91. Harris, Olivia, y Kate Young (Recopilación), *Antropología y feminismo*, Barcelona, Anagrama, 1979.

92. Henestrosa, Andrés, *Los hombres que dispersó la danza*, La Habana, Casa de las Américas, 1980.

93. Hernández Sánchez-Barba, M., *Historia de América*, Madrid, Alhambra, 1981.

94. Jara, Álvaro, *Guerra y sociedad en Chile*, Santiago de Chile, Editorial Universitaria, 1961.

95. —《Estructuras coloniales y subdesarrollo en Hispanoamérica》, en *Journal de la Société des Américanistes*, tomo LXV, París, 1978.

96. Jerez, Francisco de, *Verdadera relación de la conquista del Perú y provincia del Cuzco*, BAE, tomo XXVI, Madrid, M.Rivadeneyra, 1879.

97. Kirkpatrick, F.A., *Los conquistadores españoles*, Madrid, Espasa-Calpe, 1970.

98. Konetzke, Richard, *América Latina (II). La época colonial*, Madrid, Siglo XXI, 1978.

99. —*Descubridores y conquistadores de América*, Madrid, Gredos, 1968.

100. Krickeberg, Walter, *Mitos y leyendas de los aztecas, incas, mayas y muiscas*, México, FCE, 1971.

101. Labat, Jean-Baptiste, *Viajes a las islas de la América* (selección de Francisco de Oraá), La Habana, Casa de las Américas, 1979.

102. Las Casas, Bartolomé de, *Brevísima relación de la destrucción de las Indias*, Barcelona, Fontamara, 1979.

103. —*Historia de las Indias*, México, FCE, 1951.

104. —*Apologética historia de las Indias*, México, UNAM, 1967.

105. Lafone Quevedo, Samuel A., 《El culto de Tonapa》, en *Tres relaciones de antigüedades peruanas, de Santillán, Valera y Santacruz Pachacuti*, Asunción, Guarania, 1950.

106. Leal, Rine, *La selva oscura*, La Habana, Arte y Literatura, 1975.

107. León-Portilla, Miguel, *El reverso de la Conquista.Relaciones aztecas, mayas e incas*, México, Joaquín Mortiz, 1964.

108. —*Los antiguos mexicanos*, México, FCE, 1977.

109. —*Culturas en peligro*, México, Alianza Editorial Mexicana, 1976.

110. —*La filosofía náhuatl*, México, UNAM, 1958.

111. Lévi-Strauss, Claude, *Lo crudo y lo cocido* (*Mitológicas, I*), México, FCE, 1978.

112. —*De la miel a las cenizas* (*Mitológicas, II*), México, FCE, 1978.

113. —*El origen de las maneras de mesa* (*Mitológicas, III*), México, Siglo XXI, 1976.

114. —*El hombre desnudo* (*Mitológicas, IV*), México, Siglo XXI, 1976.

115. Lewin, Boleslao, *La Inquisición en Hispanoamérica*, Buenos Aires, Proyección, 1962.

116. Lewis, D.B.Wyndhan, *Carlos de Europa, emperador de Occidente*, Madrid, Espasa-Calpe, 1962.

117. Leydi, Roberto, Arrigo Polillo y Tommaso Giglio, *Piratas, corsarios y filibusteros*, Barcelona, Maucci, 1961.

118. Lipschutz, Alejandro, *El problema racial en la conquista de América*, México, Siglo XXI, 1975.

119. —*Perfil de Indoamérica de nuestro tiempo*, Santiago de Chile, Andrés Bello, 1968.

120. Lockhart, James, y Enrique Otte, *Letters and people of tbe Spanish Indies. The sixteenth century*, Cambridge, Cambridge University, 1976.

121. Lohmann Villena, Guillermo, *El conde de Lemos, virrey del Perú*, Madrid, Escuela de Estudios Hispanoamericanos, 1946.

122. —*El arte dramático en Lima durante el Virreinato*, Madrid, Escuela de Estudios Hispanoamericanos, 1945.

123. López, Casto Fulgencio, *Lope de Aguirre, el Peregrino*, Barcelona, Plon, 1977.

124. López—Baralt, Mercedes, 《Guamán Poma de Ayala y el arte de la memoria en una crónica ilustrada del siglo XVII》, en *Cuadernos Americanos*, México, mayo/junio de 1979.

125. —*La crónica de Indias como texto cultural: policulturalidad y articulación de códigos semióticos múltiples en el arte de reinar de Guamán Poma de Ayala* (inédito).

126. —*El mito taíno: Raíz y proyecciones en la Amazonia continental*, Río Piedras, Huracán, 1976.

127. Mannix, Daniel P., y M. Cowley, *Historia de la trata de negros*, Madrid, Alianza, 1970.

128. Marañón, Gregorio, *El conde—duque de Olivares* (*La pasión de mandar*), Madrid, Espasa—Calpe, 1936.

129. Marchant, Alexander, *From barter to slavery*, Baltimore, Johns Hopkins, 1942.

130. Mariño de Lobera, Pedro, *Crónica del Reino de Chile*, Santiago de Chile, Editorial Universitaria, 1979.

131. Marmolejo, Lucio, *Efemérides guanajuatenses* (t.I), Guanajuato, Universidad, 1967.

132. Marriott, Alice, y Carol K.Rachlin, *American Indian mythology*, Nueva York, Apollo, 1968.

133. Martínez, José Luis, *El mundo antiguo, VI. América antigua*, México, Secretaría de Educación, 1976.

134. Martínez Fivee, Rogelio (Selección), *Poesía anónima africana*, Madrid, Miguel Castellote, s/f.

135. Martínez Peláez, Severo, *La patria del criollo*, San José de Costa Rica, EDUCA, 1973.

136. McLuhan, T.C. (Compilador), *Touch the Earth* (*A self—portrait of Indian existence*), Nueva York, Simon and Schuster, 1971.

137. Medina, José Toribio, *Historia del Tribunal de la Inquisición de Lima* (*1569/1820*), Santiago de Chile, Fondo Histórico y Bibliográfico J.T.Medina, 1956.

138. —*Historia del Tribunal del Santo Oficio de la Inquisición en Chile*, Santiago,

Fondo J.T.Medina, 1952.

139. —*Historia del Tribunal del Santo Oficio de la Inquisición en México*, Santiago, Elzeviriana, 1905.

140. —*El Tribunal del Santo Oficio de la Inquisición en las provincias del Plata*, Santiago, Elzeviriana, 1900.

141. Mendoza, Diego de, *Chronica de la Provincia de S.Antonio de los Charcas...*, Madrid, s/e, 1664.

142. Méndez Pereira, Octavio, *Núñez de Balboa*, Madrid, Espasa—Calpe, 1975.

143. Montoya, Antonio Ruiz de, *Conquista espiritual hecha por los religiosos de la Compañía de Jesús en las provincias del Paraguay, Paraná, Uruguay y Tape*, Bilbao, El Mensajero, 1892.

144. Morales, Ernesto, *Leyendas guaraníes*, Buenos Aires, El Ateneo, 1929.

145. Morales Padrón, Francisco, *Jamaica española*, Sevilla, Escuela de Estudios Hispanoamericanos, 1952.

146. More, Thomas, *Utopía* (Ed.bilingüe.Introducción de Joaquim Mallafré Gabaldá), Barcelona, Bosch, 1977.

147. Mörner, Magnus, *Historia social latinoamericana (Nuevos enfoques)*, Caracas, Universidad Católica Andrés Bello, 1979.

148. —*La Corona española y los foráneos en los pueblos de indios de América*, Estocolmo, Instituto de Estudios Ibero—Americanos, 1970.

149. Mousnier, Roland, *Historia general de las civilizaciones. Los siglos XVI y XVII*, Barcelona, Destino, 1974.

150. Murra, John V., *La organización económica del Estado inca*. México, Siglo XXI, 1978.

151. —*Formaciones económicas y políticas del mundo andino*, Lima, Instituto de Estudios Peruanos, 1975.

152. Nabokov, Peter (Selección), *Native American Testimony*, Nueva York, Harper and Row, 1978.

153. Nash, Gary B., *Red, white and black.The peoples of early America*, Nueva Jersey, Prentice—Hall, 1974.

154. Nebrija, Elio Antonio de, *Vocabulario español—latino* (Edición facsimilar),

Madrid, Real Academia Española, 1951.

155. Oberem, Udo, 《Notas y documentos sobre miembros de la familia del Inca Atahualpa en el siglo xvi》, en *Estudios etno−históricos del Ecuador*, Casa de la Cultura Ecuatoriana, Núcleo del Guayas, 1976.

156. —*Los quijos*, Otavalo, Instituto Otavaleño de Antropología, 1980.

157. Ocaña, Diego de, *Un viaje fascinante por la América hispana del siglo XVI* (anotada por fray Arturo Alvarez), Madrid, Stvdivm, 1969.

158. Oliva de Coll, Josefina, *La resistencia indígena ante la conquista*, México, Siglo XXI, 1974.

159. Ortiz, Fernando, *Contrapunteo cubano del tabaco y el azúcar*, La Habana, Consejo Nacional de Cultura, 1963.

160. —*Los negros esclavos*, La Habana, Ciencias Sociales, 1975.

161. —*Historia de una pelea cubana contra los demonios*, La Habana, Ciencias Sociales, 1975.

162. Ortiz Rescaniere, Alejandro, *De Adaneva a Inkarrí*, Lima, Retablo de Papel, 1973.

163. Otero, Gustavo Adolfo, *La vida social del coloniaje*, La Paz, La Paz, 1942.

164. Otero Silva, Miguel, *Lope de Aguirre, príncipe de la libertad*, Barcelona, Seix Barral, 1979.

165. Oviedo y Baños, José de, *Los Bélzares.El tirano Aguirre.Diego de Losada*, Caracas, Monte Avila, 1972.

166. Oviedo y Valdés, Gonzalo Fernández de, *Historia general y natural de las Indias*, Madrid, Real Academia de la Historia, 1851.

167. Palma, Ricardo, *Tradiciones peruanas* (primera y segunda selección), Buenos Aires, Espasa−Calpe, 1938 y 1940.

168. Pané, Ramón, *Relación acerca de las antigüedades de los indios* (Ed.de José Juan Arrom), México, Siglo XXI, 1974.

169. Parry, J. H., y Philip Sherlock, *Historia de las Antillas*, Buenos Aires, Kapelusz, 1976.

170. Paz, Ramón, *Mitos, leyendas y cuentos guajiros*, Caracas, Instituto Agrario Nacional, 1972.

171. Peixoto, Afranio, *Breviario da Bahía*, Río de Janeiro, Agir, 1945.

172. Pereira Salas, Eugenio, *Apuntes para la historia de la cocina chilena*, Santiago de Chile, Editorial Universitaria, 1977.

173. —*Juegos y alegrías coloniales en Chile*, Santiago, Zig-Zag, 1947.

174. Péret, Benjamin, *Anthologie des mythes, légendes et contes populaires d'Amérique*, París, Albin Michel, 1960.

175. Pérez Embid, Florentino, *Diego de Ordás, compañero de Cortés y explorador del Orinoco*, Sevilla, Escuela de Estudios Hispanoamericanos, 1950.

176. Phelan, John Leddy, *The kingdom of Quito in the seventeenth century*, Madison, Univ.of Wisconsin, 1967.

177. —*The millennial kingdom of the Franciscans in the New World*, Berkeley, Univ.of California, 1970.

178. Plath, Oreste, *Geografía del mito y la leyenda chilenos*, Santiago de Chile, Nascimento, 1973

179. Poma de Ayala, Felipe Guamán, *Nueva corónica y buen gobierno* (edic. facsimilar), París, Institut d'Ethnologie, 1936.

180. Portigliotti, Giuseppe, *Los Borgia*, Madrid, J.Gil, 1936.

181. Portuondo, Fernando, *El segundo viaje del descubrimiento* (cartas de Michele de Cúneo y Alvarez Chanca), La Habana, Ciencias Sociales, 1977.

182. Prado, Juan José, *Leyendas y tradiciones guanajuatenses*, Guanajuato, Prado Hnos., 1953.

183. Quevedo, Francisco de, *Obras completas*, Madrid, Aguilar, 1974.

184. Quintana, Manuel J., *Los conquistadores*, Buenos Aires, Suma, 1945.

185. —*Vida de Francisco Pizarro*, Madrid, Espasa-Calpe, 1959.

186. Ramos Smith, Maya, *La danza en México durante la época colonial*, La Habana, Casa de las Américas, 1979.

187. Real, Cristóbal, *El corsario Drake y el imperio español*, Madrid, Editora Nacional, s/f.

188. Recinos, Adrián (versión), *Popol Vuh.Las antiguas historias del Quiché*, México, FCE, 1976.

189. Reichel-Dolmatoff, Gerardo y Alicia, *Estudios antropológicos*, Bogotá, Inst.

Colombiano de Cultura, 1977.

190. Reyes, Alfonso, *Medallones*, Buenos Aires, Espasa−Calpe, 1952.

191. Rivet, Paul, *Etnographie ancienne de l'Équateur*, París, Gauthier−Villars, 1912.

192. Roa Bastos, Augusto （comp.）, *Las culturas condenadas*, México, Siglo XXI, 1978.

193. Rodrigues, Nina, *Os africanos no Brasil*, San Pablo, Cía.Editora Nacional, 1977.

194. Rodríguez Fresle, Juan, *El carnero de Bogotá*, Bogotá, Ed.Colombia, 1926.

195. Rodríguez Marín, Francisco, *El Quijote.Don Quijote en América*, Madrid, Hernando, 1911.

196. —*Cantos populares españoles*, Sevilla, Alvarez, 1882/3.

197. Rothenberg, Jerome, *Shaking the Pumpkin.Traditional Poetry of the Indian North Americas*, Nueva York, Doubleday, 1972.

198. Rowse, A.L., *The England of Elizabeth*, Londres, Cardinal, 1973.

199. Rubio Mañé, J, Ignacio, *Introducción al estudio de los virreyes de Nueva España* （*1535/1746*）, México, UNAM, 1959.

200. Sahagún, Bernardino de, Historia general de las cosas de la Nueva España （anotado por Ángel M.ª Garibay K.）México, Porrúa, 1969.

201. Salas, Horacio, *La España barroca*, Madrid, Altalena, 1978.

202. Salazar Bondy, Sebastián （selección）, *Poesía quechua*, Montevideo, Arca, 1978.

203. Sapper, Karl, 《El infierno de Masaya》, en *Nicaragua en los cronistas de Indias*, varios autores, Managua, Banco de América, 1975.

204. Segal, Charles M., y David C. Stineback, *Puritans, Indians and manifest destiny*, Nueva York, Putnam's, 1977.

205. Sejourné, Laurette, *América Latina, I. Antiguas culturas precolombinas.* Madrid, Siglo XXI, 1978.

206. —*Pensamiento y religión en el México antiguo*, México, FCE, 1957.

207. Sheehan, Bernard, *Savagism and Civility*, Cambridge, Cambridge University, 1980.

208. Sodi, Demetrio, *La literatura de los mayas*, México, Mortiz, 1964.

209. Teitelboim, Volodia, *El amanecer del capitalismo y la conquista de América*,

La Habana, Casa de las Américas, 1979.

210. Tibón, Gutierre, *Historia del nombre y de la fundación de México*, México, FCE, 1975.

211. Tizón, Héctor, *La España borbónica*, Madrid, Altalena, 1978.

212. Toscano, Salvador, *Cuauhtémoc*, México, FCE, 1975.

213. Valle−Arizpe, Artemio de, *Historia de la ciudad de México según los relatos de sus cronistas*, México, Jus, 1977.

214. Vargas, José María, *Historia del Ecuador.Siglo XVI*, Quito, Universidad Católica, 1977.

215. —(Coordinador) *Arte colonial de Ecuador*, Quito, Salvat Ecuatoriana, 1977.

216. Velasco, Salvador, *San Martín de Porres*, Villava, Ope, 1962.

217. Vianna, Helio, *História do Brasil*, San Pablo, Melhoramentos, 1980.

218. Vicens Vives, J. (director), *Historia de España y América*, Barcelona, Vicens Vives, 1977.

219. Von Hagen, Víctor W., *El mundo de los mayas*, México, Diana, 1968.

220. —*Culturas preincaicas*, Madrid, Guadarrama, 1976.

221. Wachtel, Nathan, *Los vencidos.Los indios del Perú frente a la conquista española* (*1530/1570*), Madrid, Alianza, 1976.

222. Wallace, Anthony F.C., 《Dreams and the wishes of the soul:a type of psychoanalytic theory among the seventeenth century Iroquois》, en *The American Anthropologist*, 60 (2), 1958.

223. Watt, Montgomery, *Historia de la España islámica*, Madrid, Alianza, 1970.

224. Williams, Eric, *Capitalismo y esclavitud*, Buenos Aires, Siglo XX, 1973.

225. Wolf, Eric, *Pueblos y culturas de Mesoamérica*, México, Era, 1975.

226. Zavala, Silvio, *El mundo americano en la época colonial*, México, Porrúa, 1967.

227. —*Ideario de Vasco de Quiroga*, México, El Colegio de México, 1941.

译名对照表

A

阿达里奥 Adario

阿尔冈昆人 Algonquinos

阿尔格纳莱斯 Argonales

阿尔塔米拉诺 Altamirano

阿尔瓦尔·努涅斯·卡维萨·德·巴卡
　　Álvar Núñez Cabeza de Vaca

阿古埃伊纳巴 Agüeynaba

阿科马 Ácoma

阿克拉 Accra

阿克拉 Acla

阿拉尔孔 Alarcón

阿拉戈斯 Alagoas

阿拉戈亚 Alagoa

阿雷基帕城 Arequipa

阿里卡 Arica

阿隆索·阿尔瓦雷斯 Alonso Álvarez

阿隆索·埃尔南德斯
　　Alonso Hernández

阿隆索·德·阿维拉 Alonso de Ávila

阿隆索·德·奥赫达 Alonso de Ojeda

阿隆索·德·里维拉 Alonso de Ribera

阿隆索·德·罗哈斯 Alonso de Rojas

阿隆索·德·莫利纳 Alonso de Molina

阿隆索·德·托雷斯 Alonso de Torres

阿隆索·德尔·卡斯蒂略
　　Alonso del Castillo

阿隆索·德尔·坎波·伊·埃斯皮诺萨
　　Alonso del Campo y Espinosa

阿隆索·迪亚斯 Alonso Díaz

阿隆索·冈萨雷斯·德·纳赫拉
　　Alonso González de Nájera

阿隆索·卡夫雷拉 Alonso Cabrera

阿隆索·苏亚索 Alonso Zuazo

阿罗提雷内 Arotirene

阿马迪斯 Amadís

阿莫尼奥 Amonio

阿奇多纳 Archidona

阿乔卡亚 Achocalla

阿斯莫德奥　Asmodeo

阿托查　Atocha

阿伊雷斯·德·索萨·德·卡斯特罗
　Aires de Sousa de Castro

阿伊马科　Aymaco

阿赞德人　Azande

埃尔-古埃古恩塞　El Güegüence

埃尔南·科尔特斯　Hernán Cortés

埃尔南多·德·索托　Hernando de Soto

埃尔南多·德尔·托瓦尔
　Hernando del Tovar

埃尔南多·马拉比亚
　Hernando Maravilla

埃尔维拉　Elvira

埃雷古阿神　Elegguá

埃利奥·安东尼奥·德·内布里哈
　Elio Antonio de Nebrija

埃舒神　Exù

埃斯科里亚宫　El Escorial

埃斯库多　Escudo

埃斯梅拉尔达斯　Esmeraldas

埃斯帕尼亚利　Españarrí

埃斯皮尼亚苏山　Espinhaço

艾柯露　Ecrú

艾克　Ecó

艾斯特法妮娅　Estefanía

安布罗休·阿尔芬格
　Ambrosio Alfinger

安达马尔卡　Andamarca

安德列斯·桑切斯·加尔克
　Andrés Sánchez Gallque

安德烈斯·多兰特斯　Andrés Dorantes

安东尼奥·巴斯克斯
　Antonio Vázquez

安东尼奥·巴斯克斯·德·埃斯皮诺萨
　Antonio Vázquez de Espinosa

安东尼奥·德·埃斯佩霍
　Antonio de Espejo

安东尼奥·德·蒙特西诺斯
　Antonio de Montesinos

安东尼奥·德·莫尔加
　Antonio de Morga

安东尼奥·努涅斯·德·米兰达
　Antonio Néñez de Miranda

安东尼奥·索阿雷斯　Antonio Soares

安东尼奥·索拉尔　Antonio Solar

安东尼奥·维埃拉　Antonio Vieira

安东尼娅·纳比亚　Antonia Nabía

安娜·博林　Anne Boleyn

奥巴塔拉神　Obatalá

奥本加　Obenga

奥古姆　Ogum

奥雷勒　Olelé

奥里诺科　Orinoco

奥利瓦雷斯　Olivares

奥林达　Olinda

奥鲁-普莱多　Ouro Preto

奥纳人　Onas

奥萨拉　Oxalá

奥萨马　Ozama

奥顺　Oshún

奥维多　Oviedo

D

达姆布拉邦加　Dambrabanga

得萨纳　Desana

迪阿姆贝雷　Dyamberé

迭戈·贝拉斯克斯　Diego Velázquez

迭戈·德·阿尔马格罗
　　Diego de Almagro

迭戈·德·埃斯基韦尔
　　Diego de Esquivel

迭戈·德·奥尔达斯　Diego de Ordaz

迭戈·德·奥卡尼亚　Diego de Ocaña

迭戈·德·兰达　Diego de Landa

迭戈·德·洛萨达　Diego de Losada

迭戈·德·萨拉萨尔　Diego de Salazar

迭戈·哥伦布　Diego Colón

迭戈·格里略　Diego Grillo

迭戈·门德斯　Diego Méndez

迭戈·森特诺　Diego Centeno

迭吉略　Dieguillo

杜兰戈　Durango

多明戈·马丁内斯
　　Domingo Martínez

多明戈·森图里翁
　　Domingo Centurión

多明戈斯·霍尔赫·韦略
　　Domingos Jorge Velho

F

法维亚娜·克里奥亚　Fabiana Criolla

范博尔　Vanbel

斐埃拉布拉　Fierabrás

费尔南多·德·古斯曼
　　Fernando de Guzmán

费尔诺·卡里略　Fernão Carrilho

费罗特亚修女　Sor Filotea

弗朗西斯·德雷克　Francis Drake

弗朗西斯·培根　Francis Bacon

弗朗西斯卡·德·卡尔德隆
　　Francisca de Calderón

弗朗西斯科·阿塔瓦尔帕
　　Francisco Atahualpa

弗朗西斯科·埃尔南德斯
　　Francisco Hernández

弗朗西斯科·巴斯克斯·德·科罗纳多
　　Francisco Vázquez de Coronado

弗朗西斯科·布拉沃　Francisco Bravo

弗朗西斯科·德·阿吉雷
　　Francisco de Aguirre

弗朗西斯科·德·阿罗波
　　Francisco de Arobe

弗朗西斯科·德·阿维拉
　　Francisco de Ávila

弗朗西斯科·德·奥雷利亚纳
　　Francisco de Orellana

弗朗西斯科·德·卡瓦哈尔
　　Francisco de Carvajal

弗朗西斯科·德·克维多
　　Francisco de Quevedo

弗朗西斯科·德·克维多·伊·比列加斯
　　Francisco de Quevedo y Villegas

T